Paul Imhof

CHRISTUS ERLEBEN

ZUM TITELBILD

Das Titelbild zeigt das biblische Ursymbol des *Lammes*, näherhin des Lammes Gottes, das nach christlicher Überzeugung mit Jesus von Nazaret identisch ist. Der Finger des Propheten Johannes des Täufers weist auf ihn hin: "Seht, das Lamm Gottes, das die Sünde der Welt hinwegnimmt" (Joh 1,29 b).

Max Faller schuf eine versilberte Reliefplatte, von der das Lamm (≈14x18 cm) auf dem Titelbild stammt. Mit diesem Symbol ist nicht nur das Lamm der Apokalypse (Offb 12,11) mit dem Passahlamm in eins gesetzt, sondern auch das alte jüdische Wissen um die Bedeutung des himmlischen *Sinnes* eingebracht, der auf Erden erscheint, die Welt im *Kreuz* mittet, sich aus Liebe restlos hingibt für die Seinen und seinen Geist zurückschenkt in die Hände Gottes. Das Lamm steht für den Sinn der Welt.

Liturgisch bricht der Priester für die Gemeinde die Hostie, das Symbol des Ganzen. Wie das Lamm so wird das Brot für die Gläubigen verteilt. Damit sie sich des Mysteriums der Liebe Gottes inne werden, deutet der Priester in die Mitte des *Gevierts*, das die Bruchstücke bilden, und weist auf den verborgenen *Sinn* der Welt hin: Seht das Lamm Gottes. Mit den Augen des Glaubens bekennt der Mensch in einem Atemzug die eigene Sündigkeit und preist die Barmherzigkeit Gottes: Herr, ich bin nicht würdig, aber sprich nur ein Wort, so bin ich im Heil.

Aufgrund der Farbsymbolik wurde für das Buch *Christus erleben* die Grundfarbe *Purpur* gewählt. Sie soll die Majestät Christi versinnbildlichen, dem als leidenden Gottesknecht ein Purpurmantel umgehängt wurde (Mt 27,28). So ist er ein König. Sein Königtum ist nicht von dieser Welt. Ihm, dem wahren Menschen, gebührt höchste Ehre, ist er doch der Kyrios.

Paul Imhof

CHRISTUS ERLEBEN

Grundkurs Ignatianischer Spiritualität

Mit Silberreliefs von Max Faller

Eingeführt von Maria Ottl
Fotografiert von Elija Boßler

Verlag Butzon & Bercker Kevelaer

Mitglied der »verlagsgruppe engagement«

CIP-Titelaufnahme der Deutschen Bibliothek

Imhof, Paul:
Christus erleben: Grundkurs ignatianischer Spirituali-
tät / Paul Imhof. Mit Silberreliefs von Max Faller.
Eingeführt von Maria Ottl. Fotogr. von Elija Bossler. –
Kevelaer: Butzon u. Bercker, 1990
ISBN 3-7666-9690-4

ISBN 3-7666-9690-4

© 1990 Verlag Butzon & Bercker D-4178 Kevelaer 1.
Alle Rechte vorbehalten.
Umschlaggestaltung: Meussen/Künert, Essen.
Satz und Gestaltung: Pater G. Hock SJ.
Druck und buchbinderische Verarbeitung:
Bercker Graphischer Betrieb GmbH, Kevelaer.

INHALTSVERZEICHNIS

Vorwort   7

Bibeltheologische Hinführung zu Werken von Max Faller   11

Zum Gebrauch der Heiligen Schrift im geistlichen Prozeß   29

1. In der Fülle der Zeit 41

2. Das wahre Licht in Sebulon und Naphtali 53

3. Die Erscheinung des Herrn 59

4. Mit Josef in Nazaret 75

5. Die Taufe Jesu am Jordan 83

6. Der Messias und der Versucher... 93

7. Das Reich Gottes 105

8. Der Besessene von Gerasa 115

9. Die Frau aus Magdala 125

10. Jesus im Tempel 137

11. Die Bergpredigt 147

12. Der Mann mit der verdorrten Hand 157

13. Der barmherzige Vater und seine Söhne 167

14. In Getsemani 175

15. Jesus vor Pilatus 183

16. Das Kreuz Jesu 191

17. Auferstehung der Toten 203

18. Die Emmaus-Jünger 215

19. Der Friede des Thomas 219

20. Der Abstieg in das Reich des Todes 229

21. Saulus vor Damaskus 239

22. Der Auftrag des Auferstandenen 249

Literaturverzeichnis   265

Verzeichnis der Abbildungen   275

VORWORT

In den letzten Jahren sind Meditations- und Exerzitienkurse gefragt wie selten. Das klassische Werk zu Exerzitien, die *Geistlichen Übungen* des Ignatius von Loyola, ist ein Bestseller [1]. Es läßt sich ein mystagogisches Interesse beobachten, das ständig stärker wird. Nicht so sehr Mystologie, eine lehrmäßige Darstellung, sondern eine erlebnismäßige Hinführung, Mystagogie im ursprünglichen Sinn also, ist gefragt. Man möchte nicht mehr nur mit vorläufig ungelösten Rätseln zu tun haben, sondern mit dem Mysterium, ja mit dem Geheimnis schlechthin - mit Gott.

Zeiten der Stille werden gesucht. Man übt sich wieder im Schweigen (Griech. myein). Die Frage nach der Mystik ist aktuell: "Der Christ der Zukunft wird ein Mystiker sein, oder er wird nicht sein. Ich glaube, daß dieser vielleicht etwas prononcierte Satz im großen und ganzen richtig ist." [2]

Das Schweigen vor dem Geheimnis ist ein wesentlicher Bestandteil der Methode des hl. Ignatius von Loyola (1491-1556), den Menschen in sein Eigentliches zu bringen. Seine Theologie ist eine spirituelle Theologie [3].

So gesehen, ist seine Theologie nur angemessen rezipierbar, wenn der Lernende während seines Lernprozesses eine entsprechende mystagogische Praxis vollzieht: im Raum der - offenen - Kirche, inmitten einer gläubigen Gemeinde. Der Initiationscharakter einer solchen Praxis begründet und verstärkt die Öffnung zur Schöpfung und so das Handeln in der Welt, weil Kirche zu-

---

[1] Im folgenden wird meist nach der Übersetzung von Peter Knauer (Graz [2]1983) zitiert mit der Abkürzung EB und unter Angabe der entsprechenden Nummer. Die Bibelzitate in dieser Ausgabe sind durch runde Klammern gekennzeichnet.

[2] Unmittelbare Gotteserfahrung in den Exerzitien. Gespräch mit Wolfgang Feneberg, in: Karl Rahner im Gespräch Bd. 2: 1978-1982, hrsg. von Paul Imhof und Hubert Biallowons, München 1983, 34f.

[3] Vgl. Paul Imhof, Die Exerzitien des Ignatius von Loyola im Blick auf sein Leben, in: Christopherus 32 (1987) 53-62.

tiefst im Dasein für die anderen existiert.

Ignatius von Loyola geht es darum, den "Seelen zu helfen", wie seit seiner Pilgerfahrt nach Jerusalem (1523) sein Lieblingswort lautet, und nicht darum, in geheimnistuerischer Weise - auf sich selbst zurückgekrümmt - die eigene Seele retten zu wollen [1]. Dies mag dann aufgrund der Gnade Gottes wie nebenbei eine Frucht des restlosen Einsatzes für das Heil der anderen sein.

Worin besteht das Typische der Spiritualität des Ignatius von Loyola? Einfach gesagt: Der *existentielle* Rekurs auf religiöse Erfahrungen ist charakteristisch für ignatianische Spiritualität .

Das Buch *Christus erleben. Grundkurs Ignatianischer Spiritualität* hält sich in seinem Aufbau an das Leben Jesu, also an eine - in einem gewissen Sinn fiktive - Biographie Jesu von Nazaret. Die historische Dimension seines Lebens, die sich nie genau rekonstruieren läßt, ist in dem Sinne wichtig, daß immer wieder deutlich wird: Es handelt sich um wirkliche Geschichte, genauer noch um Heilsgeschichte. Dabei kommt es darauf an, daß geistlich erkannt wird: Jener Jesus von Nazaret ist der von Gott verheißene Messias, durch dessen Heilstaten der ihm vertrauende Mensch immer mehr in sein eigenes Heil gelangt. Wie nun die geschichtliche Dimension historische Aspekte, existentielle Betroffenheit und die glaubensmäßige Erfassung der Gestalt Jesu so miteinander in eins kommen, daß damit die unverkürzte Wiedergabe des Anspruchs des Evangeliums und der lebendigen Tradition der Kirche gewahrt bleibt und der einzelne, der sich auf einen geistlichen Weg begeben hat, das Seine in der Beziehung zu Jesus von Nazaret findet, ist das Anliegen des Buches. Es sucht einen Leser, der bereit ist, sich auf einen geistlichen Prozeß bzw. auf Exerzitien im Alltag einzulassen. Er findet zweierlei Arten von Texten, solche, die zur geistlichen Reflexion anregen und solche, die zum meditativen Vollzug oder zum Gebet anleiten.

---

[1] Im Grunde versteht er sein ganzes Leben als eine einzige Pilgerschaft, ein Unterwegssein in Kreuz und Leid zu dem je größeren Gott. Ignatius sieht sein Leben wie in einem geistlichen Spiegel, das Ergebnis ist der "Bericht des Pilgers" - zitiert mit der Abkürzung PB - hier folgend der Ausgabe Burkhard Schneiders, Freiburg ^{3}1977.

Die ersten Kapitel kann man unter dem Thema "Kindheit und Jugend Jesu" subsumieren (1.-4.). Mit der Taufe im Jordan (5.) beginnt das öffentliche Wirken Jesu (6.-15.), das mit seinem Kreuzestod (16.) in einem gewissen Sinn abgeschlossen ist. Die restlichen Kapitel (17.-22.) befassen sich mit Zeugnissen von der Nähe des Auferstandenen. Wie ist die Frage nach dem Auferstandenen in der Welt der Glaubenserfahrung zu stellen?

Entscheidend für eine authentische Rezeption der vorgelegten Texte ist es, den Christus des Glaubens nicht vom vorösterlichen Jesus abzuspalten. Denn dies ist die Grundaussage: *Jesus ist der Christus*. Gerade die Selbigkeit des Gekreuzigten mit dem Auferstandenen ist es, was in einem spirituellen Sinn eine Wirkung entfalten kann, die den Menschen sich selbst und Gott näher bringt. Dabei ist selbstverständlich, daß nicht eine therapeutisch effektive Gnosis den weltanschaulichen Hintergrund dafür abgeben kann, sondern die Frage nach der Wahrheit des Inkarnationsgeschehens gestellt werden muß. An der Überzeugung Tertullians *caro cardo salutis* (das Fleisch ist der Angelpunkt des Heils) ist in aller Schärfe festzuhalten.

Auf einen ersten Blick hin scheint dies negativ, bloß dogmatisch zu klingen. Die positive Aussage aber besteht darin, daß letztlich die Weltwirklichkeit in all ihrer geglückten und mißglückten *Konkretheit* in einem geistlichen Prozeß prinzipiell Platz haben muß. Ob und wie und in welcher Tiefe das heilsame Mysterium der Menschwerdung beim einzelnen ankommt, sei in aller Freiheit dahingestellt. Es ist die Sache Gottes und der begnadeten Freiheit des Menschen, inwieweit sich jemand in den Strom der Heilsgeschichte hineinbegibt.

Doch auch derjenige, der bereit ist, sich restlos auf das Geschehen der Menschwerdung Gottes in Jesus Christus einzulassen, wird sich immer wieder an Grenzen des eigenen Unvermögens von der je neuen, unaustrinkbaren Zuneigung Gottes überraschen lassen müssen. Christwerden ist ein unabschließbarer Prozeß, eine Sache der Beziehung zu dem Christus, der als solcher unhintergehbare Freiheit bleibt, was analog auch für jeden Menschen gilt, der sich nur in immer neuen Anläufen im Prozeß der Selbstwerdung zeitigen kann.

Das vorgelegte Buch, *Christus erleben* (II) ist ein erster in sich geschlossener Teil des *Grundkurses Ignatianischer Spiritualität*. Ein weiterer Band besteht aus einer Kirchen- und Sakramentenlehre, in der gleichsam die Zeit des Heiligen Geistes behandelt wird. Als Titel ist vorgesehen: *Geist erfahren* (III). Der andere Band, *Gott glauben* (I), rekurriert auf das Alte Testament und Grundsituationen des heutigen Menschen. Die geplanten Bände sind manuskriptmäßig weithin abgeschlossen.

München, März 1990   Paul Imhof

BIBELTHEOLOGISCHE HINFÜHRUNG ZU WERKEN VON MAX FALLER

Max Fallers (*1927) Kunst berührt im Inneren, wenn sie auch den Augen des Betrachters auf Anhieb nicht unbedingt schmeichelt. Hat man das Geschaute in sich aufgenommen, erschließen sich die Einzelheiten, die verdichtete Fülle spricht immer wieder neu und anders zum Betrachter. Der "Stachel der Betroffenheit" sitzt tiefer, als man sich eingestehen möchte, ist M.Faller doch eine - sicher nicht immer bequeme - Bereicherung für unsere Kirche im 20. Jahrhundert.

Max Faller, ausgebildet an der Münchner Akademie der Künste, sagt von sich selbst, am meisten in Museen, im meditativen Studium gelernt zu haben. Ihm ist im Laufe seines über dreißigjährigen künstlerischen Schaffens ein eigener, unverwechselbarer Stil zugewachsen, der tiefer Religiosität wie belesener Weite des Herzens gleichermaßen entspringt. Kaum eine große Ausstellung moderner religiöser Kunst ohne Werke Fallers, seit er, ab Mitte der fünfziger Jahre vielprämiierte Aufmerksamkeit mit seinem Schaffen erfuhr. Plastiken, Portale, Leuchter, Tabernakel und Taufsteine, aber auch profane Brunnen hat er geschaffen, liturgischen Räumen seinen zur Verkündigung führenden Akzent der Gestaltung aufgedrückt.

Max Faller ist ein katholischer Künstler, aber im besten Sinne des Wortes: /kat/-holos = /allumfassend/. "Allumfassend" schließt das Bodenständige, natürlich Gewachsene, die innere Beteiligung und Auseinandersetzung mit dem Zeitgeist ein.

Elementar für sein künstlerisches Selbstverständnis ist, die Plastik als Spannungsgefüge von Rundung und Fläche mit dem inneren Auge wahrzunehmen und damit die greifbare Gegenständlichkeit in allen menschlichen Facetten zu gestalten. Verständlich, daß dort, wo der Mensch allumfassend als Mensch wahrgenommen wird, dem Schöpferischen der Boden bereitet ist.

Religiöse Kunst hat immer die Schwierigkeit, Unabbildbares abbilden, "irgendwie" ins Gegenständliche bringen zu wollen. Wenn der Betrachter bei der Kunst Fallers das Gefühl hat, dem unaussprechbaren Mysterium gegenüberzustehen und zum Gebet angeregt zu werden, dann liegt es wohl daran, daß die Werke selbst der Meditation des Künstlers entspringen.

11

Die Kunst und die Liturgie, jeweils als Dimensionen des "Geheimnisses" verstanden, hängen zusammen. Wenn heute die Liturgieunfähigkeit vieler Menschen zu beklagen und von manchen modernen Kirchenräumen nur noch im Sinne von "Liturgielabors" zu sprechen ist, spürt man dahinter die Notwendigkeit, sich auf eine Atmosphäre des Gebets rückzubesinnen und zum Handeln aus dem Gebet - eine zutiefst ignatianische Haltung - zu ermutigen und damit zur Verkündigung des Geheimnisses Gottes auf Erden beizutragen.

Wenn Unfaßbares, Göttliches, Ewiges bildhaft in eine Gestalt und Form gebracht wird, ereignet sich die Schaffung einer räumlichen Dimension, in der und durch die das göttliche und von Ewigkeit ausgesprochene Wort des Vaters hindurchpulsiert, den treffend, der in diesem Raum verweilt. Dies mag ein real liturgischer Raum oder die Atmosphäre und Ausstrahlung eines Kunstwerkes sein. Beides führt zur Anbetung, so wie es in der Geheimen Offenbarung heißt: "Ihm, der auf dem Thron sitzt, und dem Lamm gebühren Lob und Ehre und Herrlichkeit und Kraft in alle Ewigkeit" (Offb 5,13 b).

Zu den einzelnen Bildern

Die für diesen Band ausgewählten Kunstwerke Max Fallers sind allesamt neueren Datums, bis auf Abbildung 1 und 26, geschaffen als negativ in Gips geschnittenes, zieseliertes, dann gegossenes Bronzerelief mit Silberpatinierung.

Im Eröffnungsbild, dem Traubenkreuz von Max Faller (Abb.1: *Jesus, der wahre Weinstock*; S.13), ist etwas von der Einheit des Gekreuzigten und Auferstandenen eines romanischen Christus spürbar. Die Beziehung zu diesem Christus des Glaubens soll anhand des Buches "*Christus erleben. Grundkurs Ignatianischer Spiritualität*" neu werden. Das Heilszeichen des Kreuzes will besagen: "Ich bin der wahre Weinstock, und mein Vater ist der Winzer. Jede Rebe an mir, die keine Frucht bringt, schneidet er ab, und jede Rebe, die Frucht bringt, reinigt er, damit sie mehr Frucht bringt" (Joh 15,1-2). Die Exerzitien des Hl. Ignatius von Loyola sind eine Methode, "die uns mehr zu dem Ziel hinführt, zu dem wir geschaffen sind" (EB 23).

Ich bin der Weinstock,
ihr seid die Reben.
Wer in mir bleibt,
und in wem ich bleibe,
der bringt reiche Frucht.

Joh 15,5 a + b

Abb. 1: Jesus, der wahre Weinstock

Die Attribute der vier Evangelisten *Mensch, Löwe, Stier* und *Adler* umgeben in der Apokalypse den Thron Gottes. Auf die Ebene der Verkündigung der Frohen Botschaft transponiert: Jeder der vier Evangelisten hat sein Anliegen der Verkündigung.

Matthäus (Abb.2: *Attribut des Evangelisten Matthäus*; S.30) ist der Menschensohn beigegeben. Bei diesem Evangelisten bezeugt Jesus vor dem Hohenpriester, der ihn fragt, ob er der Messias, der Sohn Gottes sei: "Du hast es gesagt. Doch ich erkläre euch: Von nun an werdet ihr den Menschensohn zur Rechten der Macht sitzen und auf den Wolken des Himmels kommen sehen" (Mt 26,63b. 64). Es ist kein Zufall, daß dort, wo Jesu Leben anhand der Genealogie und Chronologie ausgelegt wird, das Attribut Mensch bzw. Menschensohn steht. Der Mensch als kontingentes Wesen wird genährt durch jedes Wort aus Gottes Mund - einer Botschaft, die Matthäus explizit (4,4) verkündet.

Wenn Markus (Abb. 3: *Attribut des Evangelisten Markus*; S.30) das Wirken und Schicksal Jesu in seinem Evangelium darstellt, ist die Möglichkeit des Anbruchs des messianischen Endreiches (beschrieben in Jes 11) mitgemeint, einer Zeit, in der Kalb und Löwe zusammen weiden und das fleischfressende, todbringende Raubtier "Stroh wie das Rind" frißt.

Lukas (Abb. 4: *Attribut des Evangelisten Lukas*; S.31), dem traditionell der Stier zugeordnet wird, streicht in seinem Sondergut die Kindheit Jesu ausführlich heraus, damit Jesu wahres Menschsein deutlich wird. Der Weg dieses Jesus in seiner Menschheit endet am Kreuz, psalmenbetend, hingeschlachtet gleich dem kultischen Opfer. Wie der Stier Opfertier und Fruchtbarkeitssymbol gleichzeitig, so ist Jesu menschlicher Tod lebensspendend für uns.

Das eigenständigste Evangelium, das des Johannes (Abb. 5: *Attribut des Evangelisten Johannes*; S.31), enthält Jesu Selbstoffenbarung in Worten und Zeichen als irdischem Jesus und erhöhtem Herrn, der den Geist sendet. Wie Jahwe das Volk Israel auf Adlerflügeln aus der Unterdrückung geführt hat (vgl. Ex 19), ebenso will dies die Christusbotschaft der Liebe, die uns aus seiner Höhe Johannes - verkörpert im Adler als pars pro toto - mitteilt.

Die Medaillen von Jesaja (Abb. 6: *Der Prophet Jesaja;* S.48) und Augustus (Abb. 7: *Kaiser Augustus;* S.48) versinnbilden die Kontinuität der Heilsgeschichte. Heißt es von einer besonderen Heilszeit im "Immanuelbuch" Jesajas: "Seht, die junge Frau wird ein Kind empfangen, sie wird einen Sohn gebären, und sie wird ihm den Namen Immanuel (Gott mit uns) geben. Er wird Butter und Honig essen bis zu der Zeit, in der er versteht, das Böse zu verwerfen und das Gute zu wählen" (Jes 7,14-15), so drückt der Galaterbrief diesen Zeitpunkt als das unüberbietbare "Jetzt" aus: "Als aber die Zeit erfüllt war, sandte Gott seinen Sohn, geboren von einer Frau und dem Gesetz unterstellt, damit er die freikaufe, die unter dem Gesetz stehen" (4,4). Dem Gesetz, dem profanen Reichsgesetz, erlassen durch Augustus, folgten auch Josef und Maria, als sie sich aufmachten, wie Lukas in der Kindheitsgeschichte Jesu berichtet, um der Steuerlistenpflicht zu entsprechen. Unbestimmt heißt es dort "in jenen Tagen", was auf den zeitlichen Kontext verweist, in dem der Evangelist die wunderbaren Umstände um Empfängnis und Geburt des Täufers, Johannes beschreibt.

Das wahre Licht in Sebulon und Naphtali

Die enge lebensgeschichtliche Verschränkung zwischen Johannes und Jesus wird auch daran deutlich, daß die Datierung der Überschattung Mariens und der Empfängnis des göttlichen Kindes Jesus mit dem sechsten Monat des Heranwachsens des Johannes im Mutterleib angegeben wird. Die Art der Darstellung Fallers der Verkündigung an Maria (Abb. 8: *Die Verkündigung an Maria;* S.52) ist ein Konzentrat auf das Wesentliche. Man meint förmlich, den überwältigenden Spannungsbogen, die Bewegung und innere Berührung in und zwischen den zwei konturiert ausgearbeiteten Gestalten zu spüren, die aus der ansonsten glatten Fläche entgegentreten. Der Engel hält in der Hand den Stab, der ebenso wie die Flügelspitzen nach oben gerichtet aus der und in die himmlische, transzendente Dimension reicht, ein Element, zu finden auch in der byzantinischen Ikonographie - man denke an Rubljews Gastmahl-Darstellung. Als Besonderheit hier trägt der Stab eine Frucht, den verheißenen Reis aus dem Baumstumpf Isais (vgl. Jes 11,1.10), "schon im Mutterleib berufen" (Jes 49,1) und gemacht zum "Licht, das die Heiden erleuchtet und Herrlichkeit für dein Volk Israel" (Lk 2,32). Der Gestus des Engels hin zum Ohr Mariens weist auf ihr hörendes "Fiat" und er überschneidet sich hier mit dem Kreis um die Geisttaube oberhalb des Kopfes Mariens. Unmittelbar an die Geburtsverheißung schließt Marias Besuch bei Elisabeth an (Abb. 9: *Maria und Elisabeth*; S.52), eine wahre menschliche Begegnung, die gerade durch das kleine Format der Platte und die räumliche Gestaltung die vertraute Zuwendung der zwei Frauen zueinander ausdrückt. Überall, wo sich auch heute fragloses, verstehendes Annehmen eines Menschen ereignet, einer dem anderen Licht auf seinem je eigenen Weg wird, kann sich auch die innere Berührung und Begegnung der Wesensmitte einstellen, von der die Bibel so spricht: "Als Elisabeth den Gruß Marias hörte, hüpfte das Kind in ihrem Leib" (Lk 1,41a).

Die Erscheinung des Herrn

Die Schrift berichtet von einer übernatürlichen Empfängnis, aber einer natürlichen Geburt. So ist auch dem Kreatürlichen, Naturhaften der ausgesuchten, gleichsam dreiebnigen Geburtsdarstellung (Abb. 10: *Die Geburt des Herrn;* S.60) viel Platz eingeräumt: Maria groß und diagonal im Vordergrund liegend, vom Stern aus der Ebene des Lichtes beschienen, einer klaren, wenig strukturierten Fläche, mit Ochs und Esel, und jenseits der Lichtebene Gestalten zu Pferd unter kleineren Sternen sich bewegend. Das neugeborene Kind, waagrecht in der vordersten Ebene hingebettet, erwachsen wirkend - gleichsam um seinen Lebensweg wissend - und durch den Handgestus der Mutter verbunden.

Die Nachstellung diesem Kind gegenüber, das mit dem ungeheuren Anspruch, der Messias zu sein, auftreten wird, vollzieht sich mit großer Brutalität. Denn Gewaltherrschaft verteidigt sich immer ohne jedes Maß. So wird ein ungestümes Gemetzel veranstaltet, wie das Rundrelief (Abb. 11: *Der bethlehemitische Kindermord*; S.67) zeigt. Mütter mit ihren Kindern stehen auf der einen Seite, der Scherge des Herodes mit dem mordenden Schwert im Angriff gegenüber. Achtlos, wie auf bloßes Zeug, tritt er auf die toten Kinder, um die vordere Frau mit der Hand grob an der Schulter zu packen. Das Kind ist offensichtlich schon ermordet, mit ausgebreiteten Armen - die an das Kreuz des Erlösers erinnern - hängt es kopfunter, zupackend gehalten von seiner Mutter am Fuß. Geschrei, Weinen und Klagen vermeint man beim Anblick dieser Szene zu hören.

Der Urheber dieses Blutbades Herodes (Abb. 12: *König Herodes*; S.67) ist auf der Kehrseite dieser Medaille in herrscherlicher Aura abgebildet.

Der in Lk 2,8 ff. überlieferte Bericht der Verkündigung der Botschaft der Geburt Jesu an die Hirten (Abb. 13: *Die Hirten auf dem Felde*; S.71) kommt in der folgenden Tafel ins Bild. Überwältigt hören sie das schier unbegreifliche Geheimnis, das ihnen der Engel verkündet, und das Bedeutung für das ganze Volk, die Menschheit, haben wird. Ruhe und Bewegung sind in diesem Kleinrelief vereint. Die Schafe zu Füßen der Hirten ruhend, der Engel in Faltenwurf und Flügel wunderbar bewegt. Wie sich in der Geburt des göttlichen, menschgewordenen Kindes Himmlisches und Irdisches berührten, so auch in der Verkündigung dieser Botschaft: der Engel ergreift gleichsam die Hand des Hirten, um ihm den Weg zu weisen.

Wie die Hirten der lukanischen Kindheitsgeschichte anbetend vor dem Neugeborenen, dem als Christus Verkündigten, niederfielen, so tun dies auch die Sterndeuter bei Matthäus. In dem quadratischen Relief (Abb. 14: *Die Anbetung durch die Weisen*; S.71) sieht man förmlich ihre einzige Bewegung hin zu diesem Kind, geführt vom Stern. Maria mit dem stehenden Christuskind auf den Knien, thront auf einem Sessel, die Linien durch die Arme der Weisen und Marias führen alle zum Zentrum, dem Knaben Jesus.

Mit Josef in Nazaret

Die einzige, ausführlichere Erwähnung Josefs findet sich im matthäischen Kindheitsevangelium. Zunächst ist im Zusammenhang mit der Geburt Jesu der bestärkende Traum (Abb. 15: *Der Josefstraum*; S.74) erzählt, in dem Josef offenbart wird, der Zustand seiner Verlobten sei Frucht des Wirkens des Heiligen Geistes (1,20 ff.).

17

Josef liegt auf einer Liege, über ihm nahezu diagonal im Raum schwebend - dadurch die Zuwendung ausdrückend - ein Engel mit ausgebreiteten Armen und Flügeln. Spürbar ist die Präsenz des Engels das Zentrum dieses Reliefs.

Die zweite Josefsszene (Abb. 16: *Die Flucht nach Ägypten*; S.74) findet sich in der Bibel in unmittelbarer Nähe, wieder folgt Josef der Weisung des Engels und wird aktiv, um der vorausgewußten Nachstellung wider das göttliche Kind durch Herodes zu entgehen. Das Relief zeigt Josef hinter dem - erst in den Apokryphen erwähnten - Esel nachgehend, den Stock zum Antreiben nach oben erhoben. Der Fluchtweg von links nach rechts ist deutlich zu verfolgen, unterstrichen durch den Faltenwurf des Gewandes Josefs und Marias, die auf dem dahintrottenden Esel sitzt. Ihre Hände, die das auf dem Hals des Esels stehende Christuskind halten, weisen in die Richtung des imaginären Zieles ebenso wie das Kind selbst. Mit der Überschneidung des Heiligenscheins Marias mit dem ihres Sohnes ist die Geborgenheit des Kindes bei seiner Mutter angedeutet.

Die Taufe Jesu am Jordan

Der Beginn des öffentlichen Wirkens Jesu wird durch Johannes den Täufer, dessen Schicksal mit ihm von Geburt an eng verwoben war, eingeläutet. Johannes, der an der Nahtstelle vom Alten zum Neuen Testament steht und den die Ostkirche als Letzten der Alten Zeit und als Prodromos (Vorläufer) des neuen Weges bezeichnet, knüpft an die alten Verheißungen Deuterojesajas (40, 1-11) an. Eine neue, erfüllte Zeit vermag durch Umkehr und Buße der Menschen anzubrechen. Als sinnenfälliges Zeichen dieser Gesinnung empfingen die Menschen die Taufe durch Johannes. Auch Jesus, bewußt den Anbruch der neuen Zeit dokumentierend, ließ sich taufen (Abb. 17: *Die Taufe Jesu durch Johannes am Jordan*; S.89), ein Schlüsselereignis des Lebens Jesu und deswegen in allen vier Evangelien überliefert. Der unbegreifliche Gott bekennt sich vor den Menschen zu Jesus Christus, nachdem sich dieser vor den Menschen unter einen anderen Menschen gestellt hat. Von Faller ist diese Unterordnung wunderschön ins Bild gebracht, und gleichzeitig atmet sie die wahre Demut, das keine-Vorbehalte-haben Jesu sich unterzuordnen, in der leichten Krümmung der zwei Körper zueinander. Hier entsteht ein Spannungsbogen, verstärkt durch die Gestik. Die Zustimmung der überirdischen Sphäre zu diesem Ereignis kommt zum Ausdruck im verweisenden Nachoben der jeweiligen Außenhände der zwei Figuren und den Strahlen, ausgehend von der himmlischen Erscheinung oberhalb von Jesu Haupt. Deutlich ist Jesu Oberkörper in Konturen ein Kreuz eingeschrieben, das kundtut, daß die menschgewordene Gottheit am Kreuz bis ans Ende geht.

Der Messias und der Versucher

Formatfüllend bietet sich dem Betrachter die nächste Szene, die Versuchung Jesu in der Wüste (Abb. 18: *Die Versuchung Jesu*; S.92). Jesus, gekleidet in lange, fließende Gewänder, die eine Hand auf den teuflischen Dreizack weisend, steht dem Teufel gegenüber. Spürbar ist ein Stück Konfrontation zum Diabolos, der breit- und bocksbeinig sich vor Jesus "aufgepflanzt" hat. In der Hand hält der Böse einen Stein, an dem sich die provozierende Aufforderung entzündete: "Wenn du Gottes Sohn bist, so befiehl, daß aus diesen Steinen Brot wird" (Mt 4,3 b). Jesu Antwort darauf nimmt die alttestamentliche Erfahrung des mehrgestaltigen Hungers auf (Dtn 8,3) und schöpft wohl letztlich aus der Eigenerfahrung seiner Einkehrzeit. "Der Geist ist es, der lebendig macht; das Fleisch nützt nichts. Die Worte ... sind Geist und sind Leben" (Joh 6,63).

Dem vordergründig erstaunten Betrachter begegnet korrespondierend zur Versuchung des Messias eine eucharistische Opferszene (Abb. 19: *Der Sieg des Kreuzes über das Böse*; S.92). Ein tieferer Zugang läß sich finden, wenn man sich auf die Weisheit des Buches Deuteronomium einläßt: "Der Mensch lebt nicht vom Brot allein" und dem Mysterium der Eucharistie hingebend, sein Herz öffnet: "Denn das Brot, das Gott gibt, kommt vom Himmel herab und gibt der Welt das Leben. Da baten sie ihn: Herr, gib uns immer dieses Brot! Jesus antwortete ihnen: Ich bin das Brot des Lebens; wer zu mir kommt, wird nie mehr hungern, und wer an mich glaubt, wird nie mehr Durst haben" (Joh 6,33-35). Jesus Christus, der sich selbst als Weg, Wahrheit und Leben bekennt, übernimmt mit seinem Leben die Bekehrungsbotschaft, den Umkehrauftrag Johannes des Täufers, nachdem dieser mundtot gemacht worden war.

Das Reich Gottes

Jesus verkündet das Reich Gottes. Natürliche Autorität aus einer von innen geführten und gespeisten Zielstrebigkeit sprechen aus der Haltung dieser Darstellung Christi (Abb. 20: *Die Nähe Gottes in Christus*; S.106), auf der er sich im direkten Wortsinn, auf die Schrift stützt: "Meine Speise ist es, den Willen dessen zu tun, der mich gesandt hat, und sein Werk zu Ende zu führen" (Joh 4,34). Damit wird Jesus seine Botschaft begründen, so wird der Angelpunkt des Reiches Gottes bekanntgemacht.

Der Besessene von Gerasa

Auf der folgenden Platte, die wir dem Besessenen von Gerasa zur Seite gestellt haben (Abb. 21: *Ein Dämon;* S.118), hebt sich die Teufelsdarstellung auf der ansonsten wenig strukturierten Fläche gut ab, unterstrichen noch durch die dynamisch bewegte schräge Art der Gestalt. In der Bibelperikope lesen wir von den vielen Dämonen, die den Mann, der Jesus um Heilung bat, besetzt hielten. Wie das massive Böse furchteinflößend, beängstigend, pseudofaszinierend und klar zu erkennen ist, so tritt es uns auch in der Abbildung entgegen. Benennbares Böses hat seinen Schrecken und seine Macht ein Stück weit verloren. Auf der glatten oberen Fläche des Reliefs - konventionell gesprochen der himmlischen Sphäre - fängt sich das Licht, tritt dem Betrachter entgegen. Deswegen gilt auch dies für uns: "Kehr in dein Haus zurück, und erzähle alles, was Gott für dich getan hat" (Lk 8,39 a).

Die Frau aus Magdala

Das wunderbare Handeln Gottes an uns Menschen ist Thema des nächsten Bildes und des dazugehörigen Textes (Abb.22: *Der Heiland;* S.126). Die Nähe Jesu wirkt heilend. Wenn auch die jahrhundertelange Gleichsetzung in der biblischen Interpretation von der Frau aus Magdala mit der Sünderin nicht unbedingt richtig ist, so ist die Beziehung Jesu Christi zu seinen Mitmenschen und das dem traditionellen jüdischen Umgang zuwiderlaufende Verhalten Frauen gegenüber bemerkenswert, da er sie als gleichwertig akzeptiert. Dahinter steht ein Denken, das nicht geprägt ist von legalistischer Gesetzeshörigkeit, sondern von der Erfüllung des Hauptgebotes der Liebe zu allen Menschen. Diese Liebe steht im Zentrum Jesu Handelns: "Wenn ihr meine Gebote haltet, werdet ihr in meiner Liebe bleiben, so wie ich die Gebote meines Vaters gehalten habe und in seiner Liebe bleibe ... Es gibt keine größere Liebe, als wenn einer sein Leben für seine Freunde hingibt" (Joh 15,10.13). Auf dem Relief repräsentiert der Opferaltar die Ebene dieses Geheimnisses. Kreuz und Geisttaube betonen die weiterwirkende Bedeutung und Ermöglichung der Liebe in der Zeit nach Jesu Rückkehr zum Vater, wie sie in der obersten Bildebene mit dem thronenden Christus mit ausgebreiteten Armen angedeutet ist. Die Evangelistensymbole auf der Höhe des auf dem Altar aufgerichteten Kreuzes weisen auf den Überlieferungsweg der Botschaft der Liebe hin: "Das ist das ewige Leben: dich, den einzigen wahren Gott, zu erkennen und Jesus Christus, den du gesandt hast" (Joh 17,3).

Jesus im Tempel

Jesus Christus legte von seiner Sendung Zeugnis ab und nahm die Konsequenzen in Kauf. Seine enge innere Verbindung zum Tempel zieht sich durch sein ganzes Leben. Denn schon als Zwölfjähriger hatte er diesen Ort Gottes seiner natürlichen Mitwelt vorgezogen. Der ersehnte, neuerrichtete Tempel als heiliger Berg Zion und himmlisches Jerusalem (Abb. 23: *Das Himmlische Jerusalem mit den Wassern des Lebens;* S.140) kehrt auf Jesus ausdeutbar in der schwierigsten Schrift der ganzen Bibel wieder, der Geheimen Offenbarung. "Wer durstig ist, den werde ich umsonst aus der Quelle trinken lassen, aus der das Wasser des Lebens strömt" (Offb 21,6). Die Hand im Segensgestus über den Toren Jerusalems ist Unterpfand des Wunsches "Gnade des Herrn Jesus sei mit allen!" (Offb 22,21). Auf dem zweiten Bild (Abb.24: *Das Geviert des Neuen Jerusalem*; S.141) ist zu sehen: "Die Stadt braucht weder Sonne noch Mond, die ihr leuchten. Denn die Herrlichkeit Gottes erleuchtet sie, und ihre Leuchte ist das Lamm" (Offb 21,23). Der Strom des Wassers des Lebens kreuzt das neue Jerusalem und nährt so den Baum des Lebens. Auf der entschlüsselten Ebene des lebendigen Tempels Jesus Christus (vgl. Joh 2,19.21) begegnet als Lebensbaum das Kreuz, an dem er "Frieden gestiftet hat" zwischen Himmel und Erde (vgl. Kol 1,20) und die "neue Schöpfung" (vgl. Gal 6,15) zeitigte.

Die Bergpredigt

Die neue Schöpfung ist durch Jesu Opfertod am Kreuz in die Existenz gerufen worden. Als Bild ihrer vorweggenommenen Erfüllung mag man die Bergpredigt lesen und das Bild (Abb. 25: *Die neue Schöpfung in Christus;* S.148) betrachten. Christus steht erhöht, von ihm ausgehend der Strom des Lebens, in dem auch der gleichnamige Baum wurzelt. Die Geste der einen Hand Christi läßt gleichzeitig an das Gleichnis vom Sämann denken, der Körner ausstreut. Der vierte Teil bringt gute Frucht mit vielfachem Ertrag (vgl. Mt 13,1-9).

Der Mann mit der verdorrten Hand

Lebensspendung durch Jesus Christus, so ist auch die nächste meditative Darstellung, thematisch ein Heilungswunder, zu sehen. Dahinter steht Jesu Auseinandersetzung mit der legalistischen Ausdeutung der Sabbatgebote durch Schriftgelehrte und Pharisäer. Das Johannesevangelium hat dazu ja einen eigenen, dramaturgischen Aufbau, wenn nach solchen Konfrontationen inhaltlich die Aussage wiederkehrt: "Darum waren die Juden noch mehr darauf aus, ihn zu töten, weil er nicht nur den Sabbat brach, sondern auch Gott seinen Vater nannte und sich damit Gott gleichstellte" (Joh 5,18; vgl. auch Joh 7,1. 25; 10,33). Paulus, das Johannesevangelium aufnehmend, formuliert die pointierte Aussage "der Buchstabe tötet, der Geist aber macht lebendig" (2 Kor 3,6b), eine christusgemäße Haltung, gültig für alle Zeiten. Und darum geht es in wahrer Kirche und Synagoge (Abb.26: *Das Haus Gottes;* S.156): an die Stelle von Unheil und Verkümmerung soll Heil und Leben treten. Mit der Heilsszene vom Mann mit der verdorrten Hand im Haus des Herrn (Mt 12,9-14) wird dies gezeigt.

Der barmherzige Vater und seine Söhne

Jesus lebte die neue Praxis, die er verkündete. Er ist das Gleichnis Gottes. Er, "der am Herzen des Vaters ruht, er hat Kunde gebracht" (Joh 1,18 b), dies scheint wohl am deutlichsten und tröstlichsten im Gleichnis des barmherzigen Vaters durch, in dem Vergebung und Innigkeit ins Bild gebracht sind. So ist auch die Abbildung einer Menorah (Abb. 27: *Eine Menorah mit der Heiligen Stadt;* S.170), dem Symbol Jahwes, der bei seinem Heilsvolk zu Hause ist, gekrönt mit dem himmlischen Jerusalem, fruchtbar umgeben von den Palmzweigen des Leidens sowie Trauben und Ähren der Eucharistie ein passendes Abbild zum Thema, denkt man an Jesu Vater, an Jesu Sendung und dem daraus erwachsenden Neuen. Auf Grund der Liebe Gottes wächst den Menschen die vergebende Liebesfähigkeit, wie sie im Gleichnis vom barmherzigen Vater offenbar wurde, zu.

In Getsemani

Die Dynamik von Jesu Lebensweg blieb nicht beim "Bauen einer Kelter" und der Hoffnung auf süße Trauben stehen (vgl. Jes 5,2 b und c), sondern er selbst tritt die Kelter, damit "die aus der großen Bedrängnis" ihre Gewänder "im Blut des Lammes weiß" machen konnten (Offb 7,14 b). In Getsemani, dem Ort, in dem die Oliven wachsen und gekeltert werden, beginnt die endgültige "Kelterung" Jesu. An dieser Stelle (Abb. 28: *Der Keltertreter;* S.176) fällt wiederum auf, wie gelungen Max Faller die Heilige Schrift in den Facetten des AT und des NT in ein Kunstwerk gebracht, zum Sprechen zu bringen vermag. Alttestamentliche Prophetie und neutestamentliche Erlösungswirklichkeit, die unausweichlich durch Jesu Hingabe an den Willen des Vaters geschah (Mk 14,36 parr.), nehmen den Beschauer gefangen - befreien ihn so.

Mit dem nächsten Kapitel hat die Eigendynamik des Schicksals Jesu ihren Lauf genommen, Jesus muß sich vor der herrschenden gesetzlichen Macht verantworten. Zugehörige Heilsschritte des Kreuzwegs (genommen aus einem großen Kreuz mit Leben-Jesu-Darstellungen) sollen inhaltlich mitgegangen werden. "Ich aber wehrte mich nicht und wich nicht zurück. Ich hielt meinen Rücken denen hin, die mich schlugen, und denen, die mir den Bart ausrissen, meine Wangen" (Jes 50,5b-6ab). Jesus vor Pilatus (Abb. 29: *Der ausgelieferte Menschensohn;* S.184), dem Spott des Pöbels ausgeliefert, ein Inferno sondergleichen. Die Szene läßt so zugleich an den "descensus ad inferos" denken. Die Universalität des Erlösungsgeschehens wird augenfällig. Christus mit dem Kreuz auf den Schultern in Jerusalem (Abb. 30: *Jesu Weg nach Golgotha;* S.184) atmet eine tiefe, traurige Einsamkeit. Diesen Weg geht er allein, obwohl Menschen ihn begleiten.

Das Kreuz Jesu

Wenige Menschen nur erweisen Jesus freundschaftliche Treue bis in den Tod am Kreuz, wie wir aus den Evangelien wissen (Abb.31: *Der gekreuzigte Christus*; S.199). Doch wahre Freundschaft in ihrer Tragfähigkeit bewahrheitet sich immer erst in Grenzsituationen.

Am Kreuz wird offenbar: Über einzelne Begegnungen der Heilung, Befreiung und Erlösung hinaus ist in Jesus die Erlösung für alle grundgelegt. Am Kruzifix, das "dasteht als Zeichen für die Völker" (Jes 11,10), hat der wahre Weinstock Jesus Christus Frucht gebracht und die ewige Liebesbeziehung Gottes zu den Menschen "fixiert" (vgl. Joh 15,1-17).

Auferstehung der Toten

Christus ist der neue Adam. Ganz allein, gleichsam in der Luft stehend, und im Begriff "zum Vater hinaufzugehen" (vgl. Joh 20,17a) ist er auf dem folgenden Relief (Abb. 32: *Der auferstandene Kyrios;* S.202) zu sehen. Seine Gestalt hier gleicht der des Christus der Taufszene (vgl. Abb. 17), doch nun hält die Rechte das siegreiche Kreuz umfangen, die Linke weist aus dem Bild, dem bloßen Hier und Jetzt, in das Zeitlose, die Fülle.

Die Emmaus-Jünger

Die Jünger von Emmaus bitten Jesus: "Bleib doch bei uns; denn es wird bald Abend, der Tag hat sich schon geneigt. Da ging er mit hinein, um bei ihnen zu bleiben. Und als er mit ihnen bei Tisch war, nahm er das Brot, sprach den Lobpreis, brach das Brot und gab es ihnen. Da gingen ihnen die Augen auf, und sie erkannten ihn; dann sahen sie ihn nicht mehr" (Lk 24,29-32). Irdisch alltägliche Elemente - und so Gottes Gaben - gestellt auf den Altartisch (Abb. 33: *Der Altartisch mit Wein und Brot;* S.214): "Wer mein Fleisch ißt und mein Blut trinkt, der bleibt in mir, und ich bleibe in ihm. ... Denn es ist der Wille meines Vaters, daß alle, die den Sohn sehen und an ihn glauben, das ewige Leben haben und daß ich sie auferwecke am letzten Tag" (Joh 6,56.40).

Der Friede des Thomas

In der Orthodoxie heißt es zu Ostern mit einem durch die ganze Liturgie wiederkehrendem Hymnus: "Christ ist erstanden von den Toten, im Tode bezwang er den Tod und schenkte den Entschlafenen das Leben." Christus, in der Art des mittelalterlich entblößten Schmerzenmannes, auf dem Kreuz sitzend und gleichsam ausruhend (Abb. 34: *Christusruh;* S.227), hält inne. Das Andachtsbild der vorösterlichen Herrenrast soll Anlaß sein, über den Sinn von Leben und Sterben, des Leidens und der Wundmale nachzudenken. Inmitten der Betroffenheit und Trauer vermag dann vielleicht die Ostererfahrung einzubrechen: "Mein Herr und mein Gott" (Joh 20,28). Das "Unruhig ist unser Herz, bis es ruht in Dir" hat eine ewige Perspektive gewonnen. Der Zweifel des Menschen, wie der des Thomas, das Bedürfnis, alles zu messen und zu bezweifeln, zu qualifizieren und systematisieren, ruft Unruhe, nicht friedvolle Gewißheit hervor. Im "einfachen", sich fallenlassenden Vertrauen, in neuer Erfahrung wird der Friede geschenkt.

Im Glaubensbekenntnis sprechen die Christen allsonntäglich von Christus als "hinabgestiegen in das Reich des Todes". Johannes der Täufer hatte Jesus Christus schon als Lamm Gottes bezeugt. Auf dem Kreuzweg glich Jesus dem "Lamm, das man zum Schlachten führt, und wie ein Schaf angesichts seiner Scherer, so tat auch er seinen Mund nicht auf" (Jes 53,7 b). Darin aber war er "bestimmt, der Bund für mein Volk und das Licht für die Völker zu sein: Blinde Augen zu öffnen, Gefangene aus dem Kerker zu holen und alle, die im Dunkel sitzen, aus ihrer Haft zu befreien" (Jes 42,6b-7). Das siegreiche Kreuz des Lammes (Abb. 35: *Das siegreiche Lamm*; S.233) durchbricht die Trennungslinie, Licht ist selbst in der Unterwelt schon aufgegangen.

Saulus vor Damaskus

Eine der großartigsten Bekehrungen, von denen die Heilige Schrift erzählt, ist die des Juden Saulus: höchst belesen und eifrig im Gesetz der Väter und nach dem wunderbaren Sinneswandel ein bekehrter Eiferer für Gott (Apg 22,2 f), sein "auserwähltes Werkzeug: Er soll meinen Namen vor Völker und Könige und die Söhne Israels tragen" (Apg 9,15), wie Gott in einer Vision offenbarte.

Im Sinne der Ökumene gültig - heute wie damals - kann derjenige am fundiertesten predigen und verkünden, der auch die Wurzeln Israels gut kennt. Auf den Medaillen (Abb. 36: *Die Torah und Paulus* und Abb. 37: *Die Menorah;* S.241) sehen wir als tragenden Grund und Altarstein die Torah mit Paulus als ihrem Ausleger und Deuter. Der neue Umgang mit dem Pentateuch drückt sich in einer Kleinigkeit aus: Im Synagogengottesdienst wurde nie mit der bloßen Hand, sondern immer mit einem Zeigestab (Jad) auf die Schriftrolle gezeigt. Paulus handelt dem zuwider und begegnet dem Betrachter mit dem Zeigegestus, der in den Bildern schon häufiger zu sehen war.

Auftrag und Verheißung Jesu Christi, des geschlachteten Lammes (Abb. 38: *Das Lamm und Gottes Volk;* S.248), ist mit seinen Konsequenzen gegen Ende des Markusevangeliums aufgeschrieben: "Geht hinaus in die ganze Welt, und verkündet das Evangelium allen Geschöpfen! Wer glaubt und sich taufen läßt, wird gerettet; wer aber nicht glaubt, wird verdammt werden. Und durch die, die zum Glauben gekommen sind, werden folgende Zeichen geschehen: In meinem Namen werden sie Dämonen austreiben; sie werden in neuen Sprachen reden; wenn sie Schlangen anfassen oder tödliches Gift trinken, wird es ihnen nicht schaden; und die Kranken, denen sie die Hände auflegen, werden gesund werden" (Mk 16,15-18).

Es ist letzte Stunde. Die Mächte der Welt und der Unterwelt (Abb. 39: *Apokalyptische Bestie;* S.258; Abb. 40: *Lästerndes Lügentier;* S.259; Abb. 41: *Babylonisches Tier;* S.260; Abb. 42: *Gestürztes Untier;* S.261) kommen eschatologisch an ihr Ende. Denn Gott schafft eine neue Erde und einen neuen Himmel: "Er wird alle Tränen von ihren Augen abwischen: Der Tod wird nicht mehr sein, keine Trauer, keine Klagen, keine Mühsal" (Offb 21,4).

ZUM GEBRAUCH DER HEILIGEN SCHRIFT IM GEISTLICHEN PROZEß

In einem gewissen Sinn ist die Auffassung von Ludwig Wittgenstein, die Bedeutung der Sprache sei ihr Gebrauch, auch für den Umgang mit der Heiligen Schrift während geistlicher Prozesse erwägenswert [1]. Denn in dem Maße, in dem es gelingt, die Heilige Schrift so im Prozeß zu verwenden, daß wie von sich her das Wort der Schrift für den Exerzitanden bedeutsam wird, ist ein Raum eröffnet, in dem der Sinn der Schrift sich lebenspraktisch und lebensdeutend auszuwirken vermag. Voraussetzung dabei ist, daß das Wort der Schrift in seiner Qualität als inspiriertes Wort Gottes zur Sprachform des Gespräches zwischen Gott und Mensch wird.

Die Vorgabe der Heiligen Schrift

Ein geistlicher Prozeß beginnt nicht im leeren Raum. Die Heilige Schrift, der geistlich Übende und seine Begleitung sind immer schon vorhanden.

Vom Exerzitanden oder Beter ist verlangt, über ein rein philologisches Interesse hinaus sich so auf die Heilige Schrift einzulassen, daß es in ihr zu einer Begegnung zwischen ihm und Gott kommen kann. In einem gewissen Sinn zielt der Textbestand der Schrift über sich hinaus auf das Ereignis des unmittelbaren Zueinanders und Miteinanders von Schöpfer und Geschöpf.

Allgemein gilt, sich dem Text der Schrift so zuzuwenden, wie ihn der Exerzitienbegleiter vorzulegen hat. "Derjenige, der einem anderen Weise und Ordnung dafür angibt, sich zu besinnen oder zu betrachten, soll die Geschichte dieser Betrachtung oder Besinnung getreu erzählen, indem er die Punkte nur in kurzer oder zusammenfassender Erläuterung durchgeht. Denn wenn derjenige, der betrachtet, das wirkliche Fundament der Geschichte nimmt, es selbständig durchgeht und bedenkt und etwas findet, was die Geschichte ein wenig mehr erläutern oder verspüren läßt, sei es

---

[1] Vgl. Ludwig Wittgenstein, Teil I, Nr.1-18, in: Schriften Bd.1: Philosophische Untersuchungen, Frankfurt 1963, 289-294.

Abb. 2: Attribut des Evangelisten Matthäus

Abb. 3: Attribut des Evangelisten Markus

Abb. 4: Attribut des Evangelisten Lukas

Abb. 5: Attribut des Evangelisten Johannes

31

durch das eigene Nachdenken oder sei es, insofern der Verstand durch die göttliche Kraft erleuchtet wird, so ist es von mehr Geschmack und geistlicher Frucht, als wenn der, der die Übungen gibt, den Sinn der Geschichte viel erläutert und erweitert hätte. Denn nicht das viele Wissen sättigt und befriedigt die Seele, sondern das Innerlich-die-Dinge-Verspüren-und-Schmecken." [1]

Mit der Heiligen Schrift ins Heil gelangen

Die hermeneutische Grundvoraussetzung für den Umgang mit der Heiligen Schrift läßt sich kurz so formulieren: Jeder Text ist so zu rezipieren, daß dadurch der Exerzitand immer mehr in sein Heil gelangt. Dies gilt ohne Abstriche auch von Gerichtstexten und Höllenbetrachtungen. Im Verlauf eines Exerzitienprozesses geht es darum, sei es direkt oder indirekt, mit den eigenen Lebensproblemen umzugehen. Jede Frömmigkeitsübung, die verhindern würde, daß der Mensch in seiner konkreten Situation vorkommen darf bzw. nicht ernst genommen würde, zielt an Exerzitien vorbei. Gerade realitätsbezogene Situationen, denen ein psychisch-spiritueller Zustand entspricht, sind auf seiten des Übenden in das geistliche Dasein vor Gott einzubringen. Die entsprechende Durcharbeitung im Sinne eines Sich-Verwandeln-Lassens kann direkt oder indirekt angegangen werden. Konkret gesprochen: Es können Bibelstellen in Meditationen thematisiert werden, in denen gleichsam als Vorgabe schon eine biblische Begegnungsszene abgehandelt wird, die dem augenblicklichen psychischen Zustand des Übenden so nahe ist, daß er sich leicht identifizieren kann, oder man greift zurück auf eine Heilsszene, die einen intensiven Kontrast zur Situation bildet, in der der Übende sich momentan vorfindet [2].

---

[1] EB Nr.2.

[2] Walter Rebell, Psychologische Bibelauslegung. Möglichkeiten und Grenzen, in: Bibel und Kirche 44 (1989) 117: "Nichts ist in der gegenwärtigen Diskussion um die psychologische Bibelauslegung so nötig wie Besonnenheit. Noch immer gibt es Exegeten, die einen psychologischen Zugang zum Text völlig ablehnen; und andererseits findet man Ausleger, die so unüberlegt

Hier schon wird offensichtlich, daß von seiten der geistlichen Begleitung eine möglichst große Bibelkenntnis Voraussetzung ist, um so umwegarm wie möglich den Exerzitanden begleiten zu können. Legt der Begleitende dem Exerzitanden die Bibelstelle im Sinne der historia [1] vor, dann ist es gut, wenn er exegetisch qualifiziert ausgebildet ist. Dies ist um so erforderlicher, je gebildeter der Exerzitand ist. Gerade Fragen des exegetischen Kontextes und des rechten Verständnisses der Bibel werden während eines intensiven geistlichen Prozesses der religiösen Individuation aufkommen. Der bloße Verweis, alles solle "geistlich" betrachtet werden, führt nämlich oft zu mißglückten Sublimierungen bzw. zu einem spirituellen Versuch, sachliche Fragen nicht sachlich, sondern überzogen spekulativ zu einer Lösung bringen zu wollen. So sehr es richtig ist, daß es vor allem um einen *geistlichen* Prozeß geht, in dem der Übende liebesfähiger und sensibler werden soll, so sehr ist doch auch darauf zu achten, daß er in seinen intellektuellen und religiösen Fragestellungen ernst genommen wird. Das heißt, es geht nicht um eine unverständige Liebe, sondern um ein Weiterkommen im ganzheitlichen Sinn. Die Seelenkräfte intellectus, memoria und voluntas haben nicht nur in der Beziehung zu sich selbst und im Verhältnis zu Gott ihren Ort, sondern dürfen je spezifisch auch auf das Wort Gottes in seinem sachhaften Gehalt, wie es uns in der Heiligen Schrift zukommt, gerichtet werden.

Das unabschließbare Kennenlernen der Heiligen Schrift

Da die Begegnung mit der Heiligen Schrift im Laufe eines Lebens sowohl in ihrer Tiefendimension wie im philologisch-exegetischen Verständnis *prozeßhaften* Charakter besitzt, ist jegliche Mutlosigkeit fehl am Platze, die suggerieren möchte, daß nur schriftkundige Spezialisten fähig seien, geistliche Prozesse zu begleiten. Jede/r ist

---

psychologische Methoden an den Text herantragen, daß sie ihn psychologisch verfremden. Hier gilt es, zwischen Skylla und Charybdis einen vernünftigen Mittelweg zu finden."

[1] Vgl. EB Nr.2.

in dem ihr/ihm zukommenden Maß und Charisma geeignet, mit der Heiligen Schrift geistlich umzugehen und andere damit zu begleiten. Nicht nur weil jeder schon etwas von der Heiligen Schrift positiv erlebt und begriffen hat, sondern weil Gott selbst durch seinen Heiligen Geist mittels der Heiligen Schrift in den Seelen der Menschen weiterwirkt und immer schon mehr an Heil und Wandlung bereithält, als ein noch so ausgebildeter Exerzitienbegleiter bloß durch sich selbst dem Übenden vermitteln könnte. Daher darf, ja soll die Heilige Schrift als Wort Gottes bei geistlichen Prozessen, speziell bei Exerzitien, eine entscheidende Rolle spielen. Die Grundvoraussetzung bei Begleiter und Begleitetem ist dabei eine einfache und demütige Liebe zum Wort Gottes, die dafür offen ist, durch andere, speziell auch durch die lebendige Überlieferung der Heiligen Kirche, dazuzulernen.

So sehr dem allgemeinen Plädoyer zuzustimmen ist, jemand anhand der Heiligen Schrift spirituell zu begleiten, so sehr muß auch auf die notwendige Unterscheidung der Geister, die Achtung vor der Intuition, die Hochschätzung der Vernunft und des Verstandes aufmerksam gemacht werden. Denn wie es den rechten Gebrauch der Heiligen Schrift gibt, so eben auch den Mißbrauch.

Die Einmaligkeit eines geistlichen Prozesses

Beim praktischen Üben und Begleiten stellen sich viele Fragen, die sich nur im Einzelfall konkret beantworten lassen. Denn jeder Exerzitand und jeder geistliche Prozeß ist einzigartig. Jedesmal muß neu angeschaut werden, welche Sequenzen und Verläufe, welche Höhen und Tiefen anhand welcher Bibelstellen abzuschreiten und zu durchleben sind. Die Qualität eines Prozesses entscheidet sich gleichsam daran, wie *besonders* und nicht wie *allgemein* Exerzitien stattfinden. Geht es ja gerade darum, den anderen als einmalige Freiheit vor der absoluten Freiheit - Gott genannt - mit der Botschaft vom Evangelium im Gespräch sein zu lassen. Gerade das paulinische "Zur Freiheit hat uns Christus befreit" (Gal 5,1) muß berücksichtigt werden. Das heißt, erst in einer freien Methode werden jene Früchte von Exerzitien erreicht, um die es geht. Da sich die menschliche Freiheit immer schon im Gefüge von Institutionellem und Methodischem zeitigt, kann sie nicht jenseits davon zu sich selbst kommen, sondern mitten in allen Bedingungen atmet sie ihre Unbedingtheit, macht sie ihre bedingt-unbedingten Erfahrungen. Um welch *einmalig* existentielle Erfahrungen und psychodynamische Prozesse es sich bei Exerzitien handelt, läßt sich an der Auffassung von Louis Beirnaert verdeutlichen: "Weder möchte er psychologisierend 'erklären', noch legt er eine 'Therapie' für die in die Krise geratene Weitergabe von Erfahrung vor. Denn erst, wenn wir uns von allem vermeintlichen Wissen über den Inhalt der Erfahrung und über deren Weitergabe freizumachen versuchen, finden wir einen Zugang zur eigenen Subjektwerdung; erst dann können wir auch andere auf diesem Weg begleiten. Von der Psychoanalyse können wir lernen, daß Theoriebildung eine ständige Rückkehr zur Erfahrung erfordert, weil die Psychoanalyse je neu erfunden und theoretisch erarbeitet wird, wie Beirnaert zu sagen pflegte." [1]

Der Umgang mit der Heiligen Schrift steht nicht abstrakt in sich, sondern nimmt immer wieder Maß an den geistlichen Grundbewegungen, die im Übenden stattfinden. Fragen können helfen, daß der Übende seine Wahrnehmungen besser ins Wort bringt. Er soll seinem Verlangen nachspüren. Welche Verheißungen werden dadurch genährt, welche Hoffnungen leben in ihm? Ist es mehr die Angst vor Mißerfolg oder mehr die Hoffnung auf Gelingen, die ihn bewegen? Je mehr Hoffnung auf Erfolg in ihm vorhanden ist, um so mehr greift Hilfe zur Selbsthilfe. Je stärker die Angst vor dem Scheitern ist, um so mehr muß eine entsprechende Motivierungsphase [2] stattfinden, damit der Übende aus sich selbst her-

---

[1] Eckhard Frick, Weitergabe von Erfahrung? Psychoanalytische Überlegungen. Einleitung zu Louis Beirnaerts Beitrag, in: Geist und Leben 62 (1989) 246.

[2] Gemeint ist damit eine Zeit bzw. Übung, die das Selbstwertgefühl stärkt. Nützlich sind dabei auch anscheinend weit abliegende Lebensbereiche, die zunächst nicht unmittelbar mit dem geistlichen Übungsprozeß zu tun haben. Durch Spiel, Sport, körperliche Ertüchtigung, kleine berufliche Erfolge etc. kann der Übende in die Disposition kommen, Exerzitien im Vollsinn des Wortes zu machen. Manchmal ist auch eine ausgiebige Vorphase nötig, in der durch Gruppendynamik und Gestalt-

aus - mit Gottes Hilfe - etwas zustande bringt. In jede Krisenphase hinein, d.h. Aggressionen, Widerstände und anscheinend von der Sache wegführende Assoziationen sind zuzulassen - können jeweils biblische Betrachtungen situiert werden.

Das Grundmodell einer ignatianischen Betrachtung

Das Grundmodell einer solchen Betrachtung gilt nicht nur für Krisenphasen, sondern auch für ruhige Zeiten des Exerzitienverlaufs. "Terminologisch spricht Ignatius von 'Übung' (exercicio) als Oberbegriff, der sich dann in 'Besinnung' (meditación), 'Erwägung' (consideración) und 'Betrachtung' (contemplación) ausfaltet. Eine eindeutige Anwendung läßt sich nicht behaupten" [1]. Die Bedeutungsbreite der Wörter war damals schwankend. "Die Übungen über das Leben Jesu werden von Ignatius durchgehend mit 'Betrachtung' (contemplación) bezeichnet. In EB 127 wird 'Erwägung' (consideración) mit 'Betrachtung' (contemplación) verbunden und meint dort ausdrücklich den Vollzug der Betrachtung des Geheimnisses aus dem Leben Jesu" [2].

---

therapie der Exerzitand beziehungsfähiger wird; seine Ich-Stärke wird ausgebaut.

[1] Hermann Josef Repplinger, Das Buch der Geistlichen Übungen. Struktur und Eigenart des Textes, in: Korrespondenz zur Spiritualität der Exerzitien 27 (1977) 46.

[2] Ders., ebd., 47 und ebd. 49: "Für die Ordnung der Übung und seiner Haltung (äußere und innere) soll der Übende nach jeder Betrachtung (wie überhaupt nach jeder Übung) eine Viertelstunde 'danach sehen, wie es ihm in der Betrachtung ergangen ist' (vgl. EB Nr.77). Diese Reflexionszeit wäre überflüssig, wenn sie nicht in der inneren Logik der Übung selbst verankert wäre. Mit dem 'Bitten um das, was ich begehre' (EB Nr.48 u.a.) gibt der Übende seiner Betrachtung (Besinnung usw.) das ihr entsprechende Ziel. Die Reflexionszeit dient der Feststellung der Befindlichkeit während und nach einer Übung. Das Corpus der Übung ('Punkte' und 'Gespräche') ist der 'Raum' für den ganzmenschlichen Vollzug der Übung; dieser 'Raum' ist durch die

In einem gewissen Sinn läßt sich die folgende Betrachtung als *das* Übungsmodell christlicher Spiritualität verstehen. Hier nun zunächst eine schematische Darstellung [1]:

	— EINSTIMMUNG	(EB 73, 74, 75) entsprechend den WOCHEN (EB 130, 206, 229)
E I N E	— VORBEREITUNGS- GEBET	(EB 46) — bleibt immer dasselbe! —
	— ERSTE VORÜBUNG	Sich die Geschichte des Gegenstandes (la historia) ins Gedächtnis rufen („Gegenstand" ist jeweils ein Geheimnis des Lebens Jesu Christi).
S T	— ZWEITE VORÜBUNG	Zusammenstellung des Geschehens im Raum (Aufbau des Schauplatzes) — mit der Sicht der Vorstellungskraft.
U N D	— DRITTE VORÜBUNG	Erbitten, was ich begehre (dem Gegenstand und der Woche entsprechend). (Vorbereitung — Dritte Vorübung: EB 105, die Betrachtung selbst: EB 76).
E	— BETRACHTUNG	

	DIE PERSONEN	SEHEN	HÖREN	BETRACHTEN SCHAUEN	ERWÄGEN
— (EB 12, 13, 128, 255)		(1. Punkt) an ihrem Ort, ihre Haltung, Kleidung, Situation, ihr Aussehen	(2. Punkt) ihre Worte, Gespräche	(3. Punkt) ihr Tun, ihre Handlungen	(4., 5. Punkt) im Blick auf Christus

— GESPRÄCH/ GEBET(E) — dreifach

15 MI- NU- TEN	— REFLEXION	nach Beendigung der Übung (EB 77).

Vorübungen formal und inhaltlich bereitet worden. Dabei dient das ständig gleichbleibende Vorbereitungsgebet der jeweiligen Erneuerung und Vertiefung der Grundausrichtung, 'Gott Unsern Herrn zu loben, Ihm Ehrfurcht zu erweisen und zu dienen ...'(EB Nr.23). Das Corpus der Übung ist auch der 'Raum', in dem die 'verschiedenen Bewegungen zu verspüren und zu erkennen' sind, 'die in der Seele verursacht werden'(EB Nr.313-327; 328-336)".

[1] Ders., ebd., 48.

Es geht in einer Betrachtung darum, Gott in allen Dingen zu suchen und zu finden. Die Grundstruktur der Betrachtungen, gleichsam ihre "Grammatik", ist exemplarisch ablesbar an der Betrachtung von der Menschwerdung [1].

Die Betrachtung von der Menschwerdung ist für die meditative Erkenntnis des göttlichen Geheimnisses, die immer fragmentarisch bleibt, zentral. "Die Schau der Inkarnation als das gemeinsame erlösende Tun der drei göttlichen Personen gibt den Betrachtungen des Lebens, Sterbens und Auferstehens Jesu die Grundrichtung. Der geschichtlich konkrete Mensch Jesus Christus ist die Offenbarung des dreifaltigen Gottes. Jesus, der geboren wird, heranwächst, predigt, leidet und stirbt, wird mit solcher Liebe betrachtet, weil sein menschliches Leben das Herz Gottes offenbart, seine erlösende Liebe zu uns und darin zugleich sein innerstes Wesen, das dreieinige Liebe ist." [2]

Anhand der Heiligen Schrift "Punkte" geben

Für das Gelingen eines Exerzitienprozesses ist entscheidend, auf die Kraft des Wortes Gottes zu vertrauen. Je mehr der Übende sich dem in der Heiligen Schrift ihm zukommenden Wort Gottes aussetzt, um so mehr kann er die katalysatorische Wirkung dieses Wortes für das eigene Leben erfahren. Die Konfrontation mit der Objektivität dieses Wortes verdeutlicht die eigene Lebenssituation und bringt sie vor das innere Auge. Oft erzeugt auch eine bestimmte Lebenssituation erst den Raum, in dem dann ein Schriftwort neu und tiefer erfaßt werden kann. Die Auswahl einer Schriftstelle und die Erhellung der Situation des Übenden stehen in einem wechselseitigen Verhältnis.

Dies zu berücksichtigen, ist besonders in dem Moment wichtig, wenn entschieden werden muß, welche "Punkte" derjenige, der die Exerzitien gibt, demjenigen anbietet, der die Übungen macht. Ein

---

[1] EB Nr.101-109.

[2] Martha Zechmeister, Mystik und Sendung. Ignatius von Loyola erfährt Gott, Würzburg 1985, 57.

Dialog ist dazu meist eine gute Vorbereitung. "Punkte" besagt, einen meist biblischen Text so aufzubereiten, daß darin der Übende leichter das Seinige finden kann. Die Kunst des Punktegebens besteht darin, einen Text so zu komprimieren, daß er einerseits gleichsam wie ausdehnungslos erscheint, andererseits aber den Charakter besitzt, sich in jede Richtung hin lebendig entfalten zu können. Unter Komprimierung ist nicht Verdichtung im gegenständlichen Sinn gemeint, sondern ein Die-Sache-so-auf-den-Punkt-Bringen, daß - wie in der Mathematik - der Punkt einerseits die ausdehnungslose Mitte ist, andererseits der Ort, in dem jegliches sich kreuzen und treffen kann. Der Kontraktion korrespondiert eine Ausdehnungsfähigkeit. Noch einmal anders gesagt: "Punkte" müssen "leer" und frei sein und gerade so konkret und dicht.

Im Übenden soll das lebendige Wort Gottes pulsieren können. Die "Punkte" sollen dazu helfen, daß der Übende leichter in den Rhythmus hineinkommt. Im Bild gesprochen: Die "Punkte" sollen so zu Herzen gehen, daß der Übende in seinem springenden Punkt, seinem Herzen also, eine eigene, neue, lebendige Beziehung zum "Herz der Welt" sucht und findet.

Die Heilige Schrift bringt Jesus Christus nahe

Das Bekenntnis der gläubigen Gemeinde, daß das Wort Gottes ein lebendiges Wort ist, bringt klar und deutlich zum Ausdruck: Nur ein lebendiger Umgang mit der Heiligen Schrift, den einzelnen Heilsszenen, läßt im geistlich Übenden etwas von der lebendigen und befreienden Kraft des Wortes Gottes aufleuchten. Die Heilsereignisse sind ein Verweis auf den je größeren Gott, in dessen Herrlichkeit erst das ewige Heil subjektiv gefunden werden kann, das unumkehrbar und objektiv als Wort Gottes schon erschienen ist und uns in die Herrlichkeit Gottes vorausging.

In Jesus Christus erscheint das Mysterium Gottes. In ihm kommt ER uns mit seiner Gnade und Liebe nahe. Daher sollen die Mysterien, die Geheimnisse des Lebens Jesu betrachtet werden. "Für den spirituellen Realismus bei Ignatius ist allein entscheidend, daß der einzelne durch die Dramatisierung der *"Mysteria"* zu einer existentiellen Erkenntnis und Praxis geführt wird.

Mit Endzweck und Ziel der Exerzitien eng verbunden ist die

Frage nach den *Motiven* der Wahlentscheidung in den Exerzitien. Wenn Ignatius zur Nachfolge des Herrn anleitet, so im Blick auf das konkrete Beispiel und Vorbild Jesu. Die Person Jesu von Nazaret steht ganz im Mittelpunkt der Geistlichen Übungen. Ignatius entwickelt darum z.B. auch keine Theorie der Armut, sondern weist einfach auf das Vorbild Jesu; der Exerzitand soll arm leben, *weil* und *wie* Jesus arm war. Die Armut wird nicht aus irgendeiner Einsicht gelebt, sondern durch die Angleichung an das Leben Jesu, dem der einzelne in 'vielen Mühen, Hunger und Durst, Hitze und Kälte, Schmähungen und Beschimpfungen' nachfolgen möchte."[1] In den heilenden Begegnungsszenen mit Jesus von Nazaret als dem wahren Wort Gottes in Fleisch und Blut kann der Exerzitand für sich selbst anhand des ausbuchstabierten Wortes Gottes in der Bibel der heilenden Lebendigkeit des Messias in sich Raum zu geben versuchen. Dies gelingt in dem Maße, als ein gegenseitiges Beziehungsgeschehen zustande kommt, bei dem dem Wort Gottes der erste Platz und dem geistlich Übenden das zweite Wort, die Antwort also zukommt.

---

[1] Michael Schneider, "Unterscheidung der Geister". Die ignatianischen Exerzitien in der Deutung von E. Przywara, K. Rahner und G. Fessard, Innsbruck/Wien 1973, 131.

1. IN DER FÜLLE DER ZEIT

Jemand wird um so mehr ein Christ, je mehr er sich eine Beziehung zu Jesus Christus schenken läßt. Ein Grundkurs christlicher Spiritualität soll daher helfen, die Beziehung zu Christus zu verlebendigen und zu erneuern.

Der Glaube an Jesus Christus führt zum Glauben an Gott, der in Jesus gegenwärtig wird. Durch die Beziehung zu Jesus gewinnen wir Anteil an seinem Gottesverhältnis.

Wir hoffen auf *jemanden*. Der Urakt des Glaubens besteht darin, sich einem anderen anzuvertrauen. Der "Gegenstand" des Glaubens kann daher kein "etwas" sein, sondern nur eine Person [1]. Primär sind deshalb nicht lehrhafte Glaubensinhalte, sondern der andere selbst. Erst von ihm her gewinnen dann Glaubensinhalte, die Geschichte und die Formen des Glaubens an Gewicht.

Die Begegnung mit Jesus besagt: Teilhabe an seiner Beziehungswelt, an seinem Freundeskreis, am Volk Israel, an seiner Kirche. Durch ihn wird Beziehung gestiftet zur "Gemeinschaft der Heiligen". Doch nicht nur die Heiligen, sondern alle Menschen, die uns im Alltag begegnen, sind als "Schwestern und Brüder" Jesu gerufen. Denn ihm geht es nicht vorrangig um Institutionen, Strukturen, Programme und Prinzipien, sondern um konkrete Menschen.

---

[1] Vgl. Joseph Ratzinger, Einführung in das Christentum. Vorlesungen über das Apostolische Glaubensbekenntnis, München 1968, 52: "Der christliche Glaube ist mehr als Option für einen geistigen Grund der Welt, seine zentrale Formel lautet nicht: 'Ich glaube etwas', sondern 'Ich glaube an Dich'. Er ist Begegnung mit dem Menschen Jesus und erfährt in solchem Begegnen den Sinn der Welt als Person. In Jesu Leben aus dem Vater, in der Unmittelbarkeit und Dichte seines betenden, ja sehenden Umgangs mit ihm, ist er der Zeuge Gottes, durch den hindurch der Unberührbare berührbar, der Ferne nahe geworden ist. Und mehr: Er ist nicht bloß der Zeuge, dem wir glauben, was er geschaut hat in einer Existenz, die wahrhaft die Wende vollzogen hatte von der falschen Bescheidung aufs Vordergründige in die Tiefe der ganzen Wahrheit hinein; nein, er ist die Anwesenheit des Ewigen selbst in dieser Welt."

Inmitten unserer alltäglichen Zeiterfahrung wird uns von Begegnungen mit Jesus Christus erzählt. Viele bekennen sich zu ihm, mancher spricht von seiner Beziehung zum Messias. Gewiß gibt es auch die "Vergegnung" (M. Buber), die Verweigerung einer Begegnung. Meist aber bricht doch ein Mögen durch, das so stark werden kann, daß sogar das "Unmögliche", das Wunder glaubwürdig wird. Das "Unmögliche" kann nie möglich, aber wirklich werden. Was ist das schlechthin Unmögliche? *Im Zeitlichen erscheint der Messias.* Der Ewige selbst zeitigt sich in Jesus Christus ein in die Welt.

In welche Welt hinein wird eine solche Glaubensaussage gesprochen? Welche Erfahrungen des Ewigen und des Zeitlichen liegen vor, so daß der Wahrheitswert der Botschaft von der Ankunft des Messias erfaßt werden kann? Was ist gemeint, wenn wir im christlichen Sinne von der Zeit sprechen? Welchen Stellenwert besitzt sie in heidnischen Weltanschauungen? Eine einfache Beobachtung soll uns vorerst weiterhelfen.

Jedes Jahr beginnt in unseren Breiten mit dem 1. Januar, ja nicht nur bei uns, sondern fast überall auf der Welt, selbst in Kulturkreisen mit anderer Zeitrechnung. Dies ist nicht selbstverständlich. Man könnte sich z.B. auch nach dem jüdischen Kalender oder der Zeitzählung der Muslime oder dem liturgischen Kalender der Kirche richten. Auch sein Anfang und Ende sind nicht synchron mit dem Rhythmus von Januar bis Dezember, zählt man doch liturgisch von Advent bis Advent.

Das Idol des Janus

Der Beginn des Jahres mit dem *Januar* hat mit dem alten römischen Gott *Janus* zu tun. Was ist das für ein Idol, das sich bis in unsere Zeit recht dominant auswirkt? [1] Janus galt den Heiden der

---

[1] Janus steht auch für eine sehr dezidierte Friedensidee: Friede als Resultat der römischen Ordnungsvorstellungen! In "Friedenszeiten" (nur zweimal herrschte im Römischen Imperium kein Krieg) war der Janustempel, in dem die Feldzeichen aufbewahrt wurden, geschlossen. Noch heute - durch viele kultur-

damaligen Zeit - mehr oder minder reflektiert - als Inbegriff für eine ganz bestimmte Form von Zeiterfahrung. Als Kultbild wurde er doppelgesichtig dargestellt [1]. Der Blick nach hinten, in die Vergangenheit, ist ein müdes, in sich gekehrtes, im Grunde aber langweiliges und erinnerungsloses Blicken in die Dimension der Herkunft. Mit *gleichem* Gesicht nach vorne "schaut" die Figur in die Dimension der Zukunft, die aber nichts wirklich Neues bringen wird. Eine künstliche Morgenröte schenkt keine echte Hoffnung.

Die Zeit lebendiger Gegenwart kommt nicht vor. Denn Vergangenheit und Zukunft lassen keinen Raum, so daß Verweilen im Augenblick zustande kommen kann. In der Nacht zum 1. Januar (= Monat des Janus) wird heutzutage noch - meist unbewußt - versucht, das doppelgesichtige Idol durch krachenden Lärm und bunte Lichter zu zersprengen, so daß in der Gegenwart genügend Raum für Neues und Überraschendes da ist. Vergangenheit und Zukunft sollen nicht in einem "klebrigen", freiraumlosen Verhältnis miteinander in Beziehung stehen! Aber bleibt die Mitte nicht tot? Gelingt es denn, den Kerker der Leere nach vorne oder hinten aufzusprengen? [2] Janus ist ein vortreffliches Symbol für das bloße Auf und Ab der linearen Zeit mit ihrem Gemächte. Eine solche Zeiterfahrung führt zur Verzweiflung - sei es in der Form des dionysischen Rausches oder eines Sich-Betäubens aus skeptischer Resignation, weil in jenem endlosen Strömen der Zeit kein wirklich neuer Anfang in der Gegenwart, keine echte Zukunft in den ursprungslosen Ursprung hinein und keine authentische Herkunft von Ihm erwartet werden kann. Hoffnung auf Gott wird höchstens als

---

geschichtlich verborgene Stationen eines kollektiven Bewußtseins tradiert - ist der 1. Januar als Weltfriedenstag vorgesehen.

[1] Ein entsprechender Marmordoppelkopf findet sich im Etruskermuseum in Volterra (Toskana).

[2] Wieso der buddhistische Lösungsversuch des Rückzugs aus der Zeit ins Nirwana nicht Lösung genug ist - kurz gesagt: wegen der Personalität der menschlichen Freiheit und ihrer Beziehung zu Gott, der nicht ES, sondern ER ist - kann in unserem Zusammenhang hier nicht ausführlich diskutiert werden.

mythologischer bzw. privatmythologischer Traum oder als utopische Vertröstung zugelassen. Die drei Ekstasen der Zeit: janusförmige Vergangenheit, Gegenwart und Zukunft, sind im Grund hoffnungslose Zeitigungsfiguren. Der Götze Janus als Herr der Zeit! Im Altertum versuchte man in weiten Kreisen mittels heidnischer Mysterienkulte - sei es mehr archaischer, platonisierender oder orientalischer Prägung - einen existentiell befriedigenden Ausweg aus dem Dilemma von realistischem Zeitgeschick und eigenem Hoffnungsideal zu finden. "Die Antike glaubte an die Epiphanie gewisser Götter in menschlicher Gestalt, die auf Erden Schlimmes und sogar den Tod erlitten, dann aber zum Leben zurückkehrten; sie beging deren Schicksal in dramatischen Riten, die die erstmalige Epiphanie und deren Taten darstellten und zur erneuten Wirklichkeit machten. Indem die Kultgenossen diese Riten begehen, nehmen sie an dem Geschick der Götter teil, treten so in den göttlichen Kreis ein, werden vergottet. Diese Feiern nehmen daher, zumal in hellenistischer Zeit, einen ausgesprochen 'mystischen' Charakter an, insofern als der Teilnehmer dadurch in eine persönliche Beziehung zur Gottheit tritt, die nach dem Tode sich in einem seligen Leben fortsetzt." [1] Mit kultischer *Gegenwart* ist dabei jedoch nicht so sehr ein Warten auf das Erscheinen der Gottheit angesagt, sondern gemeint ist ein Warten im Sinn sorgsamen Pflegens der mystischen Riten und der mythischen Erzählbestände.

In der modernen Fotografie gibt es Porträtbilder, in denen man das "Idol des Janus" mit menschlich-realistischen Zügen entdecken kann [2]. Mehr als das Doppelgesicht des steinernen Janus und seiner Kalenderzeit wird allerdings transparent: Denn vom Blick Cocteaus nach vorne wird der Mensch, der das Gesicht Cocteaus anschaut, in seiner eigenen Gegenwart betroffen. Mehr als ein Idol kommt uns entgegen; die lebendigen Gesichtszüge eines Menschen

---

[1] Odo Casel, Das Mysteriengedächtnis der Meßliturgie im Lichte der Tradition, in: Jahrbuch für Liturgiewissenschaft 6 (1926) 139.

[2] Vgl. z.B. die Fotomontage des Doppelporträts von Jean Cocteau, in: Philippe Halsman, Sight and Insight. Words and Photographs by Philippe Halsman, New York 1972, 162.

muten uns zu, uns von der Fixierung auf die Zeit, die vergeht, zu lösen und in der Gegenwart, im Jetzt, im Nun, wie Meister Eckhart sagt, zu leben. Denn im Gesicht eines Menschen geht nicht nur "Jetztfolge" (Kant) auf, kommt uns nicht nur utopische Zukunft und gewesene Vergangenheit entgegen, sondern im Antlitz des anderen leuchtet Freiheit auf [1] - eine Freiheit, die auf ewige Endgültigkeit hinzielt [2]. Im Augen-blick von Freiheit zu Freiheit öffnet

---

[1] Vgl. dazu den aufschlußreichen etymologischen Kontext "Freiheit und Antlitz". "Indog. *leudh-*,emporwachsen, hochkommen; *leudhero-*, zum Volk gehörig, frei; neupers. *roi*, Gesicht: griech. *eleutheros*, frei; lat. *liber*, frei; *Liber*, ital. Gott des Wachstums, der Zeugung, Anpflanzung; *liberi*, die Kinder; got. *laudi*, Gestalt; althochdt. ant-*lutti*, Ant-*litz*; mittelhochdt. *liute*, Leute; burgund. *leudis*, der Gemeinfreie." (Julius Pokorny, Indogermanisches etymologisches Wörterbuch I, Bern 1959, 684f) Solche etymologischen Verwobenheiten lassen sich nicht einfachhin als bloße Zufälligkeiten abtun. Die hier zugrundeliegenden Erfahrungen "kritisieren", geschichtlich gewachsen, einen *abstrakten* Begriff von Freiheit.

[2] "Freiheit ist das Vermögen, sich selbst ein für alle Mal zu tun, das Vermögen, das von seinem Wesen her auf die frei getane Endgültigkeit des Subjektes als solchen geht." (Karl Rahner, Theologie der Freiheit, in: Schriften zur Theologie Bd.VI: Neuere Schriften, Einsiedeln [2]1968, 221.) Oder: "Freiheit ist in ihrem ursprünglichen Wesen ... die Grundverfassung des Subjekts in seiner Transzendentalität, in der es über *sich selbst* verfügt auf Endgültigkeit hin." (Karl Rahner, Das christliche Sterben, in: Schriften zur Theologie Bd.XIII: Gott und Offenbarung, Einsiedeln 1978, 287.) Und: "Freiheit ist nicht die Möglichkeit, immer aufs neue dies und dann wieder jenes zu tun, sondern die Möglichkeit der Setzung des Endgültigen, des Unüberholbaren, des selbstmächtigen Werdens dessen, was sein und was nicht vergehen soll, der Ausruf des Unwiderruflichen. Wenn Freiheit nur schaffen könnte, was durch Freiheit wieder aufgehoben werden kann, würde die Freiheit die Fähigkeit des leeren Gleichgültigen, des ewig Revidierbaren, eine ahasverische Freiheit dessen sein, der wie zu seiner Verdammnis schweifen muß, heimat- und sinnlos. Ist also der Mensch personale Freiheit, dann ist er derjenige, der sich aus seinem innersten Wesen

sich zuweilen ein Fenster in die Ewigkeit. Man hat füreinander Zeit, läßt einander Zeit, schenkt dem anderen Tag und Nacht. Die Zeit wird zeitlos. Das Ereignis von Du zu Du ist ein Geschehen, in dem der Mensch in den Horizont der Ewigkeit hinein enteignet werden kann. Es ist ein Erlebnis, das ahnen läßt, wer der Mensch im Grunde seines Herzens ist: ein endlich-unendliches Wesen. Zu ihm wird gesagt: "Es ist die letzte Stunde" (1 Joh 2,18). Und das heißt doch auch: Der Anfang deiner ewigen Verendgültigung beginnt im Jetzt.

Die Wahrheit des Ewigen

Wenden wir uns nun noch direkter in einer christlich-biblischen Perspektive der Frage nach der Zeit zu: Lassen sich nicht qualitativ andere Weisen von Zeit als die anhand des Idols des Janus bedachten Zeiterfahrungen ins Wort bringen? Was bedeutet es, wenn von der Fülle der Zeit (Gal 4,4) gesprochen wird, in der Jesus Christus geboren wurde? Ist mit Ihm die Ewigkeit im Diesseits konkret gezeitigt worden? Ins Gefüge der vergänglichen Welt hat sich doch gemäß dem Bekenntnis der Christen Gott ausgesprochen: in Fleisch und Blut.

Was besagt der Horizont der Ewigkeit, auf den hin der gläubige Christ lebt? Ist die Ewigkeit anfänglich schon jetzt? Zumindest in einem gewissen Sinn kann man dies behaupten. Denn wenn sie *immer* ist, zu *jeder* Zeit, dann berührt sie doch auch die Gegenwart, in der wir jetzt leben. Die fließende Zeit wird unmittelbar gleichsam vertikal von der "Dimension" der Ewigkeit tangiert. Über Martin Heidegger lesen wir dazu bei Bernhard Casper: "Achtet man insbesondere auf das Spätwerk, etwa den Vortrag 'Zeit und

---

heraus durch seine Freiheitstat, in der er über sich als ganzen endgültig verfügt, in seine eigene Endgültigkeit, Vollbrachtheit und Unwiderruflichkeit hineinschafft." (Karl Rahner, Grundkurs des Glaubens. Einführung in den Begriff des Christentums, Freiburg [14]1980, 439.)

Sein', so wird deutlich, daß die dreidimensionale Ekstatik ihrerseits noch einmal in einer vierten 'Dimension' ruht. Diese nennt Heidegger in dem Vortrag 'Zeit und Sein' das 'lichtende Reichen'. In dem Reichen erfährt sich der Mensch angegangen von Anwesenheit, d.h. von Zeit, in der er verweilen kann. Man wird kaum fehlgehen, wenn man jenes 'Reichen', das die Erfahrung von Zeit allererst ermöglicht, mit dem 'Kommen des Heiligen' zusammensieht, von dem Heidegger in den 'Erläuterungen zu Hölderlins Dichtung' spricht." [1] Das Seinsdenken führt in den Vorraum der Anbetung.

Damit sind wir an dem Punkt angelangt, an dem es sich nahelegt, die mystagogische Anweisung des Ignatius von Loyola aufzugreifen und dem meditativen Nachvollzug anheimzustellen. Denn erst nach geistlichen Erfahrungen wird das Mysterium der Einzeitigung Gottes in seine Schöpfung jene existentielle Bedeutung gewinnen, die im Neuen Testament grundgelegt ist.

> Als aber die Zeit erfüllt war, sandte Gott seinen Sohn, geboren von einer Frau und dem Gesetz unterstellt, auf daß er die freigekaufte, die unter dem Gesetz stehen, und auf daß wir das Recht der Sohnschaft erlangten.   (Gal 4,4)

Wie rät nun Ignatius von Loyola, die Menschwerdung zu betrachten?

> Der erste Tag und die erste Betrachtung ist über die Menschwerdung und umfaßt das Vorbereitungsgebet, drei Hinführungen und drei Punkte und ein Gespräch.

---

[1] Bernhard Casper, Zeiterfahrung und Glaubenserfahrung, in: Antropologia e Filosofia della Religione I, Perugia 1982, 216f.

Abb. 6: Der Prophet Jesaja

Abb. 7: Kaiser Augustus

Das gewohnte Vorbereitungsgebet.

> Die erste Hinführung ist: Die Geschichte der
> Sache beibringen, die ich zu betrachten habe.
> Hier ist dies: wie die drei göttlichen Personen
> die ganze Fläche oder Rundung der ganzen
> Welt voller Menschen schauten und wie, da sie
> sahen, daß alle zur Hölle abstiegen, in ihrer
> Ewigkeit beschlossen wird, daß die zweite Per-
> son Mensch werde, um das Menschenge-
> schlecht zu retten; und so senden sie, als die
> Fülle der Zeiten gekommen ist, den heiligen
> Engel Gabriel zu unserer Herrin. (EB Nr.101f)

Doch dabei läßt Ignatius es nicht bewenden. In Form von Bitten
und weiteren Anweisungen empfiehlt er das Mysterium betend zu
umkreisen (vgl. EB Nr.104-109). Und doch bleiben auch nach einer
Betrachtung oft viele Fragen. Stellen wir einige.

Wie soll ein Mensch sein Leben zeitigen, der daran glauben
möchte, was Johannes zu Beginn seines Evangeliums schreibt: "Im
Anfang war das Wort" (1,1)? Von welchem Anfang ist die Rede?
Welche Weise von Vergangenheit ist mit diesem "war" gemeint?
Rein grammatikalisch gesehen läßt sich dieses "war" als ein Aorist
auffassen, als eine Zeitform, für die es in der deutschen Sprache
kein schlechthin gleichwertiges Pendant gibt. Vielleicht könnte man
so kommentieren: Es ist damit eine ganz bestimmte, *eigenartige*
Weise von Vergangenheit angezielt. Wir werden erinnert an den
Anfang eines Märchens, das da beginnt mit: "Es *war* einmal..."; und
dies heißt doch auch: Es ist immer so. Gemeint ist also eine Vergangenheit, die im gleichen Bedingungsgefüge *selbig* wiederholt
wird. *Immer wieder*. Eine Weise von Vergangenheit wird aufgerufen, die jegliche Gegenwart und Zukunft tangiert. Nur ist - bei
aller Identität - ein radikaler Unterschied zwischen Märchen und
Evangelium der Fall: Das Märchen erzählt von Sinn und Unsinn.
Das Evangelium hebt die Sinnerzählung der Märchen in der dop-
pelten Bedeutung des Wortes auf. Denn das Evangelium erzählt
von der konkreten Einmaligkeit eines sinnvollen und heils*ge-*

schichtlichen Geschehens. Der Sinn selbst, Gott, ist erschienen. Gottes Ewigkeit ist eingebrochen in die Weltzeit. Es war Gottes Zeit, sein Kairos [1]. Er brachte die Menschengeschichte antizipatorisch, anfänglich schon zur Vollendung.

Der Anfang, von dem Johannes spricht, ist jener ursprungslose Ursprung, den wir Gott nennen. Für den Bereich der Endlichkeit, also die Wirklichkeit unserer Zeiterfahrung, aber gilt doch, daß der ewige Logos seinen Anfang nahm in *Maria*, dem personalen Urbild der Kirche. Sie ist die geglückte Schöpfung, der mütterliche Raum, in dem Gott konkret seine diesseitige Geschichte mit der Menschheit neu anfängt, ja sie ist leibhaftig der Geburtsort des Ewigen in der Welt. Sein Einbruch in die Welt eröffnet für den Menschen die Chance des Ausbruchs aus der Welt in eine ewige Zukunft hinein, die in der seligen Begegnung mit dem uneinholbaren Anderen besteht, dessen "Zeit" wir die Ewigkeit nennen.

Im liturgischen Mysterium wird Gott gefeiert, der uns in Jesus Christus unendlich entgegengekommen ist. Sein Geist durcheilt Zeit und Ewigkeit, nimmt uns hinein in die Liebe Gottes. Vom Geheimnis der Liturgie kann daher Romano Guardini schreiben: "Das Mysterium kommt aus der Koexistenz des aeviternen Gotteswerkes. Es hat die Sinnrichtung, immer wieder die Geschichte zu ergreifen und in die Ewigkeit zu ziehen, sie aus der bloßen Ein-

---

[1] "Denn Kairos deutet E. Pryzwara als den Augenblick, wo Gott und Mensch, ewiger Aion und vergänglicher Chronos zusammentreffen." (Michael Schneider, "Unterscheidung der Geister". Die ignatianischen Exerzitien in der Deutung von E. Przywara; K. Rahner und G. Fessard, Innsbruck/Wien 1983, 45.) Vgl. Victor Guarda, Die Wiederholung. Analysen zur Grundstruktur menschlicher Existenz im Verständnis Sören Kierkegaards, Königstein 1980, 138: "Im Augenblick erinnert Gott den Menschen an die Sünde, gibt ihm die Wahrheit und die Bedingungen, sie zu verstehen, wird der Lehrer zum Erlöser; im Augenblick erfolgt die Wiedergeburt des Menschen als christliches Gegenstück zur spekulativen Wiedererinnerung: der entscheidende Bruch, der zum Umbruch führt. Kurz, der Augenblick ist die Fülle der Zeit."

maligkeit in die ewige Wirklichkeit des Erlöstseins zu heben."[1]
Und Erlöstsein hier besagt doch Freikauf derer, die unter dem
Gesetz, vor allem dem Gesetz der Sünde stehen. Durch ihn, Jesus
Christus, erhält der Mensch inmitten der Zeit, die vergeht, ein
Angeld auf die Sohnschaft. So vermag der hl. Apostel Paulus die
Galater zu trösten: "Bist du aber Sohn, dann auch Erbe, Erbe
durch Gott" (Gal 4,7). In Ihm, dem Ewigen, soll das Geschehen
der Zeit seine Vollendung finden.

Im liturgischen Kalender der Kirche wird am "gleichen" Tag wie
im Weltzeit-Kalender, nämlich am 1. Januar, das "Hochfest der
Mutter des Herrn und des Namens Jesu", das Titularfest der Gesellschaft Jesu, gefeiert. Zur Eröffnung der Liturgie heißt es:

> Gruß dir, heilige Mutter,
> du hast den König geboren,
> der in Ewigkeit herscht über Himmel und Erde.

Alternativ kann der Zelebrant sprechen:

> Ein Licht strahlt heute über uns auf,
> denn geboren ist uns der Herr.
> Und man nennt ihn:
> starker Gott, Friedensfürst, Vater der kommenden Welt.
> Seine Herrschaft wird kein Ende haben.

Maria hat geboren das göttliche Alpha und Omega, das einen
Frieden schenkt, den die Ekstasen der Zeit des Janus nicht geben
können.

---

[1] Romano Guardini, Vom liturgischen Mysterium, in: Liturgie
und liturgische Bildung, Würzburg 1966, 176f.

Abb. 8: Die Verkündigung an Maria

Abb. 9: Maria und Elisabeth

52

2. DAS WAHRE LICHT IN SEBULON UND NAPHTALI

Die Frage nach der Zeit und der *Einzeitigung* Gottes führt mit sich die Frage nach dem Raum, nach der *Einortung* Gottes. Wo ereignet sich die Menschwerdung Gottes?
Der Evangelist Matthäus, zutiefst vertraut mit dem Alten Testament, gibt Antwort. Er deutet den Propheten Jesaja (8,23) auf Jesus Christus hin:

> Das Land Sebulon und das Land Naphtali, das Land am See und jenseits des Jordan, das heidnische Galiläa: das Volk, das im Dunkel saß hat ein helles Licht gesehen; denen, die im Schattenreich des Todes waren, ist ein Licht erschienen. (Mt 4,15f)

Sebulon und Naphtali - Symbol unseres Lebensbereiches

Was ist das für ein Land: Sebulon und Naphtali? [1] Im Laufe der Geschichte ging es hier, im Norden Israels, immer wieder drunter und drüber. Völker kamen und gingen. Die *Kanaanäer* mit ihrem Wohlstand waren wohl nicht die ersten. Durch das Land zogen Gruppen von *Phöniziern*, die von ihren nördlich gelegenen Hafenstädten zu großen Entdeckungen starteten; *Assyrer* hausten hier und schlugen alles kurz und klein; *Griechen* siedelten in der Ge-

---

[1] Der Segen des Mose für Sebulon lautete: "Lache, Sebulon, wenn du in See stichst" (Dtn 33,18). Und für Naphtali: "Naphtali, gesättigt mit Gnade, gefüllt mit dem Segen des Herrn - See und Umland nimm in Besitz" (Dtn 33,23). Rahel, Jakobs Frau, sagte von Naphtali: "Gotteskämpfe habe ich ausgestanden mit meiner Schwester, und ich habe mich durchgesetzt. So nannte sie ihn Naphtali (d.h. Kämpfer)" (Gen 30,8). Lea sprach von ihrem Sohn: "Gott hat mich mit einem schönen Geschenk bedacht. Jetzt endlich wird mein Mann bei mir bleiben, da ich ihm doch sechs Söhne geboren habe. Sie nannte ihn also Sebulon (d.h. Bleibe)" (Gen 30,20).

gend, dachten nach über Glück und Vernunft; *Römer* suchten für Ruhe und Ordnung zu sorgen; *Juden* lebten dort mit ihrer Hoffnung auf eine bessere, messianische Zukunft. Sie alle siedelten in Sebulon und Naphtali - manchmal miteinander, meist aber gegeneinander.

Spielt sich nicht auch unser Leben in einer ähnlichen Welt ab? Nehmen wir die Bibel nach innen! Der *Kanaanäer*, der *Phönizier*, der *Assyrer*, der *Grieche*, der *Römer*, der *Jude* ... meint eine Wirklichkeit in uns. Es gibt inneren Reichtum und Luxus. Von innen her startet jemand zu neuen Entdeckungen, fährt kühn über das Wasser der Zeit. Mancher ist voll von Aggression, möchte am liebsten alles kurz und klein schlagen, die eigene Gewalttätigkeit sich austoben lassen. Ein anderer macht zuweilen Pläne oder probiert, glücklich zu sein, spiegelt sich in der eigenen Intellektualität, bildet sich etwas ein auf seinen Verstand. Man opfert ein Stück weit sich und die Seinen der eigenen Verwaltungssucht, dem eigenen Ordnungsideal, der Lust nach Ruhe und Überblick. Heute ein großer Herr, morgen selbst ein Unterdrückter. Und dann wieder kehrt sich diese Dialektik um. Aus allen möglichen Richtungen stürmt immer wieder Fremdes auf uns ein. Dauernd muß man damit rechnen, daß irgendein anderer kommt - mit *seiner* Religion und Kultur (bzw. Unkultur), *seinem* Streit, *seiner* Moral und *seinen* Vorschriften, *seinen* Hoffnungen. ... Und wahrscheinlich indoktriniert, manipuliert man zumindest unbewußt selbst, gehört zu den Umerziehern, arrangiert sich und versucht, einen besseren Platz zu ergattern! Dieses Land Sebulon und Naphtali ist gar nicht so weit "da hinten", irgendwo im "Orient". Es ist eine Dimension in uns, die sich auswirkt in unserer Außenwelt.

Sebulon und Naphtali - Das Richten der Netze

Was tun die Menschen in diesem Land? Wir lesen: "Sie richteten ihre Netze" (Mt 4,21). Das Netz muß halten. Es garantiert dann manchen guten Fang, ermöglicht den Unterhalt. Damit waren die Menschen in Sebulon und Naphtali beschäftigt: ihr Leben zu sichern, sich Lebensgarantien zu erarbeiten. Daraufhin richteten sie ihren Alltag ein. Was soll denn daran nicht gut sein? - könnte man fragen. Wieso sollte man nicht so weitermachen? Ist dies nicht eine anständige Arbeit? Wir kennen tausend und abertausend Formen, so zu leben: sich die Netze zu richten und sie vom eigenen Ichpunkt her auszuwerfen.

Dieses Netze-Richten ist ein Symbol für den gewöhnlichen Umgang mit der Wirklichkeit, den Verknotungen, Verknüpfungen, Verflechtungen - den Strukturen der sogenannten Realität, dem dinghaft Stummen, dem Nicht-Ich, das man bewältigen muß, um "wirklicher" zu werden. Man spürt kaum noch die Perversität dieser Perspektive von Realitätsaneignung; erst in ihrer Intensivform des "In-sich-Hineinfressens" und des "Gefressen-werden-Wollens" von der "Realität der Strukturen" wird man darauf aufmerksam.

Für manche ist diese Wirklichkeit schon zu einem Netz über der Wirklichkeit geworden, an dem sie weiterspinnen; ja fast nur noch ein abstraktes Produkt von Hirngespinsten, aber nicht mehr die ganze, personal-dialogisch verfaßte Wirklichkeit. Die Realität hat anscheinend die Qualität der Schöpfung, also der von Gott *geschenkten Wirklichkeit* verloren. Man muß nur einmal kritisch in Blick nehmen, was jeden Tag inszeniert wird, um dadurch die Wirklichkeit zum Reden zu bringen, sie genießbar, konsumierbar zu machen.

Wie steht es mit dem Umgang mit Texten, gehörten oder gelesenen, dem Gewirk aus Wörtern? (Alles Getextete besitzt die Struktur des Netzes, also Leerräume und miteinander verbundene Linien - ähnlich wie Textilien!) Wie werden visuelle Kommunikationsfiguren, die Bilderflut des Fernsehens rezipiert? Welcher Aufwand wird getrieben für die Interpretation der Realität (lat. res = Sache, Ding, Gegenstand), statt daß man zugibt: Was als Welt vorausgesetzt wird, ist vielleicht nur die halbe, ja die entfremdete Wirklichkeit. Sie kommt nicht mehr als Gabe des Gebers in Blick. Der Dank entfällt. Man bleibt auf dem Niveau gegenständlicher und strukturaler Analysen bzw. Synthesen stehen. Mancher sogenannte "Realist" verdrängt systematisch die Fülle der Wirklichkeit und ihre Herkunft. Man fängt oft schon falsch - sei es punktuell oder bipolar - an, auf "bloße" Tatsachen zu reflektieren: Ich und Welt, Subjekt und Objekt, Dinge und Menschen ... Dabei wird unterschwellig das zu Bedenkende wie ein Gegenstand vorausgesetzt. Solche Denkmuster der Zweiheit greifen jedoch meist zu kurz; sie vermehren nur die Aporien; man kommt nicht vom Fleck.

"Sie richten ihre Netze." Drehen wir den Satz einmal um, damit noch einmal deutlich wird, wie fixiert das Handeln werden kann: "Ihre Netze richteten sie." Das Gewirk des Netzes, Metapher ihrer Wirklichkeit, "richtet" sie. Nicht mehr der Mensch bestimmt die Zwecke, sondern die Zwecke, die Verflechtungen, Verstrickungen, Strukturen bestimmen ihn. Er wird Sklave, Funktion, Rädchen einer Wirklichkeit, von der er sich eingebildet hat bzw. einreden ließ, daß sie ein Maß für sein Leben abgeben könne. So zappelt er im Netz, fühlt sich dazu verurteilt, über kurz oder lang "aufgefressen" zu werden. Es ist nicht verwunderlich, wenn man von dieser "schlechten" Realität übel behandelt wird, die "objektiv" wie ein ständiger Vorwurf dem in sich entfremdeten - sich selbst oder andere permanent beschuldigenden - Subjekt entgegenkommt. Diese "Subjektivität" besitzt bzw. wird besessen von einer ihr korrespondierenden "Objektivität". Innerhalb dieser Struktur wird viel "argumentiert" im Sinne der Anklage und Beschuldigung. Aber die ganze Konstellation als solche, einschließlich ihrer Argumentationsfiguren, muß hinter sich gelassen werden. Man hätte eigentlich kein Recht zum Protest, wenn der Mensch nicht mehr wäre als ein Moment an den Strukturen und ein Schatten in den Hohlräumen einer vernetzten (oder verkabelten) Realität. Aber ist er nicht ein freies, gerufenes Wesen, jemand, der inmitten dieser dialektisch-welthaften Verhältnisse anderswoher Maß nimmt und legt, ohne sich sein ursprüngliches personales, von Gott geschenktes Sein als Produkt einer spätbürgerlichen Ideologie verdächtigen lassen zu müssen?

In Sebulon und Naphtali - Das helle Licht

Mitten in diesem Durcheinander der Welt mit ihren Dimensionen, Strukturen, Figuren und Gestalten, so verkündet uns das Evangelium, sei nun ein Licht aufgegangen, von dem her der Ort des Menschen, "mein" Ort, inmitten der fließenden Grenzen, Turbulenzen und Umschichtungen neu erkannt werde. Ein Licht. Es leuchtet von sich selbst her; es ist strahlende Herrlichkeit.

Kein gnostisches Irrlicht, sondern das wahre Licht ist erschienen in Fleisch und Blut. Heißt es doch im Evangelium: "Er verließ Nazaret, um in Kapharnaum zu wohnen, das am See liegt, im Gebiet von Sebulon und Naphtali" (Mt 4,13). Er rief die Menschen weg von ihren Netzen (vgl. Mt 4,21, das erste Tun Jesu), auf daß es ihnen von nun an um die Wirklichkeit gehe, die bestimmt ist vom Ruf Christi. Auf *sein* Wort hin erst werden sie wieder die Netze auswerfen. Er wird in ihrer Arbeitswelt präsent sein, das Netz füllen (vgl. Lk 5,6). "Sie folgten Jesus" (Mt 4,22).

Die Gerufenen sollten Menschenfischer werden, solche Menschen, die andere aus den Fluten des bloßen Auf und Ab der linearen Zeit ans Land ziehen, tragenden Boden erschließen, Selbständigkeit eröffnen, so daß alle auf dem Festen leben und zueinander finden. Den Menschen soll geholfen werden, wieder Boden unter den Füßen zu spüren, substantiell zu leben (lat. sub-stantia, d.h. das Darunter-Stehende, der Be-Stand). *Menschenfischer* (Mt 4,19). Die Metapher bricht in sich ab und weist über sich hinaus. Der Fisch ist im Wasser in seinem Element; der Mensch lebt zwar auch im Wasser der Zeit, hat aber nicht nur das Zeitliche als Zukunft vor sich. Er ist zeitlich-überzeitlich. Positiv gewendet bedeutet Wirklichkeit - das *Netz* des Menschenfischers - doch: gottgewolltes Gefüge von Beziehungen und Freiräumen, in denen der Mensch leben kann. In diesem Sinn wird der Text des Evangeliums zu einer Wirklichkeit, einem Gewirk, in dem sich die Linearität der Buchstäblichkeit und die unbeschriebenen, leeren Stellen - gleichsam die Atemräume des Geistes und des Sinnes - selbig füreinander verwenden, zu einer Zusage des Lebens werden, so daß der Hörende bzw. Lesende wieder substantiell sich zu leben getraut. Das Netz kann nicht nur als tödliches Spinnennetz verstanden werden, sondern auch als Metapher für lebensrettende Wirklichkeit im Sinne von einem Gewirk, das trägt und befreiend *wirkt* (Wirklichkeit als Energeia!); Netz als Symbol nicht-entfremdeter Wirklichkeit, in der der Mensch weiß, daß er erst am Ufer der Ewigkeit endgültig seine Substanz gewinnt, in einer Ewigkeit, die in Spuren hiesiger Wirklichkeit erahnbar wird.

Halten wir Ausschau, das Licht Christi zu sehen inmitten unserer geschichtlichen Wirklichkeit? Bergen wir uns in das Netz des Petrus? Dies wäre Erkenntnis. So deutet Meister Eckhart Petrus: *die ins Licht vorlaufende Erkenntnis* [1]. Er eilt Christus entgegen (Mt 14,29). Denn *Jesus von Nazaret* ist das wahre Licht, das ein für allemal aufgeleuchtet ist über Sebulon und Naphtali.

---

[1] Vgl. Predigt 3, in: Meister Eckharts Predigten. Die Deutschen Werke Bd.1, hrsg. und übers. von Josef Quint, Stuttgart 1958, 439-441. Meister Eckhart interpretiert Apg 12,11 ("Nun weiß ich wahrhaft, daß Gott mir seinen Engel gesandt. ..."): "... Petrus besagt soviel wie Erkenntnis. Ich habe es auch sonst schon gesagt: Erkenntnis und Vernunft vereinigen die Seele mit Gott. Vernunft dringt in das lautere Sein, Erkenntnis läuft voran, sie läuft voraus und bricht durch, auf daß (da) Gottes eingeborener Sohn geboren wird."

3. DIE ERSCHEINUNG DES HERRN

Nachdem der Topos "Sebulon und Naphtali" in einem durchaus auch allgemeinen Sinn bedacht wurde, geht es im folgenden nun darum, noch konkreter, noch heils*geschichtlicher* das Erscheinen des Lichtes, des wahren Lichtes vom wahren Licht zu erwägen. Es blieb nicht stehen *über* Sebulon und Naphtali, sondern es erschien inmitten der Welt. Denn der Geist Gottes kehrte ein bei Maria in Nazaret, im Nordreich, und in Bethlehem, im Südreich, erschien Gott als Kind.

> Mit der Geburt Jesu Christi war es so: Maria, seine Mutter, war mit Josef verlobt: noch bevor sie in der Ehe zusammenlebten, zeigte sich, daß sie schwanger war - und zwar vom Heiligen Geist.
>
> (Mt 1,18)

Josef glaubte der Verheißung des Engels:

> Sie wird einen Sohn gebären; ihm sollst du den Namen Jesus geben, denn er wird sein Volk von seinen Sünden erlösen. Dies alles ist geschehen, damit sich erfüllte, was der Herr durch den Propheten gesagt hat: 'Seht, die Jungfrau wird schwanger werden und einen Sohn gebären, und man wird ihn Immanuel nennen', das heißt übersetzt: Gott ist mit uns.
>
> (Mt 1,21-23)

Dieser Text aus dem Evangelium hat für jeden Ungläubigen etwas Ärgerliches, Törichtes an sich - wenn man ihn wirklich ernst nimmt. Und da auch wir selbst immer wieder Sünder, d.h. Gott nicht vertrauende, also gott-lose Menschen sind, so werden wir uns zuweilen davon ebenfalls als mehr oder weniger schockiert erfahren.

Abb. 10: Die Geburt des Herrn

Halten wir das Skandalöse dieses Textes einmal aus. Entschärfen wir nichts durch allzu billige Ausreden und Verschleierungen: Es gebe da manche geheimnisvollen Fabeln und Wundergeschichten um die Geburt vieler großer Leute im Orient. Im nachhinein erdichte man dort oft allerlei Mysteriöses um das Zur-Welt-Kommen mächtiger oder bedeutender Leute. Es gebe viele solcher Mythen über Helden und Heroen, antike Kaiser und Könige, heidnische Göttersöhne und Göttertöchter.

Das Geheimnis Gottes

Wodurch unterscheidet sich das Evangelium, die frohe Botschaft von Gottes Gegenwart in unserem Fleisch und Blut, in unserer Lebenswelt, in unserem Alltag von solchen Geschichten? Unser Evangelium berichtet nicht obskure, mysteriöse Dinge, sondern erzählt vom *Geheimnis*. Dies dürfen wir nicht mit einem Rätsel gleichsetzen, das man löst und dann weglegt. Mit dem Geheimnis sind wir niemals fertig; wir haben es nie hinter uns. Das Geheimnis ist an sich selbst nicht finster, sondern ganz licht und hell und zugleich tief verborgen. Es ist für uns dunkel, weil unsere äußeren und inneren Augen zu schwach sind im Erfassen und Begreifen seiner Wahrheit. Deshalb schenkt es uns von sich her Faßlichkeit und Zugänglichkeit; es erscheint unter uns als Mensch, als ein heilig-öffentliches *Geheimnis*, das sich selbst ungeschützt aufdeckt in der reichen Armut des Kindes. Gott selbst offenbart sich und gibt *sich selbst*, sein unendliches Leben weg, restlos in die Menschenwelt hinein, damit wir das Leben in Fülle haben, mitten im Stroh der banalen Alltäglichkeit. Gott ist Liebe: Wie sie sucht er nicht das Seinige, sondern vermehrt das Leben dessen, dem er sich schenkt, um ein Unendliches.

Paulus (vgl. 1 Kor 1,22f) sagt, daß dem "Griechen" in uns, der immer nach einer Verstehbarkeit sucht, die alles erklärt, dieses Geheimnis recht unvernünftig erscheint - als eine *Torheit*. Dem "Juden" in uns, der nach einem Gott der "Gewalt" verlangt, der mit Blitz und Donner seine Macht erweist, erscheint das Geheimnis als großes *Ärgernis*. Gott könnte doch auch anders auftreten; vielleicht würde man ihm dann mehr Gehör schenken.

Fragen wir uns also: Wie sollte man mit dem Geheimnis *nicht* umgehen? Versuchen wir, den *"Griechen in uns"* und den *"Juden in uns"* zu entdecken:

Die Versuchung des "Neugriechen"

Wir brauchten uns nur einmal umzuschauen, was da als "letzter Schrei" - nicht selten ist es wirklich der letzte *Schrei* - und als fortschrittlichste Meinung über den Menschen angepriesen wird. Unter dem Deckmantel der Rationalität und Vernünftigkeit wird plattes Gerede als tiefe Wahrheit ausgegeben, als hätte der Mensch der Wissenschaft die ganze Welt und sich selbst in der Hand. Mancher gefällt sich nur noch darin, interessante Parallelen zwischen Tier und Mensch aufzuzeigen: naiver Darwinismus.

Alles Mögliche wird den Gesetzmäßigkeiten des Weltalls, den äußeren, gesellschaftlichen Bedingungen der Existenz angelastet, dadurch rational einsichtig gemacht, zu einem manipulierbaren Faktum aufgeklärt, das man gelten lassen oder abschaffen kann. Man glaubt, das Leben "vernünftig" in der Hand zu haben, und hat sich dadurch gerade um die eigene Vernunft gebracht. Denn die Vernunft kommt vom Ver-nehmen. Vernünftig ist der Mensch, der die Wahrheit vernimmt, ihr Raum gibt in seinem Leben und Licht wird für andere; der Mensch, der "hören" kann und nicht das ganze Leben krampfhaft vernünftig zu *"machen"* versucht. Aber man verspricht sich eine herrliche Zukunft, wenn der Mensch erst einmal ausrechenbar, einordenbar, handsam, kalkulierbar und steuerbar geworden ist. Dabei handelt es sich um eine Form von überzogener Rationalität. Es ist im Grunde irrational, eine *unmenschliche*, verplante, freiheitslose Zukunft als eine höherwertige, humanere Zukunft auszugeben, zu propagieren bzw. zu programmieren. Ein Christ hält kein Plädoyer gegen moderne Wissenschaft und Technik - ganz im Gegenteil. Er wehrt sich jedoch gegen eine Hypostasierung naturwissenschaftlicher Methoden und Inhalte zu einer ideologischen Weltanschauung.

Eine andere unakzeptable Fehlhaltung besteht in folgendem: Man verbringt oft viel Zeit damit, unter Aufbietung großer Verstandeskraft zu erklären, was *alles unmöglich* ist, was man nicht kann, woran man scheitert, anstatt hier und heute Gutes zu tun, das möglich ist, den Mitmenschen tröstet und verlebendigt: Man kann Vertrauen schenken, indem man Schicksale freiwillig auf sich nimmt und mitverantwortet.

Die Versuchung des "Neujuden"

Heute wie damals gibt es den Versuch, über Gott verfügen zu wollen. Wir ärgern uns über ihn, daß er so ist, wie ER ist, und nicht so, wie wir ihn haben möchten. Wir wollten ihn schon gerne bejahen, ihm glauben, uns ihm überlassen, wenn er nur besser unseren Erwartungen entsprechen würde, wenn die Menschen, in denen er - der Menschgewordene - uns begegnet, nur etwas anders wären, eben nicht andere, sondern Marionetten *unserer* Wünsche, Modelle nach *unserem* Geschmack, Produkte *unseres* Menschenbildes.

Ein Gott, der verkannt, arm, bedürftig in Nazaret, außerehelich empfangen und als Kind eines "Fremdarbeiters" in "Ägypten" aufgezogen, der gekreuzigt und geschunden wird, paßt nicht in das Konzept von Allmacht und Größe, das wir uns zur eigenen Beruhigung und Sicherheit aufgebaut haben. Wie kann Gott überhaupt so etwas zulassen? Warum wählt er gerade diese Ohnmacht und Schwäche? Ein solcher Gott kann doch nicht der wirkliche Gott sein, der Herr über alle Mächte und Gewalten des Himmels und der Erde! Die bloße Heiligkeit und Macht Gottes sind uns dabei mehr wert als Gott selber, der sich zeigt und da ist, so wie ER da ist und dasein will. ER spricht sein "Hier bin ich" und nicht wir. Aber wir machen ihm ständig Vorschriften, wie er zu kommen und zu erscheinen hat. Wir erheben uns dadurch über Gott und bilden uns ein, wir wären besonders fromm, weil wir meinen, das Anliegen der Liebe, nämlich die Offenbarung ihrer Göttlichkeit in Fleisch und Blut, besser vertreten zu können als Gott selbst. So spielen wir die Rollenverteiler der göttlichen Gegenwart. Wir wollen Gottes Macht und Zukunft retten, anstatt uns von ihm retten zu lassen. Ein rechter Teufel steckt da in unserem Verhalten, wenn wir glauben, Gott dauernd entschuldigen zu müssen und die Weise, wie er da ist, von uns aus zurechtrücken zu müssen, damit wir und die anderen von seiner Herrschaft überwältigt seien und so im Glauben an den göttlichen Potentaten gerechtfertigt würden.

Gott aber lacht als Kind über die in dieser Weise "spekulativen Schriftgelehrten" und selbsternannten "Scheintheologen", von denen sich auch damals nur wenige in Gottes und seiner Menschwerdung Geheimnis in rechter Weise einzulassen wagten [1].

Das Geheimnis der Menschwerdung

Obwohl es meist besser ist, vor dem und im Geheimnis, das uns erfüllt und trägt, zu schweigen, sind wir doch durch das Evangelium, in dem das Geheimnis in Menschensprache spricht, dazu ermächtigt, von ihm zu *verkünden*, damit wir Menschen werden,

---

[1] Manche Aspekte von jüdischen exegetischen Ergebnissen sind von christlicher Seite um der Wahrheit willen unbefangen zu rezipieren, anderes wiederum darf jedoch - ebenfalls um der Wahrheit willen - nicht nivelliert werden, was nicht besagt, daß im tieferen Verständnis der eigenen Tradition sich nicht Übergänge zu einem gemeinsamen Verständnis ergeben könnten, auch wenn sich auf den ersten Blick hin kein Konsens finden zu lassen scheint: "Es ist jüdisch gänzlich undenkbar, daß Gott einen Sohn 'zeugt' oder sich selbst durch eine Frau 'gebären' läßt. Der christliche Schriftbeweis 'Siehe, die Jungfrau wird schwanger sein und einen Sohn gebären' (Jes 7,14) ist christlicher Midrasch. Weder in der Spätantike noch im Mittelalter oder in der Neuzeit waren Christen davon zu überzeugen, daß das Wort *alma* nicht Jungfrau bedeutet, sondern junge Frau (Jungfrau heißt *betula*), wie in jeder Diskussion darüber schriftlich und mündlich von Juden dargelegt wurde, und daß von einem Ereignis am israelitischen Königshof die Rede war. Aber weder Judentum noch Christentum lassen sich mit Wörterbuch und Grammatik 'beweisen'". (Pnina Navè-Levinson, Einführung in die rabbinische Theologie, Darmstadt 1982, 40.)

Schriftlich ist die rabbinische Theologie erst in nachbiblischer Zeit überliefert. Zu ihrem weitaus größten Teil entstand sie nach dem Jesus-Ereignis, und zwar innerhalb des jüdisch gebliebenen Volkes Israel. Für das Selbstverständnis des Christlichen kommt der rabbinischen Theologie dennoch eine bleibende Bedeutung zu.

denen das Wort Gottes nicht Torheit oder Ärgernis ist, sondern Licht, Freude, Hoffnung und Nahrung auf dem Weg.

Das Geheimnis der Menschwerdung leuchtet je neu und jedem in seiner je eigenen Weise auf. *In diesem Geheimnis erscheint die Einheit* von Tun und Nichttun, von wahrem Reichtum und wahrer Armut, von wahrer Freiheit und wahrem Gehorsam, ja mehr als dies: *die Einheit von Gott und Mensch.* Jeder, der sich Christ nennen läßt, muß sich immer wieder prüfen, ob er sich *diese* Einheit von Gott alltäglich schenken läßt und sie gläubig zu leben versucht, ob er ja sagt zur unendlichen Liebe, die für ihn Mensch geworden und in ihm am Mensch-werden ist, ein Ja, wie wir es heilsgeschichtlich in einmaliger Weise bei Maria annehmen.

Sie ist die Frau, die vertraut ist mit der Bitternis. Sie kennt die Abgründigkeit des menschlichen Lebens. Sie, die personale Gestalt der "reinen Endlichkeit", wird zu Recht verehrt als Frau, Mutter und Schwester, als Wegweiserin zu Jesus, als Urbild der Kirche. Maria ist der Mensch, dessen Leben ein einziges Ja dazu ist, daß Gott als Mensch unter Menschen *da* ist. Sie gebiert ihn. Maria ist Theotokos, *Gottes*gebärerin, nicht bloß Menschen-Gebärerin; die Frucht ihres ganzen Lebens ist Gott selbst - den sie empfängt, austrägt, gebiert - in allen Christen, deren Leben eben darin seinen Sinn hat: Gebärer der göttlichen Liebe im Fleisch und Blut des Alltags zu sein. Kraft der Selbstmitteilung Gottes bringt das geschaffene Geschöpf Gottes seinen Schöpfer hervor.

Gott, die ewig schöpferische Liebe, entäußerte sich dem Logos der Liebe gemäß ins Konkrete, ja bis ins Ganz-andere seiner selbst ging er ein: in die Schöpfung. Die liebende Nähe Gottes zu ihr zielt ins Äußerste: in die Realität von Fleisch und Blut. Der Geist der Liebe materialisiert sich. Dies ist nicht zu denken oder zu glauben im Sinne einer kausalen Naturgesetzlichkeit, sondern als ureigene Freiheitshandlung Gottes, der so sich geoffenbart hat. Von Jesus Christus, der Selbst-Offenbarung Gottes, bekennt daher der Philipperbrief:

Er war Gott gleich,
hielt aber nicht daran fest, wie Gott zu sein,
sondern er entäußerte sich
und wurde wie ein Sklave

und den Menschen gleich.
Sein Leben war das eines Menschen;
er erniedrigte sich
und war gehorsam bis zum Tod,
bis zum Tod am Kreuz.
Darum hat ihn Gott über alle erhöht
und ihm den Namen verliehen,
der größer ist als alle Namen, damit alle im
Himmel, auf der Erde und unter der Erde
ihre Knie beugen vor dem Namen Jesu und
jeder Mund bekennt:
'Jesus Christus ist der Herr' -
zur Ehre Gottes, des Vaters.   (Phil 2,6-11)

Doch nicht jeder bekennt, daß in Jesus die Herrlichkeit des Herrn erschienen ist. Man denke nur an Herodes.

Herodes der Gewalttätige

Beim Evangelisten Matthäus lesen wir, daß Herodes den Weisen aus dem Morgenland folgendes vorlog: "Geht und forscht sorgfältig nach dem Kind und wenn ihr es gefunden habt, berichtet mir, damit auch ich hingehe und ihm huldige" (Mt 2,8).
Im Inneren seines Herzens will Herodes dem Neugeborenen allerdings keinerlei Lebenschancen einräumen, geschweige denn sein Knie vor ihm beugen. Er gibt vor, nach Bethlehem gehen zu wollen, um den Sinn des Lebens zu würdigen, dabei trachtet er nur danach, das neue Leben zu töten. Er benutzt seine Macht zur Ausrottung. Diese Grundhaltung wird an seinem Morden der unschuldigen Kinder offenbar (Mt 2,16-18).
"Weil den Weisen aber im Traum geboten wurde, nicht zu Herodes zurückzukehren, zogen sie auf einem anderen Weg heim in ihr Land" (Mt 2,12). Der Engel Gottes zeigte im Wachtraum den Weisen die Richtung des Weges.
Als Herodes merkte, daß die Weisen ihm nicht zu Willen waren, wurde er böse und ließ in Bethlehem - am Dorfrand ist das Grab

Abb. 11: Der bethlehemitische Kindermord

Abb. 12: König Herodes

67

der Stammutter Rahel - alle Knaben bis zum Alter von zwei Jahren töten. [1] Damals erfüllte sich das Wort des Propheten Jeremia:

Ein Geschrei war in Rama zu hören,
lautes Weinen und Klagen:
Rahel weinte um ihre Kinder
und wollte sich nicht trösten lassen,
denn sie waren dahin.
(Mt 2,12.16-18)

Herodes ist mordende, verneinende Gewalt. Der neue Anfang in Fleisch und Blut soll umgebracht werden. Herodes ist ein tyrannischer Herrscher, der seine Macht und Potenz nur für die Durchsetzung eigener Interessen und Bedürfnisse verwendet. Nur seine dynastischen, egoistischen Absichten zählen für ihn. All seine Aktivitäten kreisen letztlich um sein eigenes Ich. Paläste, Frauen und Nachwuchs: Alles hat für die Selbsterhöhung seines Ichs dazusein. Sein Verhalten besteht aus einer Summe von Zwangshandlungen, raffinierter Berechnung und opportunistischem Kalkül, das einer zerstörerischen Logik gehorcht. Seine Vernichtungsstrategie ist die Kehrseite seiner panischen Angst. Denn er fürchtet seine Entmachtung. Jeder, der ihn vom Thron stürzen kann, ist sein Feind. Viele eigene Söhne müssen sterben, weil sie seinem "Sein" gefährlich werden, seine "Substanz" als nichtig erweisen könnten. In der Welt des Herodes herrschen Heimtücke und Menschenverachtung. Die brutale Gewalt seiner Soldateska und das schmeichlerische Getue des Hofstaates bestimmen die Atmosphäre.

---

[1] Der Name Herodes bedeutet soviel wie "Halbgott" (griech. Heros). In der Historie ist Herodes bekannt als großer Bauherr und grausamer Potentat. Sein Sohn Herodes Antipas (griech. Anti-patros = anstelle des Vaters) läßt Johannes den Täufer enthaupten (Mt 14,10). Ein Enkel des Herodes, nämlich Herodes Agrippa I., läßt Jakobus töten (Apg 12,2). Zu diesen und anderen Herodianern vgl. Oliver Odelain/Raymond Séguineau, Lexikon der biblischen Eigennamen, Düsseldorf /Neukirchen-Vluyn 1981, 135f.

Doch nicht um eine Abrechnung mit einem Menschen in der Geschichte geht es bei unserer Besinnung, sondern darum, sensibel zu werden für die Dimension des Herodes in uns, um die Tötungssucht, die Gewaltgier, den Zerstörungswahn heute. Setzt man voraus, daß die psychische Komponente, der Typos des Herodes nicht ausgestorben ist, sondern anteilig in jedem Menschen vorkommt, dann sollte gefragt werden, wie sich jemand von seinen herodianischen Anteilen befreien kann bzw. sich befreien lassen könnte. Gewendet auf sich selbst, fragt das Ich im Menschen: Wo verneine ich einen neuen Anfang, lasse andere nicht sein, gönne ihnen ihr Leben nicht? Wann bin ich auf eine zerstörerische Logik fixiert, wann handle ich zwanghaft, wann kreisen meine Aktivitäten nur um mich? Gibt es Selbstgefälligkeit und Opportunismus im eigenen Leben? Wie kann die Dimension des Herodes in uns immer mehr verschwinden?

Die drei Himmelskundigen

Wie die Weisen aus dem Morgenlande, so sollen auch wir - wo immer wir uns lebensgeschichtlich befinden - nie zurückkehren zu Herodes. Wir brauchen uns nicht anstecken zu lassen von seinem Nein zum Leben. Es ist besser, Wege zu gehen, die in ein anderes Land führen: in die Welt der Weisheit, der Freude und des Friedens. Doch bevor die Weisen ihre alte Heimat mit neuen Augen sehen, ihre Rückkehr sich als sinnvoll erweist, ziehen sie weg aus den alten Begrenzungen, aus ihrer veralteten Lebenswelt. Unter dem Sternenhimmel sollen wir mit den Himmelskundigen über den Sinn des Lebens nachsinnen, uns bereithalten aufzubrechen.

Den Weisen war ein Licht aufgegangen, das ihnen, den Stern- und Lichtkundigen, den Weg wies. Denn für sie glühten die Sterne nicht bloß am Himmel, sondern in ihrem Inneren. Die Himmelskundigen lebten innerlich, nicht nur äußerlich vor dem Herrn des Himmels und der Erde. Sie blieben ihrem Seelenfunken treu. Für das Niveau von halbwahren Horoskopen und billiger Astrologie hatten sie nichts übrig. Sie verstanden die Sprache der Sterne. Der Stern des Himmels ging mit ihnen.

Der Stern hat sein Licht von sich *selbst*, er ist Metapher der Freiheit, gilt als Symbol der Erkenntnis, die von innen her aufbricht. Er leuchtet *mitten* in der Finsternis, verdankt sich durch sein lichtspendendes Dasein seinem Schöpfer und zeigt uns den Weg.

Über der Krippe in Bethlehem, mitten in der Finsternis, strahlt ein helles Licht [1]. Der Glanz Gottes steht nicht abstrakt am Himmel, sondern ist da in leibhaftiger Zuwendung, in vertrauender Nähe, im Blick des göttlichen Kindes. Seine Augen leuchten. Das Kind in der Krippe ist die Gegenwart der ewigen Liebe, das wahre Licht, das vom Himmel herabgekommen ist.

Wer bereit ist, Gott anzubeten, den zieht es wie die Hirten und die drei Weisen in die Nähe Jesu: *Christ der Retter ist da*. Sie fanden das Kind, das göttliche Wort in Fleisch und Blut. Sie erkannten es als den Sinn ihres Suchens, die Mitte ihres Lebens. Und freuten sich. Mit ihren Gaben stellten sie dar, wer ihnen erschienen ist.

Gold, das edelste Metall, repräsentiert den höchsten Wert. Es ist Symbol dessen, dem die drei Weisen es bringen. Gold erträgt alle Angriffe. Man kann es läutern und zergliedern - und dennoch bleibt es Gold. Alles wird das Kind in der Krippe ertragen: Jesus wird "gekeltert", geschlagen, mit Dornen gekrönt und gekreuzigt.

---

[1] Im historisch-kritischen Kontext muß man darauf hinweisen, daß der Stern als Symbol für die Göttlichkeit des Julischen Kaiserhauses (Augustus Tiberius) gilt. Er weist ikonographisch auf das erreichte goldene Zeitalter hin. Auch auf den Münzen zu Ehren Cäsars erscheint oft der Stern neben seinem Haupt. Der Evangelist Matthäus verkündet das Evangelium in die griechisch-römische Welt hinein: Das Jesuskind ist der wahre Imperator, der die neue Zeit herauführt. "Wenn nun Matthäus in dieses offensichtlich feste ikonographische Gefüge hinein die Frage nach dem 'neugeborenen König der Juden' stellt, dessen Stern aufgegangen sei, dann versteht man, weshalb Herodes und ganz Jerusalem mit ihm literarisch 'erschüttert wurden' (Mt 2,3). Da hat Herodes mit viel Blutvergießen den Stern über seiner Herrschaft befestigt, um das jüdische Königtum mit seiner Person und Dynastie zu identifizieren - da kündet ein Stern höherer Ordnung das Ende seiner Herrschaft an!" (Max Küchler, "*Wir haben seinen Stern gesehen...*" *(Mt 2,2)*, in: Bibel und Kirche 44 (1989), 185-186).

Abb. 13: Die Hirten auf dem Felde

Abb. 14: Die Anbetung durch die Weisen

71

Und dennoch bleibt er derselbe: der Abglanz der Herrlichkeit Gottes, die Kostbarkeit Gottes.

Weihrauch steigt nach oben: indem er verbrennt, vergänglich wird, erfüllt er den Raum. Das Schicksal des Weihrauchs kann erinnern an das Leben Jesu, der sich restlos für die Menschen verzehrte. Zurückgekehrt nach oben, zu Gott, seinem Vater, erfüllt er das All mit seiner Atmosphäre. Wie Weihrauch soll auch unser Lobpreis sein. - Weihrauch reinigt, er vernichtet zerstörende Krankheitskeime. So ist er Symbol für das Wirken Jesu, der uns dazu beruft, in seinem Namen den Menschen zu helfen, in vielfacher Weise wieder gesund zu werden; sie sollen frei werden von der zerstörerischen Kraft der Sünde. ER selbst reinigt und heilt.

Schon im Altertum wußte man um die leiberhaltende Kraft der *Myrrhe*. Man verwendete sie etwa zum Einbalsamieren. Sie ist auch das Symbol des Bitteren. Nimmt man beide Aspekte zusammen, bietet sich die Myrrhe dafür an, sie als Zeichen für das bittere Sterben und die leibhafte Auferstehung Christi zu deuten. Jesus hat all unsere Bitternis getragen, ausgelitten, ist so leibhaftig auferstanden. Myrrheharz wirkt entschleimend und entzündungshemmend; man kann befreiter atmen. Es heilt innere Wunden. Myrrhe: ein Symbol Christi.

Die Himmelskundigen brachten ihre Gaben, *Gold, Weihrauch und Myrrhe*. Sie hockten nicht auf ihren Schätzen, sondern kamen aus einem fernen Land in die Nähe der menschgewordenen Liebe. Ihr Handeln soll uns zu denken geben. Bringen auch wir unsere Gaben und Talente ein für die Menschwerdung der Liebe in der Welt? Suchen wir wirklich nach dem Sinn unseres Lebens in einer Welt, über der sich ein Himmel wölbt, der aus viel Dunkelheit und wenig Lichtzeichen besteht? Entdecken wir inmitten der Licht- und Schattenseiten unseres Lebens die Leuchtspur der Liebe, die uns führt? Wir sollen keine Sternkundigen und Schriftgelehrten sein, die sich hinter ihrer Gescheitheit und ihrem religiösen Sachverstand verbarrikadieren, anstatt aufzubrechen zum Sinn des Lebens.

Betrachten wir das Geheimnis der menschwerdenden Liebe in den Krippen der Kirchen, in der Bilderwelt unserer Seele, im Alltag der Kinder. Denn "die Herrlichkeit Gottes ist der lebendige

Mensch" [1]. Nur der ahnt verstehend etwas vom Geheimnis der Menschwerdung Gottes, der an den Ort geht, an dem sie geschieht - wer dort ist, stehend, kniend, schauend, hörend, liebend, der versteht. Und dieser Ort ist unser Alltag. Mitten auf dem leeren, körnerlosen Stroh, in der Banalität unserer Welt, erscheint die Huld Gottes.

---

[1] Irenäus von Lyon, Adversus haereses IV 20, in: PG 7, 1037.

Abb. 15: Der Josefstraum

Abb. 16: Die Flucht nach Ägypten

4. Mit Josef in Nazaret

Das Neue Testament gibt uns nur spärlich Auskunft über den hl. Josef. Von ihm ist vor allem im Zusammenhang mit Maria die Rede. "Sie war mit einem Mann namens Josef verlobt, der aus dem Haus David stammte" (Lk 1,27). Und im Stammbaum Jesu nach dem Evangelisten Matthäus heißt es: "Jakob war der Vater von Josef, dem Mann Marias; von ihr wurde Jesus geboren, der der Christus (der Messias) genannt wird" (Mt 1,16). Am ausführlichsten berichtet noch der Evangelist Lukas. Bei ihm findet sich die Geschichte, in der vom zwölfjährigen Jesus erzählt wird. Er war mit seinen Eltern zum Paschafest nach Jerusalem gezogen und im Tempel geblieben, ohne daß seine Eltern es gemerkt hätten. Maria und Josef machten sich zusammen mit ihrer Pilgergruppe auf den Heimweg nach Nazaret und reisten eine Tagesstrecke weit. Dann suchten sie ihn voller Sorge bei Bekannten und Verwandten. Sie fanden ihn nicht und gingen daher noch einmal nach Jerusalem. "Dann kehrte er mit ihnen nach Nazaret zurück und war ihnen gehorsam" (Lk 2,51). Wir dürfen wohl davon ausgehen, daß der junge Jesus in einer gläubigen jüdischen Familie aufwuchs. Heißt es doch, der Zimmermann - und Josef war ein Zimmermann - solle in der Synagoge auftreten, wenn kein Rabbi da sei. Das Milieu in Galiläa mit allem, was da an Bräuchen und religiöser Unterweisung üblich war, beeinflußte Jesus. Es ist die Welt, in der Nachbarschaft erlebt wurde, der Alltag von Handwerkern und Bauern. Gemeinsames Gebet und Gottesdienst gehörten dazu. Die damalige Sozialstruktur bildete den Rahmen, in dem sich seine Erziehung vollzog. Josef war dabei der Vater in der Heiligen Familie [1].

---

[1] Interessant in diesem Zusammenhang ist es, auf eine Hypothese des jüdischen Theologen und Schriftstellers Pinchas Lapide hinzuweisen, der in einer fiktiven Rede an Josef von Nazaret einige Fragen stellt: "Könnte es nicht sein, daß Du, lieber Joseph, der als 'Gerechter' auch im Evangelium apostrophiert wird (Matthäus 1,19) und als solcher die Vorschriften der Torah nicht weniger ernst nahm als das Gebot der Kindererzie-

Ein Blick in die apokryphe Evangelienliteratur [1] zeigt uns, daß dieser Heilige schon seit altersher die Phantasie und das Interesse der Gläubigen weckte [2]. Auch die Frage nach seinem Sterben

---

hung (Lukas 2,51f.), Deinem Sohn nicht nur Dein Tischlerhandwerk beigebracht hast, sondern ihm auch die Liebe zur gottgewollten Freiheit der Hebräer einzuflößen wußtest, auch wenn sie errungen werden mußte?

Nicht auszuschließen ist, daß Du zu jenen frommen Freischärlern gehörtest, die sich der Befreiungsbewegung Judas', des Galiläers, anschlossen, bis Varus, der Römer, sie auseinandertrieb, ihre Häuser zerstörte und 2000 von ihnen kreuzigen ließ, als Dein Jeschua noch ein Knabe war. Dies könnte auch zum Teil erklären, warum Jeschua zeitlebens als 'Sohn der Maria' galt und Du, im Zuge der gesteigerten Christologie, zum 'Nährvater' Deines Sohnes degradiert worden bist." (Pinchas Lapide, Nicht einmal der Hahn kräht nach Dir, in: Süddeutsche Zeitung 292, 19./ 20.12.1987, 99f.)

Aus zwölf Witwern Israels wurde Josef als der Mann Mariens - sie war wohl Tempeljungfrau - ausgewählt, weil allein sein Stab grünte.

Im Buch Numeri heißt es von Aaron aus dem Stamme Levi, daß nur sein Stab blühte und Mandeln trug. Als einziger der zwölf Stammesführer wurde er zum Dienst am Heiligtum erwählt. Der grünende Aaronstab machte dies offenbar (Vgl.Num 17,16-28).

[1] Vgl. Die Apokryphen Schriften zum Neuen Testament, hrsg. von Wilhelm Michaelis, Bremen [2]1958.

[2] Die Verehrung des hl. Josef begann im Westen sehr zögernd, eigentlich erst seit dem 11. Jahrhundert, und auch dann nur vereinzelt. Bis zum 15. Jahrhundert kennt die Ikonographie szenische Darstellungen des Heiligen ausschließlich in Werken zum Leben Jesu oder zum Marienleben. Unter den zahlreichen Förderern des Kultes des hl. Josef ist seit dem 16. Jahrhundert vor allem der Jesuitenorden zu nennen, "der eine besondere Verehrung der 'jesuitischen Trinität' Jesus-Maria-Joseph einleitete. ... Die Jesuiten schufen mit Joseph einen - die ausschließlich marianische Beziehung zu Christus auflösenden - Vermittler zu Christus". (Lexikon der christlichen Ikonographie

tauchte sehr früh auf. Dazu lesen wir aus einem Kommentar im 6. Jahrhundert, daß Jesus seinen Jüngern auf dem Ölberg vom Tod des Josef, der mit 111 Jahren am 26. Juli gestorben sei, berichtet habe [1]. Zu seiner Mutter gewendet, hätte er gesagt: "O meine geliebte Mutter, alle in dieser Welt geborenen Geschöpfe müssen sterben, denn der Tod ist dem ganzen Menschengeschlecht auferlegt. Du selbst, o Jungfrau, meine Mutter, mußt sterben wie alle Menschen. Doch wie der Tod dieses frommen Greises wird euer Tod kein Tod sein, sondern ein Leben, das fortdauert in alle Ewigkeit." [2]

Welche Charakterzüge waren wohl typisch für den hl. Josef? Wie können wir ihn uns vorstellen, so daß er uns wie von sich her nahekommt? Der Wille dieses Mannes war gewiß ganz durchsichtig auf den Willen Gottes hin. Er hatte es nicht nötig, Schwächen durch die Rolle eines Haustyrannen zu verdecken. Er war innerlich stark auf dem Weg, der ihm gewiesen wurde, mächtig im Schweigen, in dem andere Raum fanden, frei und erlöst dasein zu können. Nichts Spießiges, Versponnenes, Frömmlerisches war an ihm zu finden. Er lebte aus dem Entschieden-sein; aufgrund seines radikalen Jasagens zu Gott war er frei, seinem Entschluß stets auch neue Formen der Ausgestaltung zu geben.

Josef als väterliche Autorität

Josef bedeutet Autorität, eine Autorität im positiven Sinn des Wortes. "Auctoritas" besagt im Ursinn "fördernde, mehrende Instanz". Die Selbstverwirklichung des hl. Josef bestand darin, mehrend, sein-lassend, raumgebend zu existieren. Seine Autorität ist also das Gegenteil der üblichen Zerrformen von "Autorität", die sich darin gefällt, ihre mehr oder minder "ichzentrierten" Interessen durch-

---

Bd.VII, hrsg. von Wolfgang Braunfels, Rom 1974, 212.)

[1] Vgl. Siegfried Morenz, Geschichte von Joseph dem Zimmermann, Berlin 1951.

[2] Alfred Läpple, Außerbiblische Jesusgeschichten, München 1983, 95.

zusetzen. Sie *verführt* die Menschen, sei es durch eine Stärke, die starr und gewalttätig eingesetzt wird, sei es durch Schwäche, deren "Seinlassen" nichts anderes ist als ein im Grunde resigniertes Achselzucken, ein schlechtes Laissez-faire.

Der Name *Josef* (vgl. Gen 30,24) läßt sich übersetzen mit "(Gott) fügt hinzu". Fragen wir uns: "Was soll uns der Name Josef? Ein Mann namens Josef. Warum heißt er nicht anders, könnte man sich fragen. Er heißt nun aber einmal so. Josef. Zufall, sagen die einen, und den anderen gefällt der Klang des Wortes. Aber Namen haben etwas zu bedeuten. ... Das Wort 'Josef' bedeutet im Hebräischen auch 'mehren', es soll noch mehr erscheinen. ... Josef erscheint hier für die Welt, könnte man sagen, als der leibliche Vater, als Vaterfigur. Der Vater der Dinge aber, der Ursache, ist hier unsichtbar." [1]

In einem grundsätzlichen Vertrauensverhältnis zu seinem "Nährvater" wuchs Jesus heran. Der "Zimmermann" baute ein Zuhause, in dem gut gelebt werden konnte. Nicht um "Erbaulichkeiten" im frömmelnden Sinn ging es da, sondern um die Ermöglichung eines alltäglichen, ganz und gar konkreten Lebens. Charles de Foucauld läßt Jesus über das Leben in Nazaret sagen: "Während dieser dreißig Jahre lasse ich nicht nach, euch zu lehren, nicht durch Worte, sondern durch mein Schweigen und mein Beispiel. Ich lehre zunächst, daß man den Menschen Gutes tun kann, viel Gutes, Gutes von unendlicher, von göttlicher Art, ohne Worte, ohne Predigt, ohne Lärm. ... Ich lehre euch von der Arbeit eurer Hände zu leben, damit ihr niemandem zur Last fallt und den Armen mitteilen könnt. Ich verleihe diesem Leben eine unvergleichliche Schönheit, die Schönheit meiner Nachfolge." [2]

Die Mächtigkeit des hl. Josef ist Mehrerschaft des Lebens derer, die ihm anvertraut sind. Seine Autorität, seine schöpferische Weise, dazusein und Sorge zu tragen, ist verwurzelt im Handeln aus Liebe, so wie sie ihm von der Liebe selbst, von Gott her je neu aufging. Vom anderen her läßt er sich das Maß seiner Art und

---

[1] Friedrich Weinreb, Die jüdischen Wurzeln des Matthäus - Evangeliums, Zürich 1972, 96, 102.

[2] Charles de Foucauld, Der letzte Platz, Einsiedeln [7]1979, 50.

Weise zu leben vorgeben. Das andere Du ist maßgeblich. Die innere Zielrichtung des eigenen Lebensentwurfes wird bestimmt von dem, für den er vorbehaltlos dasein will. Dies ist seine Stärke; darin gründet seine schöpferische Phantasie und Hingabe. Indem er auf *Gott* und Seine Botschaft *hört*, indem er Seinem Bereich *zugehörig* sein will - Ihm *gehorsam* ist -, vollbringt er sich selbst in heilsgeschichtlich einmaliger Weise. Denn sein Sollen und sein Wollen sind eins. Er ist ein "stimmiger" Mensch, jemand, der wahr und richtig lebt. Der Evangelist Matthäus nennt ihn *gerecht* (1,19); Josef ist einer der Gerechten, von denen es im Buch der Weisheit heißt:

> Einen Gerechten geleitet die Weisheit auf geraden Wegen, zeigt ihm das Reich Gottes und enthüllt ihm heilige Geheimnisse. Sie macht ihn reich bei seiner harten Arbeit und vermehrt den Ertrag seiner Mühen.
>
> (Weish 10,10)

Josef verzichtet auf seine *eigene* Zukunft als Vater; der Wille Gottes ist der Horizont, in dem er seine Entscheide trifft; er gibt seine eigenen Pläne, eigene Werke auf, den Besitz und das Verfügen - Wollen über das eigene Kind. Er nimmt als Vater ein "fremdes Kind" an aus einer Frau, die die Braut eines "anderen" ist. Aller Egoismus, alle patriarchalischen Gelüste, aller Männlichkeitswahn sind ihm fremd. Die Macht seiner Vaterschaft ist gelassener, verborgener Dienst, dem sich die absolute Macht Gottes im Kinde anvertraut. Josef läßt sein, er bleibt gelassen und nimmt Maria an, die er nicht als "Ehebrecherin" bloßstellt, und die er nicht dem Gesetz und Gericht der Steinigung ausliefert. Er sagt ja zu ihr in ihrer Schwangerschaft, bricht die Beziehung zu ihr nicht ab. Ganz im Gegenteil. Er heiratet sie. Josef handelt gemäß der Liebe, die *sein* läßt. Ohne große Worte bleibt er Maria treu. Er ist ein guter Mensch.

> Ein Engel des Herrn erschien Josef im Traum und sagte: Josef, Sohn Davids, scheue dich nicht, Maria als deine Frau zu dir zu nehmen; denn das Kind, das sie erwartet, ist vom Heiligen Geist. (Mt 1,20)

Im Traum vernimmt Josef die Gottesweisung. Er handelt auf die Botschaft Gottes hin, die ihm ein Engel bringt. Durch das Eingehen auf die Botschaft des Engels wird er mehr Mensch, mehr dieser konkrete Josef aus Nazaret; gleichsam an sich selbst erfährt er so eine Frucht der Menschwerdung Gottes, die in Maria geschieht.

Wie Josef von Ägypten im Alten Testament (vgl. Gen 41; 42) kann Josef von Nazaret die Träume deuten. Er weiß Träume so auszulegen, daß sie für ihn und die ihm Anvertrauten konkrete Winke dafür werden, was im praktischen Leben jeweils zu tun ist. Die Träume sind Josef transparent auf den Sinn, der sich in ihnen entbirgt; sie werden für ihn zu durchlebter Geschichte, in der er den Willen Gottes für sein Leben jetzt und in Zukunft zu erkennen vermag. Vielleicht sollte man Josef, den Zimmermann, in erster Linie nicht nur als Patron der manuell Arbeitenden verehren - im Jahre 1955 verkündete Papst Pius XII. den 1. Mai als Festtag des hl. "Josef des Arbeiters" -, sondern von ihm auch lernen im Bereich psychisch-geistiger Tätigkeit: Josef als eine Leitfigur für Psychologen, Psychotherapeuten und geistliche Begleiter - ist doch der verstehende Umgang mit Träumen und Bildern, mit Deutungen und Überraschungen ein unverzichtbarer Bestandteil spiritueller und psychologischer Praxis und Wissenschaft! Könnte nicht der alttestamentliche Josef, der da sagt: "*Ich bin Josef, euer Bruder*" (Gen 45,4), in Einheit mit Josef von Nazaret eine Gestalt von Autorität sein, an der sich jemand, der in psychologischen und geistlichen Berufen tätig ist, orientieren kann? Denn an einer solchen zutiefst brüderlichen Gestalt lassen sich zugleich Züge einer positiv-väterlichen, befreienden, sein-lassenden Autorität ablesen. Die Identität des alttestamentlichen mit dem neutestamentlichen Josef ist nicht nur auf der Ebene des Namens der Fall, sondern

"Josef" bietet sich in einem Prozeß der Identifizierung als *eine* Leitfigur an, wenn man das exegetische Prinzip zur Anwendung bringt, daß sich im Neuen Testament erfüllt, was im Alten Testament prototypisch vorhanden ist. Man braucht die Differenz zwischen dem hl. Josef und Josef, dem Sohn der Rahel und des Jakob, nicht zu verwischen und erhält doch *eine* - alttestamentlich angereicherte - Gestalt.

Die Orientierung an einer Gestalt soll natürlich weiterführen zu einer lebendigen und persönlichen Beziehung zum hl. Josef, der zur großen Gemeinschaft der Heiligen gehört, die in der Herrlichkeit Gottes versammelt sind. An den hl. Josef kann man sich wenden. Um Beziehung geht es.

Freund der Kinder

Josef stand am Rande der Krippe, hier hatte er seinen Ort gefunden; von dorther erfaßte er im Glauben wohl anfänglich, daß Gott, die Liebe selbst, sich gnadenreich in die Menschenwelt hineinbegibt. Mitten im Stroh der Krippe lag das Kind, der ewige Logos des himmlischen Vaters. Von diesem Kind her fiel Licht auf Josef; es schenkte ihm Helligkeit und Sinn. Und deswegen kann er uns die Richtung weisen auf Jesus hin, in dem Gott Mensch geworden ist.

Nicht nur damals, sondern auch heute - wenn auch nicht in der gleichen Konkretheit - ist in das körnerlose, fruchtlose Stroh unserer alltäglichen Vergeblichkeiten die Liebe gelegt. Hier wird sie erfahrbar; hier erscheint ihr tröstendes, aufrichtendes, befreiendes Lachen, die Huld ihrer Menschenfreundlichkeit. Gott selbst ist als Menschenkind in seiner Schöpfung erschienen, zum Bruder aller Menschen geworden, in jedem Kind gegenwärtig:

> Wer eines von solchen Kindern in meinem Namen aufnimmt, der nimmt mich auf: und wer mich aufnimmt, der nimmt nicht nur mich auf, sondern den, der mich gesandt hat.
>
> (Mk 9,37)

Dieses Wort Jesu war der Lebensvollzug des Zimmermanns und Traumdeuters aus Nazaret. Er stellt uns die Frage: Können nicht auch wir das Ja zum Leben wagen? Kinder sollen sein - auch noch nicht geborene. Der hl. Josef jedenfalls sagte vorbehaltlos, unbedingt "ja" zum Leben: zum Kind, das da inmitten ungünstiger Bedingungen geboren wurde. Das Ja der Liebe, die sein läßt, die sich freut über das andere Du, ist verwirklicht in dieser biblischen Gestalt. Josef übernahm seinen Part in der großen Symphonie vom Heil, die durch alle Zeiten menschlicher Geschichte hindurch erklingen wird [1].

---

[1] Vergleiche dazu Papst Johannes Paul II., Apostolisches Schreiben "Redemptoris Custos" über Gestalt und Sendung des heiligen Josef im Leben Christi und der Kirche (= Verlautbarungen des Apostolischen Stuhls Nr. 93), hrsg. vom Sekretariat der Deutschen Bischofskonferenz, Bonn 15. August 1989.

5. Die Taufe Jesu am Jordan

Der neutestamentliche Text, der uns die Taufe Jesu am Jordan überliefert, ist ein Verkündigungstext. Er ist zu Menschen gesagt, die mit der Sprache und der Welt der Bibel vertraut sind. Wir finden viele "Kürzel", die auf Sinnzusammenhänge des Alten Testamentes verweisen. Die Hörer Jesu verstanden sie; die frühen christlichen Gemeinden erzählten einander in dieser Weise vom Heilswirken Gottes.

Wenn durch die Jahrhunderte hindurch immer wieder tiefe geistliche Erfahrungen anhand des Textes zur Taufe Jesu gemacht wurden, wenn viele Menschen sich zu allen Zeiten auf die Lebendigkeit des Geistes einließen, der in einmaliger Weise auf Jesus zukam, dann heißt das auch für unsere Zeit, sensibel und offen zu sein für das Wort Gottes, das uns der Evangelist Matthäus (3,13-17) überliefert und in dem etwas von der Kraft des Geistes verborgen ist, der auf Jesus herabgestiegen war.

Ignatius von Loyola läßt seine Exerzitanden die Taufe Jesu am Jordan im Kontext der "Erwägung über die Stände" betrachten:

> Wir haben bereits das Beispiel erwogen, das Christus, unser Herr, uns für den ersten Stand gegeben hat, der in der Beobachtung der Gebote besteht, indem er im Gehorsam gegenüber seinen Eltern war; und ebenso für den zweiten, der in evangelischer Vollkommenheit besteht, als er im Tempel blieb und seinen Nährvater und seine natürliche Mutter verließ, um sich dem reinen Dienst für seinen ewiglichen Vater zu widmen. Wir werden, indem wir zugleich sein Leben betrachten, zu erkunden und zu erbitten beginnen, in welchem Leben oder Stand seine göttliche Majestät sich unser bedienen will. Und so werden wir zu einer gewissen Einführung dafür in der ersten folgenden Übung die Absicht Christi, unseres Herrn, sehen und umgekehrt die des Feindes der

menschlichen Natur und wie wir uns einstellen müssen, um in jeglichem Stand oder Leben, das Gott, unser Herr, uns zu erwählen gibt, zur Vollkommenheit zu gelangen.   (EB Nr.135)

Die Absicht des Ignatius von Loyola ist klar. Er möchte dem Exerzitanden helfen, sich so zu disponieren, daß er für sein Leben den Weg findet, den Gott ihn führen will. Als Vorbild, das nachzuahmen ist, soll Jesus Christus vor Augen stehen, ihm ist nachzufolgen in jener Lebensweise, zu der er den Exerzitanden ruft [1]. Auf daß dies möglichst intensiv gelingt, soll auf das Wirken des Heiligen Geistes geachtet, auf die Stimme Gottes gehört, auf Jesus während der Taufe am Jordan geschaut werden.

Lassen wir uns von Ignatius zum Geheimnis des erwählenden Gottes hinführen, der kundtat, wer Jesus Christus ist. In der Taufe am Jordan, der vom Gebiet des Richterstammes Dan herabfließt, verdeutlicht sich der Weg Gottes mit Jesus von Nazaret. Hier nun die Punkte, anhand derer nach Ignatius von Loyola betrachtet werden soll:

---

[1] Vgl. EB Nr.15: "Der die Übungen gibt, darf nicht den, der sie empfängt, mehr zu Armut oder einem Versprechen als zu deren Gegenteil bewegen noch zu dem einen Stand oder der einen Lebensweise mehr als zu einer anderen. Denn wiewohl wir außerhalb der Übungen erlaubter- und verdienstlicherweise alle diejenigen, die wahrscheinlich die Fähigkeit haben, dazu bewegen können, Enthaltsamkeit, Jungfräulichkeit, Ordensleben und jede Weise evangelischer Vollkommenheit zu erwählen, so ist es doch in diesen geistlichen Übungen beim Suchen des göttlichen Willens angebrachter und viel besser, daß der Schöpfer und Herr selbst sich seiner frommen Seele mitteilt, indem er sie zu seiner Liebe und seinem Lobpreis umfängt und sie auf den Weg einstellt, auf dem sie ihm fortan besser dienen kann. Der die Übungen gibt, soll sich also weder zu der einen Seite wenden oder hinneigen noch zu der anderen, sondern in der Mitte stehend wie eine Waage unmittelbar den Schöpfer mit dem Geschöpf wirken lassen und das Geschöpf mit seinem Schöpfer und Herrn."

Erstens: Nachdem sich Christus, unser Herr, von seiner gebenedeiten Mutter verabschiedet hatte, kam er von Nazaret zum Jordanfluß, wo der heilige Johannes der Täufer war.

Zweitens: Der heilige Johannes taufte Christus, unseren Herrn, und als er sich entschuldigen wollte, weil er sich für unwürdig hielt, ihn zu taufen, sagt ihm Christus: ("Tu dies für jetzt, denn so ist es nötig, daß wir die ganze Gerechtigkeit erfüllen.")

Drittens: (Der Heilige Geist kam, und die Stimme des Vaters vom Himmel, die bekräftigte: "Dieser ist mein geliebter Sohn, dessen ich sehr zufrieden bin.")

(EB Nr.273)

Der Abschied von Nazaret

Wir lesen im Evangelium: "Jesus kam von Galiläa an den Jordan zu Johannes" (Mt 3,13). Jesus war also weggegangen von dort, wo er aufgewachsen war. Er blieb nicht zu Hause, in einer Welt, in der vieles bekannt und wohlgeordnet ist, wo jeder und jedes seinen Platz hat. Jesus verließ die Familiengemeinschaft in Nazaret, das Leben nach Geboten, Pflichten und Ordnungen; die Zeit der Erziehung klang aus; die Zeit seines "Gehorsams" (vgl. Lk 2,51) den Eltern gegenüber kam zu Ende. Dies war kein Davonrennen, keine Flucht aus einem Nein, sondern ein Weggang zu einem Ziel, das größere Entbehrung und Härte und Verantwortung mit sich bringt, als wenn man dableibt und es sich halbwegs gut gehen läßt. Die entlastende Funktion sinnvoller Gebräuche, die vertraute Atmosphäre der Heimat, die tragende Institution der Familie fielen nun weg. Abschied.

Welchen Stellenwert hat dieser Abschied von Nazaret wohl in der Biographie Jesu? Welche alltäglichen Erfahrungen machte er, die sein Selbstverständnis prägten? Aus welchen gesellschaftlichen Verhältnissen brach er auf? Welche Feste wurden dort gefeiert? Welche politischen Ereignisse fanden statt? Eines ist gewiß: Jeder,

der mit einem Messiasanspruch auftrat, wurde umgebracht. Wenn nun in Jesus sein Messiasbewußtsein erwachte, ahnte er sein Schicksal? Man wird an Judas von Galiläa, die Zeloten und ihre Aufstandsbewegung erinnert: "Wer mir folgen will, ... nehme sein Kreuz auf sich. ... (Mt 16,24). Der Messias im allgemeinen Verständnis war der Nachfolger Davids, also ein politischer Machtträger, der im Namen Gottes über die Welt herrschen sollte. Diese Verheißung des Königtums wird durch Gott in Jesus Christus in ganz neuer Weise erfüllt werden. Inwieweit war sich Jesus bei seinem Abschied von Nazaret seiner Sendung bewußt? Man wird es nie in einem historischen Sinn erforschen können. Jedenfalls ging er von Nazaret fort und schloß sich der Aufbruchsbewegung in der Wüste am Jordan an. Er entschied sich in seiner Freiheit für den Weg, den Gott ihn weisen würde.

Jesus zog in die Wüste, den Ort des Schweigens. Sie ist ein Ort, an dem Schreien, Lärmen und Herumtoben lächerlich sind. Er wollte nicht helfen als letztlich genauso Verzweifelter wie die, um deren Erlösung er sich sorgte. Nicht als Verzweifelter wollte er seine Stimme auf der Straße hören lassen - was nicht heißen soll, daß diejenigen, die öffentlich protestieren, nicht auch in vielem auf dem rechten Weg sind. Nicht Pathos und Propaganda sollten seine Mittel werden. Er wollte als neuer Mensch, der reich an Kraft und Weisheit ist, dasein. Später erst, nach einer langen Wüstenzeit, wird er als einer, dem es zusteht, zur Jüngerschaft und in die Nachfolge berufen. Er geht den Weg der Propheten, den Weg in die Einsamkeit, den Weg des bloßen Daseins vor Gott. Die Bewährung in der Wüste ist notwendig, bevor er zu den Menschen zurückkehrt und dort das Werk der Erlösung und Befreiung vollbringt, sein Leben für die Not und die Schuld der anderen verschenkt mit allem, was dies für ihn an Leid und Kreuz mit sich bringt.

Jesus hält sich am Jordan auf, der durch die Wüste fließt. Es ist jene Wüste, in der er vierzig Tage lang fasten wird. Er wird die Wüste gründlich kennenlernen, den Ort der Versuchung und der Offenbarung. Vierzig Tage - das ist in der Tradition das Symbol für die ganze Zeit. Seine ganze Zeit wird Jesus ein Mensch sein, der aus dem Schweigen kommt, der aus der Nähe zur Verborgenheit Gottes lebt. Er wird predigen und wirken aus diesem Schweigen, der Atmosphäre des Gebetes. Seine Worte und Taten kommen aus dem schweigenden Vernehmen, dem Hören auf den Ruf Gottes.

Bevor Jesus als "Wanderprediger" auftritt, wird er als "Wüsten-mönch" leben. Unten am Jordan trifft er Johannes, der tauft.

Die Taufe durch Johannes

Im Judentum gab es häufig die rituelle Waschung, z.B. vor jeder Beschneidung oder beim Betreten der Synagoge an bestimmten Tagen. Mit dem Wasserritus, dem Hineintauchen, brachte man seine Bereitschaft zur Umkehr zum Ausdruck. Immer wieder wollte man in ein Leben hineintreten, das Gott wohlgefällt.

Johannes taufte am Jordan. Seine Taufe war eine Bußtaufe zur Sündenvergebung. Und darum weigerte er sich wohl zunächst, Jesus zu taufen. Erst die neu geschenkte Einsicht in die Gerechtigkeit Gottes machte ihn bereit, einzuwilligen. Von Gott ganz eingefordert, ließ er zu, wie Gott auf ihn zukam. Denn der Mensch soll mit seinen eigenen Gründen, Überlegungen und Weigerungen, die nur im Ich-punkt gründen, aufhören, sobald ihm etwas als der Wille Gottes aufgeht. Der Wille Gottes ist letztlich eben der "über-wesentliche" Grund, dem wir nachgeben sollen und dürfen; ein Wille, der im Heiligen Geist erkannt wird, der sich als der Geist Christi erweist. Auch deshalb sollen wir ihm folgen, nachfolgen - jeder auf seine Weise, auf daß wir so den Willen Gottes für unser Leben je neu erkennen und tun.

Die Menschen werden *im* Jordan getauft, lassen dort ihre Sündenschuld abwaschen. Auch Jesus läßt sich taufen: *in* den Jordan *hinein*, in allem uns gleich außer der Sünde. Er nimmt freiwillig die Sündenschuld der Menschen auf sich, auf daß so die Gerechtigkeit Gottes erfüllt werde. "Gerechtigkeit" meint keine aristotelische Kategorie, die uns an ein moralisches Sollen erinnert, das sich im Rahmen einer allgemeinen Ethik begründen läßt, sondern in biblischer Perspektive wird unter Gerechtigkeit vornehmlich *Bundesgerechtigkeit* verstanden. Es geht um eine Gerechtigkeit, die sich in der Beziehung untereinander und im Verhältnis zu Gott bewährt. Die einzelnen Imperative gründen in der Qualität der Beziehung zu Gott. Es ist eine Beziehungsgerechtigkeit oder - anders gesagt - eine Gerechtigkeit, wie sie im Alten und im Neuen *Bund* gelebt wird. Man könnte denken an Melchisedek, den König der Gerechtigkeit (vgl. Hebr 7,2), oder an die zehn Gerechten, die in Sodom und Gomorrha fehlten (vgl. Gen 18,20 - 19,29), oder an Josef, den Mann Mariens, der gerecht genannt wird (Mt 1,19). Die Gerechten leben aus dem Glauben an Gott, geben sich hin für das Volk Gottes, treten ein für die Entrechteten dieser Welt. Erst aus der authentischen Beziehung zu Gott ergibt sich, was in der Praxis des Alltags recht ist.

Der geliebte Sohn

Ist für Jesus die Taufe am Jordan eine Erfahrung des Geistes Gottes, die ihn seine Berufung neu und tiefer verstehen läßt (vgl. Mk 1,9-11)? Auf welches Anliegen versucht der Adoptianismus - wenn auch in verkehrter Form - aufmerksam zu machen? Geht es nicht darum zu verdeutlichen, daß sich nicht nur das Messiasbewußtsein Jesu entwickelt hat, sondern auch seine Beziehung zu Gott eine so lebendige war, daß sich die ewige Annahme an Sohnes Statt erst im Prozeß der Offenbarungs*geschichte* enthüllt hat, wobei es sich wirklich um *Geschichte* handelt. Denn nur dann nimmt man die wahre Menschheit Jesu ernst genug.

Am Jordan wird bei der Taufe - im Zeichen und im Wort, wobei beide jeweils in ihrer Weise die Wort-Werk-Struktur besitzen - offen-sichtlich, daß Jesus der von Gott Erwählte ist, auf dem der Heilige Geist ruht [1]. Die Taube ist das Zeichen dafür. Die Stimme sagt es. Die Himmelsstimme spricht deutlicher, als wenn Mose vorgelesen wird oder zehn Männer im einmütigen Gebet versammelt sind. "Man wird sie weder adoptianistisch, noch im dogmatischen Sinn trinitarisch auslegen, sondern soteriologisch, da sie Hinweis ist auf den 'Geliebten', meinen 'auserwählten Knecht'(Is

---

[1] Geht man dem "Bericht" über die Taufe Jesu nach, so ergeben sich bei Mk 1,9-11; Mt 3,13-17 und Lk 3,21f verschiedene Akzente: Mk und Mt stellen die "Berufungsvision" Jesu in den Vordergrund - Jesus allein sieht den Geist auf sich herabkommen. Demgegenüber trägt die lukanische Fassung den Charakter einer Offenbarung Jesu vor dem ganzen heilsgeschichtlichen Volk.

Abb. 17: Die Taufe Jesu durch Johannes am Jordan

42,1), eben jenen Gottesknecht, der das abschließende Bild der alten Heilsgeschichte war und der als gehorsamer, stellvertretend Erniedrigter und deshalb Erhöhter zum Retter des Volkes wurde." [1]

Jesus ist der "geliebte Sohn". Für das Verständnis dieses Titels sind Psalm 2 und Psalm 110 wegweisend: "Den Beschluß des Herrn will ich kundtun. Er sprach zu mir: 'Mein Sohn bist du. Heute habe ich dich gezeugt. Fordere von mir, und ich gebe dir die Völker zum Erbe, die Enden der Welt zum Eigentum'" (Ps 2,7 f). Und weiter lesen wir: "Dein ist die Herrschaft am Tag deiner Macht, (wenn du erscheinst) in heiligem Schmuck; ich habe dich gezeugt noch vor dem Morgenstern, wie den Tau in der Frühe. Der Herr hat geschworen, und nie wird's ihn reuen: 'Du bist Priester auf ewig nach der Ordnung Melchisedeks'" (Ps 110,3f).

Es ist die Himmelsstimme am Jordan, die Jesus von Nazaret bezeugt, die Stimme des Bundesgottes: "Ich bin der Herr, dein Gott, der dich aus Ägypten geführt hat, aus dem Sklavenhaus" (Ex 20,1). Was bedeutet dies für Jesus, für Johannes, für alle, die bei der Taufe Jesu dabei waren?

Nach der Taufe stieg Jesus aus dem Wasser, dem Symbol für Zeit, der dahinfließenden Zeit, dem Auf und Ab, der Vergänglichkeit. Denn er wurde nicht nur mit *Wasser* getauft, sondern mit dem *Heiligen Geist*, der von Anfang der Schöpfung an über den Wassern der Zeit schwebt. Dies wird für uns Menschen offenbar bei der Taufe des Herrn. Der Heilige Geist vermittelt den Ursprung ("wie im Himmel so auf Erden"), den Vater, mit dem gleichursprünglichen Sohn (auf Erden), dem ewigen Logos. Gott ist in sich lebendiger Ursprung (Vater), der in sich mit sich (Sohn) ursprünglich (Heiliger Geist) vermittelt ist. Durch den Geist ereignet sich die ursprüngliche Einheit von Vater und Sohn. Der Geist ist gleichsam das "gleichursprüngliche Zwischen". Was von Ewigkeit her verborgen war, enthüllt sich in der Zeit: die Taufe als Sakrament. Der Himmel, die Wirklichkeit Gottes reicht in die Zeit hinein. Die 'Öffnung des Himmels' bedeutet im Alten Testament den Beginn der Offenbarung (vgl. Ez 1,1).

---

[1] Hans Urs von Balthasar, Herrlichkeit. Eine theologische Ästhetik Bd.III/2,2: Theologie - Neuer Bund, Einsiedeln 1969, 51.

Ignatius von Loyola regt seine Exerzitanden an, nach der aktuellen Bedeutung einer Heilsszene, hier der Taufe Jesu am Jordan, für das persönliche Leben zu fragen. Wo stellt sich etwa im Eigenen die Frage nach der Gerechtigkeit? Von wo aus hätte ich aufzubrechen? Welche Wüste meide ich? Was sind Wirkungen meiner Taufe? In welcher Weise soll ich Jesus nachfolgen? Wie artikuliert sich der Vorbehalt des Johannes in mir? Wann ist mir die Schönheit des dienenden Gottesknechtes, des Königs der Welt aufgestrahlt? Wo höre ich die Botschaft: Dies ist mein geliebter Sohn? In der Beantwortung solcher Fragen zeitigt sich der Wunsch des Menschen, seinem Gott näherzukommen.

Abb. 18: Die Versuchung Jesu

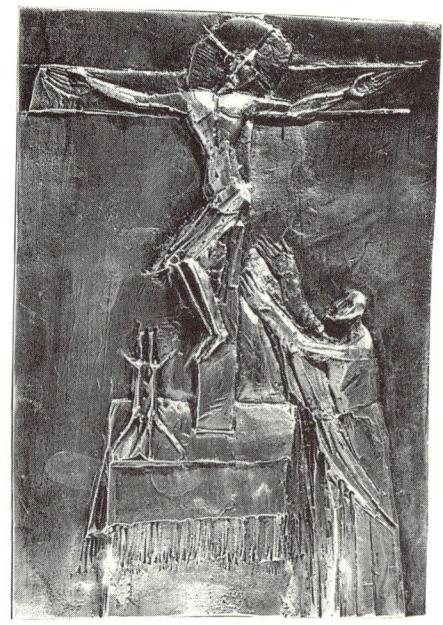

Abb. 19: Der Sieg des Kreuzes über das Böse

6. Der Messias und der Versucher

Die im folgenden bedachte Kontemplation hat keineswegs die Absicht, zu psychisch-esoterischen Erfahrungen zu verführen. Solches ist dem Biblischen fremd. Die Welt des Psychischen soll vielmehr der Bereich sein, in dem authentische religiöse Erlebnisse stattfinden, die auf das geschichtliche Heilswirken Jesu transparent sind. Dabei können sich begnadete Augenblicke ergeben, in denen die Nähe der Gegenwart Gottes gespürt wird.

Das persönliche *Inne-werden*, das durch ignatianische Betrachtungen gefördert werden soll, ist ein spiritueller Wachstumsprozeß, der primär im subjektiven Innenraum der Seele stattfindet und sich in die Welt des Objektiven entäußert. Diese Weise von Selbstwerdung lebt vom Rückgang in eine experimentelle biblische Spiritualität. Das Leben Jesu ist leitend, ja, in der Hochform des meditativen Betens: Er selbst. Denn Begegnung ist die zentrale Kategorie des Übens sowohl im *in-tensiven* Sinn - der Meditierende ist hineingespannt in das Zentrum der eigenen Existenz und zugleich ganz gerichtet auf das andere Du im eigenen Innenraum - wie auch im *ex-tensiven* Sinn: Er bringt dies etwa im Gestus der ausgebreiteten Hände zum Ausdruck; er ist bereit, prinzipiell auch ekstatisch zu existieren. So wird dargestellt, daß der Übende immer schon über sich hinaus ist und auch der andere *jenseits* der eigenen Welt zu Hause ist. Die Transzendentalität des eigenen Selbst und die Andersheit des anderen werden so ernstgenommen. Die innere Welt, in die hinein der Betrachtende sich begibt, ist die Welt der Bibel, oder spezieller noch: des Neuen Testamentes, dessen Landschaften und Räume die Schauplätze für die Betrachtungen bieten. Dabei gilt es, nicht nur eine innere Bühne für eine biblische Szene zu imaginieren, sondern darum, ein Spannungsfeld für neutestamentliche *Gestalten* so aufzubauen, daß dabei gewußt wird: Es handelt sich nicht nur um typisierte Proportionen, sondern um reale Menschen mit Geschichte: Johannes der Täufer, Maria, die Mutter Jesu, Maria Magdalena, Johannes, Petrus, Jakobus, Paulus. ... Das Ernstnehmen der Geschichtlichkeit der neutestamentlichen Botschaft verhindert jede gnostische oder abstrakte Rezeption!

Allgemein gefragt: Worum geht es bei dem folgenden Text, der zum meditativen *Vollzug* anleitet? Der Meditierende soll eine Erzählung der Bibel *in sich* wiederentdecken, eine theologisch tiefe Geschichte als "Wesensbild" der eigenen Seele nachträumen - auch so wird das Wort Gottes, das mit den Menschen im Gespräch ist, neu leibhaftig, konkret und menschlich im Menschen jetzt wiedergeboren. Eine ignatianische Betrachtung ist eine Zeitspanne des inneren Weges eines Menschen aus Sünde und Angst heraus zu sich selbst: hinein in die Dimension der Erlösung und Befreiung.

Es ist selbstverständlich, daß es bei einem geistlichen Prozeß auch zu Zeiten der Empörung, der Verhärtung, des Murrens und des Weinens kommen kann. Gott als Klagemauer. Bis es gelingt, dem zu folgen, was zur inneren Ruhe, zu Trost und Gelassenheit führt, ist oft ein weiter Weg. Manchmal ist es wie ein kleines Wunder, bis man aufhören kann, verbissen an etwas festzuhalten, bis man von Fixierungen auf die eigene Geschichte frei wird, bis man davon ablassen kann, nur von seinem verpfuschten Leben zu erzählen, bis man eine Skrupelphase hinter sich hat.

Zur Dynamik von Versuchung

Ignatius von Loyola geht es im Exerzitienbuch Nr. 274 um eine Auseinandersetzung im Menschen, deren heilsgeschichtlichen Hintergrund die Konfrontation Jesu mit dem Versucher bildet. Die Betrachtung gelingt oft leichter, wenn die Fähigkeit, innerlich zu hören, das visuelle Vorstellungsvermögen, der innere Sinn des Riechen- und Schmecken-Könnens, die emotionalen Kräfte des Fühlens, Spürens und Betastens angewendet werden. Auch wenn dadurch zunächst meist einiges wahrgenommen wird, was man lieber an sich selbst nicht wahrhaben möchte [1]. Zuweilen wird schon

---

[1] Damit der Exerzitand leichter in ein Reflexionsverhältnis zu dem treten kann, was in ihm geschieht, stellt Ignatius von Loyola verschiedene Regeln auf, um zumindest einigermaßen die inneren Regungen und Probleme erkennen zu können: "Bei denjenigen, die von Todsünde zu Todsünde gehen, ist der Feind gemeinhin gewohnt, ihnen scheinbare Annehmlichkeiten vorzulegen, und läßt sie sich sinnliche Vergnügen und Annehm-

während der Phase der Sammlung besonders massiv erlebt, was im Alltag meist nur latent vorhanden ist. Man ahnt, das Wesen des Bösen ist der mörderische Haß.

So kann der Meditierende in sich Tendenzen zu eigensüchtigem Besitzstreben und engstirnigem Egoismus entdecken. Selbstische Gedankengänge, heimtückische Überlegungen, böse Absichten sind auf einmal nicht mehr nur eine Sache der anderen, sondern fallen auf den Übenden selbst zurück. Projektionen auf einen oder mehrere Sündenböcke werden zwar weiterhin versucht, führen aber nur zu noch größerem Ärger über sich. Man entdeckt in sich die Haltung des Neides, der Eitelkeit, des Hochmutes und des Stolzes; eine gleichsam satanische Dimension kann in der Psyche auftauchen bzw. versuchen, in sich hineinzuziehen, so daß Platz für verderbte und entmutigende Gedankenketten entsteht. Die eigene Unausgeglichenheit nimmt zu. Befürchtungen brechen auf. Die falschen Töne im Innern werden schriller.

Dennoch sollte gerade während solcher Prozesse zur Zeit der Betrachtung der Übende nicht verzweifeln und etwa dem Getöse der Unvernunft in sich gehorchen. Es wäre schlimm, töricht zu werden. "Torheit ist die Haltung eines Menschen, der den Sinn für das Gesamtbild seines Lebens verloren hat. Konkret ist in der Anthropologie und Spiritualität der Bibel jener töricht, der Gott

lichkeiten vorstellen, um sie mehr in ihren Lastern und Sünden zu erhalten und zu mehren. Und bei diesen Personen wendet der gute Geist die entgegengesetzte Weise an, indem er ihnen durch die Urteilskraft der Vernunft die Gewissen sticht und beißt" (EB Nr.314). Und in der zweiten Regel heißt es: "Bei denjenigen, die intensiv dabei sind, sich von ihren Sünden zu reinigen und im Dienste Gottes, unseres Herrn, vom Guten zum Besseren aufzusteigen, ist es die umgekehrte Weise wie in der ersten Regel. Denn dann ist es dem bösen Geist eigen, zu beißen, traurig zu machen und Hindernisse aufzustellen, indem er mit falschen Gründen beunruhigt, damit man nicht weitergehe. Und es ist dem guten Geist eigen, Mut und Kräfte, Tröstungen, Tränen, Eingebungen und Ruhe zu schenken, indem er erleichtert und alle Hindernisse entfernt, damit man in guten Werken weiter vorangehe" (EB Nr.315).

nicht berücksichtigt, als ob Gott nicht existierte."[1] In Zuversicht ist daher die vorgenommene Übung zu halten. Was ist ihr Inhalt?

Zeit der Sammlung - Trotz Chaos in die Wüste

Ich nehme mir vor, in der folgenden halben Stunde nicht so sehr intellektuell-kognitive Überlegungen anzustellen, sondern mich um ein ganzheitlich, organisch wachsendes, psychisches Erlebnis zu bemühen. Werde ich nur alte Klischees in mir reproduzieren? Trotz der Gefühle von Mißtrost und Abneigung gilt es, sich auf den inneren Schauplatz des Geschehens, die Wüste, einzulassen. Sie ist der Ort, an dem der Diabolos in seiner Vermessenheit dem fastenden Jesus Scheinalternativen suggeriert. Dreimal versucht der Geist der Lüge mittels des Musters "Wenn- Dann" zu einer Fehlentscheidung zu locken (vgl. Mt 4,1-11; Mk 1,12f; Lk 4,1-13). Doch vor der Treue Jesu, dem "Entweder-Oder" seiner Freiheit muß sich die Gestalt des Verwirrers schließlich in Schall und Rauch auflösen. Seine Nichtigkeit wird offensichtlich. Dagegen gehören gute geistige Mächtigkeiten in das Umfeld Jesu.

Ignatius von Loyola legt folgende Punkte zur Betrachtung [2] vor:

> *Erstens*: Nachdem Jesus getauft worden war, ging er in die Wüste, wo er vierzig Tage und vierzig Nächte fastete.

> *Zweitens*: Er wurde dreimal vom Feind versucht: (Der Feind naht sich ihm und sagt ihm: "Wenn du Sohn Gottes bist, sag, daß diese Steine sich in Brot verwandeln; wirf dich von hier hinab; alles dies, was du siehst, werde ich

---

[1] Carlo Maria Martini, Mein Volk, zieh hinaus aus Ägypten, Zürich 1984, 48.

[2] In den Kontext der Auseinandersetzungen mit dem Bösen gehört auch die "Zwei-Banner-Betrachtung" (EB Nr.142f).

dir geben, wenn du auf die Erde niederfällst
und mich anbetest.")

Drittens: (Die Engel kamen und dienten ihm.)
(EB Nr.274)

Zeit der Betrachtung - In der Wüste

Wüste. Wir werden erinnert an Sand, Dünen, Geröll, Steine ...;
nicht nur karg, sondern wüst und leer sieht der Boden aus. Mühsal, Hunger und Durst treffen den Menschen dort. Oft dauert es
Jahre, bis Regen fällt und es Frühling wird, die Wüste blüht und
fruchtet. Dem inneren Bild einer Wüstenlandschaft mit ihrer Dür-
re, ihrer Hitze, ihren Resten von Tierskeletten ... entspricht beim
Meditierenden oft ein Gefühl von großer Müdigkeit, Isolation und
Verlassenheit. Man fühlt sich erschöpft. Anfechtungen, Verlockungen und Halbwahrheiten dringen leicht ins Innere ein; die Wider-
standskraft ist geschwächt. Aber gerade so kann die Wüste zum
entscheidenden Ort für eine Begegnung werden, aufgrund deren
die "Unterscheidung der Geister" neu gelernt wird [1].

---

[1] Josef Weismayer, Dionysius der Kartäuser als Lehrer der Unterscheidung der Geister, in: Kartäuserliturgie und Kartäuserschrifttum. Internationaler Kongreß vom 2. bis 5. September
1987 Band 2 (Analecta Cartusiana Bd.116, hrsg. von James
Hogg), Salzburg 1988, 11,12: "Der Ausdruck 'Unterscheidung
der Geister' stammt aus der zwischentestamentlichen Literatur:
Dort ist verschiedentlich die Lehre bezeugt, daß der Mensch
von zwei Geistern bestimmt werde, vom Geist der Wahrheit
und vom Geist der Lüge, vom Geist des Lichtes und vom Geist
der Finsternis. Für die Richtung des Lebens ist es daher entscheidend zu erkennen, von welchem Geist der Mensch in einem bestimmten Fall bewegt wird. In 1 Kor 12,10 verwendet
Paulus den Terminus 'Unterscheidung der Geister', um damit
eine Geistesgabe zu bezeichnen, die der Bewertung der Prophetie im besonderen zugeordnet scheint. ...

Zuweilen gelingt es erst, die Gestalt Jesu in der Wüste anzutreffen, wenn genügend Mut aufgewendet wird, tiefer in den inneren Bereich der Abgeschiedenheit hineinzugehen. Zum Erlebnis der Tiefe der Wüste gehört es, bereit zu sein, "Trockenheit" zu ertragen. Erst nach mancher, vor allem geistigen Anstrengung verdeutlicht sich, daß in der Leere des eigenen Inneren genügend Raum ist für denjenigen, der ein zutiefst durchgeistigtes, durchseeltes Wesen ist. Und zugleich besitzt er eine konkrete Gestalt: Jesus Christus. Sein reales Menschsein ließ ihn die Wüste existentiell spürbar erleben. Er war mit dem Bereich der Einsamkeit - vierzig Tage und vierzig Nächte - vertraut [1]. Hier betete er. Bei ihm herrschen Gottesliebe und Wahrheit.

Ganz anders am anderen Pol des Bildes: der Geist der Lüge und der Täuschung. Von ihm gehen Versprechungen aus, die nicht einlösbar sind. Mit ihm muß man rechnen - aber er darf nicht Gegenstand des Glaubens und Vertrauens werden. Auf ihn darf man nicht setzen. Die Hohlheit und Substanzlosigkeit dieses "Ungeistes", seine Hinterlist und Verschlagenheit situieren! Der Evangelist Johannes spricht vom "Vater der Lüge" (8,44), vom "Fürst dieser Welt" (14,30), vom "Menschenmörder vom Anbeginn" (8,14). Den Widerpart zur lichten, von der Wüste geprägten Ge-

---

Aufs Ganze gesehen, wurde der Topos von der Unterscheidung der Geister vor allem für zwei Felder christlicher Spiritualität bedeutsam: im Bereich der Antriebe und Impulse, die der einzelne erfährt, und bei der Bewertung von Offenbarungen, Erscheinungen, Visionen und Prophetien. Schließlich wird im Exerzitienbuch des hl. Ignatius von Loyola (+ 1556) noch ein dritter bedeutender Bereich sichtbar, an dem die Unterscheidung der Geister wirksam werden kann: Die Discretio spiritum wird für Ignatius das Mittel, um den Weg zu finden, den Gott den einzelnen führt."

[1] Die Zahl 40 besagt eine Notzeit, z.B. Gen 7,12.17; Ps 95,10; Ex 34,28; Dtn 9,18; Ri 13,1; 1 Kön 19,8. Zugleich ist diese Zahl symbolisch zu verstehen für: die "ganze Zeit". Vgl. auch Ex 24,18. Jesus als der neue Mose!

stalt Jesu zumindest ein wenig bildhaft imaginieren [1]. Mit welcher Raffinesse soll zu Trotz und Verblendung verführt werden? Von woher wird der Betrachtende bestärkt, sich in sich selbst zu verschließen? Wie kommt es zu Fallstricken und Ketten? Im klaren Licht der Wüste werden die oszillierenden "Konturen" des Widerparts Jesu deutlich. Die Einsamkeit ist der Bereich, wo der Unterschied gelernt wird zwischen Luzifer, der selbstgefällig im "Licht" der eitlen Autonomiesucht seine Machenschaften inszeniert, und der Gestalt Jesu, dem wahren Licht vom wahren Licht. "Dreimal wird Jesus versucht, dreimal hält er Gott die Treue. Zuerst ist er in der Situation des Hungers, der Not. Gott hat ihn hineingeführt. Und er soll sich gegen den Willen Gottes Brot beschaffen. Dann steht er am Abgrund. Er soll sich in verwegenem Glauben hinabstürzen, den Selbstmordversuch machen im Vertrauen auf Gott, der ihn schützen wird, aber gegen den Willen Gottes. Und endlich soll er sein Knie beugen vor dem Satan, er soll also einen kleinen Kompromiß machen, um auf bequemem Weg zur Weltherrschaft zu kommen, aber gegen den Willen Gottes." [2] Aber Jesus bleibt seiner Sendung treu. In ihm und durch ihn geschieht die Überwindung des Bösen. Denn mit ihm beginnt der Einbruch der neuen Welt Gottes. Er erliegt nicht den Versuchungen, auch nicht der Versuchung, politische Messiashoffnungen zu erfüllen.

Sobald man selbst während der Meditation auf den inneren Schauplatz tritt, ist es nicht mehr so wichtig, das Hin und Her der Auseinandersetzung zwischen Jesus und dem Versucher mitzuerleben. Es ist dann weiterführender, das Gespräch mit dem Messias selbst zu wagen. Denn so lösen sich Aversionen, Verhärtungen und Verstockungen. Befreiung von Selbsttäuschung findet statt. Im Blick auf Jesus wird die Wüste zum Ort der Selbsterkenntnis, wie der Offenbarung.

Ich frage mich: Stimmt meine Beziehung zu dem fastenden und betenden Jesus? Lasse ich ihn in meiner Seele zu: als Betenden?

---

[1] Vgl. Stanis Edmund Szydzik, Arznei der Seele. Gesammelte Berichte, Köln 1985, 38f.

[2] Wolfgang Feneberg, Gott ruft zu einem Leben in der Wüste. Das doppelte Gesicht: Freiheit und Gefahr, in: Entschluß 36 (4/1981) 30.

So bereite ich mich darauf vor, mich "von guten Mächten wunderbar geborgen" zu fühlen. Warum sollte ich mich nicht umstimmen lassen? Wird meine Stimmung langsam - oder plötzlich - anders: bei der Präsenzerfahrung lichter, engelgleicher Gestalten? Dabei auf den Wahrheitswert von Stimmungen achten! Möglichst in der Nähe Jesu bleiben, innerlich schauen, wie gute Engel ihm dienen. In dieser spirituellen Atmosphäre lasse ich mir eine lebendige Beziehung mit ihm schenken. Ist der Tischdienst der Engel doch Symbol der wiederhergestellten Gemeinschaft zwischen Gott und Mensch.

Zeit der Reflexion - Aus der Wüste in den Alltag

Wie ist es mir ergangen? Ich mache mir den psychisch- spirituellen Gehalt der Betrachtung, meinen Trost und meine Trostlosigkeit noch einmal bewußt; ich stelle mir die Frage nach meinem Mißtrost und meinen Vorsätzen und Entschlüssen [1]. Was löste Entsetzen aus? Hatte ich das Gefühl, die Bilder einer Fata Morgana zu sehen? Lieferte ich mich schwärmerischen Vorstellungen aus -

---

[1] Ignatius von Loyola rät dazu: "Zur Zeit der Trostlosigkeit niemals eine Änderung machen, sondern fest und beständig in den Vorsätzen und dem Entschluß stehen, in denen man an dem solcher Trostlosigkeit vorangehenden Tag stand, oder in dem Entschluß, in dem man in der vorangehenden Tröstung stand. Denn wie uns in der Tröstung mehr der gute Geist führt und berät, so in der Trostlosigkeit der böse, mit dessen Ratschlägen wir nicht den Weg einschlagen können, um das Rechte zu treffen. Wiewohl wir in der Trostlosigkeit nicht die ursprünglichen Vorsätze ändern dürfen, ist es doch sehr von Nutzen, sich intensiv gegen die Trostlosigkeit selbst zu ändern, wie es geschieht, indem wir mehr Nachdruck auf das Gebet, die Besinnung, auf vieles Erforschen legen und indem wir uns in irgendeiner angebrachten Weise, Buße zu tun, länger einsetzen. ...
Wer in Trostlosigkeit ist, mühe sich, in der Geduld auszuharren, die den Belästigungen entgegengesetzt ist, die ihm kommen. Und er denke, daß er rasch getröstet werden wird, und treffe die Maßnahmen gegen diese Trostlosigkeit, wie es in der sechsten Regel gesagt worden ist" (EB Nr. 318f, 321).

vielleicht um nachher besser meine Vorbehalte gegen die biblische Überlieferung züchten zu können - oder aus welchen Motiven auch immer? Drängten sich mir optische und akustische Halluzinationen auf, oder war mein inneres Sehen und Hören eine Art und Weise, das wirkliche Leben Jesu, seine Sendung tiefer zu verstehen? Ich nehme mir genügend Zeit zu unterscheiden zwischen ihm und mehr oder minder neurotischen bzw. ideologischen Wahnvorstellungen von ihm.

Verfiel ich Formen der Identifizierungssucht, ähnlich wie sie der Starrummel mit sich bringt? Aktivierte ich Träumereien, die an den Personenkult totalitärer Systeme erinnern? Fand ich Gefallen an langweiligem und langatmigem inneren Gerede? War ich auf hektische und kurzatmige Deutungen aus? Zuweilen entsteht auch eine Seelenlage, in der sich der Meditierende wie von einem Angstteufel besessen (besetzt) fühlt. Man möchte am liebsten aus der Haut fahren und fühlt sich zugleich wie gelähmt. Solche Zustände verschwinden während der Übung oft erst gegen Ende.

Die "Wüste" ist die Dimension, in der Gefahren und auch Versuchungen besonders deutlich werden. "Versuchung meint die Tendenz, vor der eigenen Verantwortung fliehen zu wollen, die Angst vor einer Entscheidung, die Angst vor einer Situation, die eine persönliche Entscheidung verlangt; Versuchung meint die Angst vor den Problemen des Lebens, der Gemeinschaft, unserer Gesellschaft. Es ist die Neigung, der Wirklichkeit zu entfliehen, die Augen zu verschließen, sich zu verbergen, so zu tun, als ob man nichts sähe und nichts fühle, um nicht mit hineingezogen zu werden. Es ist die Neigung zur Trägheit, die Angst, etwas zu unternehmen; die Versuchung möchte uns daran hindern, eine Antwort zu geben auf die Aufgaben, zu der uns Gott, die Kirche und die Welt rufen." [1]

Keine Angst vor den eigenen Ängsten! Versuchung ist auch positiv - denn sie gibt Auskunft: So nicht.

Ist mir während der Betrachtung deutlich genug geworden: Im Grunde ist es nichts mit dem Teufel, seinen vielen Figuren und Fratzen? "Die Versuchung des Bösen will, daß wir die Erde und uns entstellen; daß uns die Arbeit versklavt und die Freizeit ver-

---

[1] Carlo Maria Martini, Wie lerne ich beten, München 1983, 60.

wöhnt; daß wir für unser Äußeres endlose Opfer bringen und innen verkümmern, das Heim ausschmücken und heimatlos sind, aufs Haben schauen und das Sein vergessen; daß der Besitz unser 'Gott' wird (vgl Phil 3,19)." [1]

Die Wüste als der Ort, wo die "Dämonen" leben [2], ist der Bereich, wo man die vielen Stimmen zu unterscheiden lernt. Eine der vielen inneren Stimmen ist die Stimme des eigenen Gewissens. So kann ich mich gegen Ende dieser Übung fragen: Wie steht es mit der Achtung, die ich vor den Gewissensentscheidungen anderer habe? Urteil des eigenen Gewissens und Urteil eines anderen als Artikulationsweise seines Gewissens stehen a priori nicht in einem Bedingungs- bzw. Abhängigkeitsverhältnis, sondern in einem Freiheitsverhältnis zueinander; sie sollten sich selbig füreinander verwenden, d.h. sie können ausgerichtet sein auf ein einander mehrendes Verhältnis - oder anders gesagt: Je dialogischer jemand ist, um so gewissenhafter muß er sein bzw. je gewissenhafter, um so dialogischer.

Dies besagt, daß jemand nicht nur auf seine eigene innere Stimme zu hören fähig ist, also nicht nur den Dialog mit sich zu führen vermag (wobei diese eigene innere Stimme zugleich als fremde Instanz erfahren werden kann und in der Hochform Identifizierung mit dem Willen Gottes möglich ist), sondern auch die "äußere" innere Stimme der anderen Dialogpartner zu vernehmen sich bereiten kann. Man soll immer gesprächsbereit (auch mit Gegnern) sein, ohne dabei sein eigenes Gewissen zu verraten, etwa dadurch, daß man es zu einer solchen Instanz umfunktionieren läßt, die dann letztlich nichts anderes wäre als das Produkt von Einflüssen

---

[1] Papst Johannes Paul II. Zeugnis für das kommende Reich. Predigt zum Thema Orden, Säkularinstitute, Geistliche Gemeinschaften in Altötting am 18. November 1980, zitiert nach: Ordenskorrespondenz 22 (1981) 6.

[2] Es gibt "gute und böse Dämonen". Sokrates wurde verurteilt, weil er auf sein Gewissen, die göttliche Stimme in seinem Inneren (griech. "daimonion"), hörte mehr als auf die Nomoi (Gesetze). Auch Jesus wurde vorgeworfen: Er hat einen bösen Dämon (vgl. Mk 3,21).

und Indoktrinationen anderer, die sich anmaßen, das Gewissen eines anderen ersetzen zu können.

Gerade die dialogische Polarität von eigenem Gewissen und fremdem Gewissen gilt es offenzuhalten im gemeinsamen Suchen nach der je größeren Wahrheit, die letztlich der unverfügbare Gott ist, der in der von ihm her geschenkten Einsicht und Gnade die Differenz der Dialogpartner trägt und so jedem an sich selbst Anteil gibt am Zeitigungsprozeß des Hörens auf seinen Willen. Für alle ist letztlich Gott der Garant der Verbindlichkeit der Stimme des eigenen Gewissens und der Urgrund, worin die jeweiligen Gewissen miteinander verbunden sind [1].

Wohin es führt, wenn der Versuchung zum Bösen, der Mißachtung des Gewissens nicht rechtzeitig Einhalt geboten wird, läßt sich am Ende des Lebens Jesu erkennen. Bis zu welchem Höhepunkt die Macht des Bösen, des Versuchers, sich auszuwirken vermag, zeigt das Kreuz, der "Höhepunkt" im Leben Jesu. In diesem Sinn ist in

---

[1] Karl Rahner, Vom Gewissen, in: Schriften zur Theologie Bd.XVI: Humane Gesellschaft und Kirche von morgen, Zürich 1984, 24f.: "In den Fällen, in denen einer ein wirkliches Gewissensurteil beim anderen zu präsumieren hat, besteht zwischen beiden eine Gemeinschaft auf Gott hin, auch wenn in der materialen Inhaltlichkeit der beiden Gewissensurteile ein Widerspruch besteht und eines (oder manchmal vielleicht beide) darum irrig sein muß. Wenn zwei Gegner dies wirklich realisieren würden, wenn sie so sich dessen bewußt wären, daß sie vor Gott und in seiner Gnade eine Bruderschaft haben, die im letzten wichtiger ist als die bittere Uneinigkeit in der materialen Inhaltlichkeit ihrer Gewissensurteile, dann könnte eigentliche und wahre Toleranz zwischen Grenzen bestehen, die weit über das hinausreicht, was man bürgerlich und liberal Toleranz zu nennen pflegt. Der bittere Streit, in dem es wahrhaftig um hohe Werte und Güter der Menschen geht und der gewiß nicht in einer billigen Friedfertigkeit verharmlost werden darf, wäre dennoch umfaßt von der Weite, dem Licht und dem Frieden, auf die sich jedes wahrhafte Gewissensurteil ausstreckt, wie bitter immer auch die Fehde sein mag, die wir in einem solchen Fall gerade des Gewissens willen bestehen und ertragen müssen."

der Versuchungsgeschichte implizit schon die ganze Dramatik zwischen Gut und Böse, dem Messias und seinem Feind angesagt. Doch wie Jesus den Versucher in der Wüste überwindet, so wird er ihn auch am Kreuz durch sein neues Leben, die Auferstehung besiegen. Machen wir uns die Tiefe *unserer* Versuchungssituation hinreichend bewußt? Wie überwinden wir sie? Was heißt konkret, mit Jesus neu anzufangen: im Blick auf Gott ein liebendes Leben zu führen anstatt den tödlichen Lockungen des Versuchers anheimzufallen?

7. DAS REICH GOTTES

Nicht deutlich genug kann darauf hingewiesen werden, daß nach dem Glauben der Gemeinde mit Jesus das Reich Gottes anbricht. "Nachdem man Johannes ins Gefängnis geworfen hatte, ging Jesus nach Galiläa und verkündete das Evangelium Gottes: Die Zeit ist erfüllt, und das Reich Gottes ist nahe. Bekehrt euch und glaubt an das Evangelium!" (Mk 1,14f). Jesus proklamiert einen neuen Anfang. Mit ihm wurde die gerechte und barmherzige Herrschaft Gottes neu mitten in die Welt eingestiftet. Er ist die menschgewordene Herrschaft Gottes, nach der sich das Volk Gottes besonders in Zeiten der Fremdherrschaft, der Unterdrückung und Sklaverei sehnte. Vor allem im Buch Daniel wird die Hoffnung auf den Menschensohn, der die böse Herrschaft des "Tieres" überwindet [1], in großen Visionen deutlich:

Ich sah immer noch hin, bis das Tier - wegen der anmaßenden Worte, die das Horn redete - getötet wurde. Sein Körper wurde dem Feuer übergeben und vernichtet. Auch den anderen Tieren wurde die Herrschaft genommen. Doch ließ man ihnen das Leben bis zu einer bestimmten Frist. Immer noch hatte ich die nächtlichen Visionen. Da kam mit den Wolken des Himmels einer wie ein Menschensohn. Er gelangte bis zu dem Hochbetagten und wurde vor ihn geführt. Ihm wurde Herrschaft, Würde und Königtum gegeben. Alle Völker, Nationen und Sprachen müssen ihm dienen. Seine Herrschaft ist eine ewige, unvergängliche Herrschaft. Sein Reich geht niemals unter.

(Dan 7,11-14)

---

[1] Vgl. dazu auch die Abbildungen auf S.258-261.

Abb. 20: Die Nähe Gottes in Christus

Mittels der Zwei-Banner-Betrachtung (EB Nr.136-148) soll im Stil des 16. Jahrhunderts die Botschaft vom Reich Gottes illustriert werden. Die Bilder sind kräftig. Man sollte sie nicht verharmlosen. Denn gerade die Ausbreitung des Reiches Gottes führte ja auch zur Zeit Jesu zur verstärkten Konfrontation mit widergöttlichen Gewalten. Ein Blick in das Markusevangelium macht dies deutlich genug. Wie wirkte Jesus? Wozu sendet er?

Das Offenbarwerden des Reiches Gottes enthüllt die versklavenden Tendenzen des Bösen. Dabei ist selbstverständlich, daß es sich bei dem Auftreten Jesu gegen die Mächte der Finsternis um keinen Dualismus handelt, so wie wenn zwei im Grunde gleichwertige Prinzipien miteinander im Widerstreit stünden.

Die Zwei-Banner-Betrachtung wird dem Exerzitanden normalerweise etwa in der Mitte der zweiten Übungswoche von 30-tägigen Exerzitien vorgelegt, während der Zeit also, in der das Leben Jesu intensiv betrachtet wird. Die innere Bühne, auf der das Geschehen angeschaut und mitgefühlt werden soll, ist die Gegend von *Jerusalem* und die Welt von *Babylon*. Im Grunde aber ist die Bühne die ganze Welt, die sich an diesen beiden Polen besonders zentriert. Der durch den Übenden zu imaginierende Prozeß steht im weltweiten Kontext.

Babylon und Jerusalem

Was meint Babylon? Es bezeichnet eine Welt voller Unrecht und Unfreiheit. Hier herrscht Wirrsal, weil die Menschen im kollektiven Wahn meinten, den Himmel stürmen zu können (vgl. Gen 11). Im Mythos von Jäger Nimrod, der mit seinen Pfeilen den Himmel auf die Erde zwingen wollte, haben wir dazu die individualistische, gegenläufige Variante zum Turmbau von Babel. Beides sind scheiternde Versuche, da der Wunsch "wie im Himmel so auf Erden" nur durch die Gnade Gottes erfüllt werden kann. Jede von Menschen gnadenlose Herstellung von himmlischen Verhältnissen auf Erden, jede inszenierte "Menschwerdung Gottes" ist bloßes Gemächte. Damals und heute. Nur freiwillig erschließt sich der Himmel, neigt Gott sich zu, entsteht eine neue Erde, bricht das Reich

Gottes an. Babel ist der Ort des Exils und der Verknechtung. [1]
Hier laufen Mechanismen ab und herrschen Systeme, die ein un-
menschliches Streben mit sich bringen. Die Faszination gemeiner
Gewalt, der Machtrausch, die Lust an Unterdrückung und Verskla-
vung toben sich dort aus. Ein "Untier" regiert dort. Im Bann des
Bösen gehen Menschen zugrunde, die "Geister" des Ungeistes
agieren im Reich Babylons (vgl. Offb 17f).

Wofür steht Jerusalem? Es ist die Stadt des Alten wie des Neu-
en Bundes. Hier trugen sich wesentliche Heilsereignisse zu; hier
fand die Heilsgeschichte ihren Höhepunkt. Jerusalem ist der Inbegriff der alten Verheißungen [2], das Symbol des Gelobten Landes,
der zentrale Ort des Reiches Gottes, das mit Jesus unumkehrbar
begonnen hat. "Wenn ich aber die Dämonen durch den Finger
Gottes austreibe, dann ist doch das Reich Gottes schon zu euch
gekommen" (Lk 11,20; vgl. auch Mk 1,15; Mt 4,17, Lk 4,18-21). Er
selbst ist letztlich das Reich Gottes in Person. Im Blick auf seine
lichte, königliche Gestalt soll das Wesen des Christentums erfaßt
werden. Und es besteht darin, in Beziehung zum Messias zu sein.
Die Intensität dieser Beziehung zu ihm aktualisiert das Wesen des
Christentums. In dem Maße, wie dies geschieht, breitet sich das
Reich Gottes aus.

---

[1] Nachdem das Nordreich von den Assyrern 722 erobert worden
war (vgl. 2 Kön 17), fiel 587 das Südreich in die Hände der
Babylonier (vgl. 2 Kön 25,8-26; 2 Chr 36,17-21; Jer 52). Siebzig
Jahre dauerte die babylonische Gefangenschaft, bis König Cyrus
von Persien die Rückkehr nach Jerusalem erlaubte.

[2] Um die Liebe zu Jerusalem zu verstehen, sollte man bei Jesaja
(28,16;60) oder in den Psalmen lesen (z.B.2; 14; 20; 42; 48; 51;
68; 69; 74; 76; 78; 79; 84; 87; 99; 102; 110; 118; 122; 125; 126;
128; 129; 132-135; 137; 146-149). Der Zion, der höchste Punkt
der alten Davidstadt, und seine Bedeutung wurde in frühkirch-
licher Zeit auf den Neuen Zion, den Bereich des Abendmahl -
und Pfingstsaales übertragen. Am Versammlungsort der Jerusalemer Urgemeinde wird das translatierte Davidsgrab gezeigt. Im
Bereich der Hagia Zion steht heute die Dormition Abbey.

Insoweit jeder nicht nur Christ für sich allein ist, sondern mit anderen ein Wir bildet, kommt es zu einem Verhältnis der Gemeinde als ganzer zum Messias, dem Kyrios. In diesem Gefüge findet das gemeinsame Mahl statt, das er gestiftet hat zu seinem Gedächtnis. Das Entstehen einer neuen Kontrastgesellschaft, der Einsatz für Glaube und Gerechtigkeit, der Vollzug der Heilszeichen, neue Werke und ein Alltag im Geist Jesu werden selbstverständlich.

In den Bedingungen der Zeit entfalten sich Kulturelemente einer neuen Gesellschaft, die das Reich Gottes repräsentiert.

Jesus als Messias gegen den Anführer des Bösen

Im folgenden nun zu einem Teil der Zwei-Banner-Betrachtung, die - und dies ist das Entscheidende - meditativ durchgebetet werden soll. Wo findet man sich selbst in diesem Szenarium des Heils? Wie gelingt das Zwiegespräch mit der Gestalt Jesu? Denn darauf kommt es an.

Ignatius von Loyola schreibt:

> Erwägen, wie sich Christus, unser Herr, in einem großen Feldlager jener Gegend von Jerusalem an einen demütigen, schönen und freundlichen Ort stellt. Erwägen, wie der Herr der ganzen Welt so viele Personen, Apostel, Jünger usw. auswählt und sie über die ganze Welt hin sendet und sie seine heilige Lehre über alle Stände und Lebenslagen der Personen ausstreuen. (EB Nr.144f)

Und nun zum anderen Pol:

> Sich vorstellen, wie wenn der Anführer aller Feinde sich in jenem großen Feldlager von Babylon niederließe, wie auf einem großen Thron aus Feuer und Rauch, in furchtbarer

—

und schrecklicher Gestalt. Erwägen, wie er
seinen Ruf an unzählige Dämonen ergehen läßt
und wie er sie ausstreut, die einen in diese
Stadt und die anderen in eine andere und so
über die ganze Welt hin, ohne Provinzen, Orte,
Stände noch irgendwelche Personen im einzelnen auszulassen.   (EB Nr.140f)

Für diese Betrachtung sollte man sich etwa eine halbe Stunde Zeit
nehmen. In geistlicher, aber auch in psychologischer Hinsicht geht
es in der Übung darum, Christus als dem "König" in sich wieder
Raum zu geben. Das eigene wahre Selbst ist im Grunde dann ein
Repräsentant dieses Königs. "Manchmal gleicht das wahre Selbst
einem vertriebenen und im Verborgenen lebenden König, der einmal hier auftaucht und einmal dort, und wenn die feindlichen
Truppen nahen, ist er nicht mehr aufzufinden; statt dessen werden
an einem ganz anderen Ort Gerüchte über seine Anwesenheit laut.
Die Aufgabe der psychomotorischen und jeder anderen Therapie
wie auch der Erziehung ist es, den König wieder auf seinen Thron
zu setzen, so daß er ohne Heimlichtuerei mit allen Gebieten seines
Reiches in Verbindung treten kann." [1]
Im Judentum gilt der Messias als König der Welt. Er ist der
authentische Gesandte Gottes, der das Reich des Friedens und der
Gerechtigkeit bringt. In ihm erfüllt sich der Segen des Melchisedek
(= König der Gerechtigkeit). Während für das gläubige Israel der
Weg der Absonderung (613 Regeln) zum Reich Gottes führt [2], der

---

[1] Albert Pesso, Dramaturgie des Unbewußten. Eine Einführung
in die psychomotorische Therapie, übers. u. eingel. von Tilmann
Moser, Stuttgart 1986, 215.

[2] Im babylonischen Talmud, dem tausendjährigen Sammelwerk
zur jüdischen Lebenspraxis, das etwa 500 Jahre nach unserer
Zeitrechnung fertiggestellt war, heißt es dazu: "Rabbi Simlai
legte aus: Sechshundertunddreizehn Gebote wurden Mose gesagt: Dreihundertfünfundsechzig Verbote nach der Zahl der
Tage des Sonnenjahres und zweihundertachtundvierzig Gebote

auf seine Weise selbstverständlich ein Weg der Liebe und Gerechtigkeit ist, haben die Völker den Weg der Liebe und Gerechtigkeit (vgl. Mt 5,1-7,29) in einer anderen Art und Weise zu gehen. Das Reich und das Königtum, von dem hier die Rede ist, impliziert einen universalen Anspruch.

Das Reich Gottes, das mit Jesus Christus endgültig begonnen hat, ist der Bereich, in dem der Mensch wirklich zu Hause sein kann. Es reicht auf Erden bis dorthin, wo in der Lebenswelt des Alltags die Wahrheit und Barmherzigkeit Gottes angenommen wird. "Dein Reich komme, Dein Wille geschehe, wie im Himmel

---

entsprechend den Gliedern des Menschen. (Dies ist die Zahl aller in den fünf Büchern Moses enthaltenen Verbote und Gebote). Raw Hamnuna sagte: Was ist der Schriftvers dafür? (5. Mose 33,4) *Die Weisung hat uns Mose geboten zum Erbteil.* Der Zahlenwert von Weisung beträgt soviel. Weisung ist nämlich gleich sechshundertundelf. (Im Hebräischen hat jeder Buchstabe auch einen Zahlenwert. Das Wort für 'Weisung' ergibt als Zahl gelesen 611). Dazu noch: (2. Mose 20,2f. Am Anfang des Zehnwortes fallen die beiden 'Selbstvorstellungsformeln' auf, die sich stilistisch von der Form der übrigen Gebote abheben. An diese Beobachtung knüpft Raschi an: Gott habe die beiden ersten Aussprüche selber erklärt, während die übrigen von Mose erklärt worden seien). *Ich bin* und: *Du sollst nicht haben* - aus dem Munde des Allmächtigen selber haben wir sie gehört. David kam und stellte sie zu Elfen zusammen, denn es steht geschrieben (Psalm 15): *Ein Psalm Davids. Herr, wer darf gasten in deinem Zelte; wer darf weilen auf deinem heiligen Berge? Der rechtschaffen wandelt und der Bewährung übt und der die Wahrheit redet in seinem Herzen, der nicht verleumdet mit seiner Zunge, der nicht Böses tut seinem Genossen und der nicht Schmähung bringt auf seinen Nächsten, in dessen Augen ein Verworfener verachtet ist, der aber ehrt, die den Herrn fürchten, der es nicht ändert, wenn er sich zum Schaden schwur, der sein Geld nicht um Zins gibt und der nicht Bestechung gegen einen Unschuldigen annimmt. Wer dies tut, wird nicht wanken für immerdar."* (Zit. nach Der Babylonische Talmud, ausgew., übers. u. erkl. von Reinhold Mayer, München 1965, 231. Die Kommentare in den Klammern des Zitates stammen von Reinhold Mayer.)

so auf Erden", so beten wir im Vater-unser. In Gottes Welt können wir anfänglich schon jetzt zu Hause sein: hier auf dieser Erde
im Blick auf den Himmel. Die Trauer um das verlorene Paradies
ist abgelöst durch die Hoffnung auf ein neues Jerusalem. Der
Einzug ins Gelobte, ins Heilige Land soll uns erinnern an unseren
Weg zur ewigen Heimat, zum "Land der Verheißung, des Lichtes
und des Friedens".

In Gottes Ewigkeit findet die menschliche Freiheit ihre selige
Heimat. Verheißt doch Jesus Christus: "Im Hause meines Vaters
sind viele Wohnungen. ... Ich gehe hin, euch einen Platz zu bereiten" (Joh 14,2). Von ihm her sollen wir uns schon auf Erden unseren Ort zuweisen lassen. Wozu sendet er?

In der Gefolgschaft Jesu

Gegen Ende der Übung könnte man sich fragen, ob es gelungen
ist, durch die recht mißverständliche Sprache mit ihren imperialen
Metaphern (z.B. "auf Kriegszug schicken", EB Nr.146) [1] hindurch

---

[1] Die Wurzeln reichen weit zurück. "Das Leben des Mönchs ist
nach den Worten des hl. Benedikt ein Kriegsdienst, der Christus, dem wahren König, geleistet wird. Der Mönch ist ein
Krieger Gottes, die Regel das Kriegsgesetz, dem sich der
Mönch verpflichtet, um unter ihm zu dienen, das Monasterium
das Zelt, in welchem er wohnt, die Gemeinschaft der Brüder
schließlich die Schlachtreihe, in der er kämpft.
Bei dieser Sinndeutung des Mönchtums greift Benedikt nicht
nur auf eine biblische Metapher zurück, die vor allem Paulus
auf Sein und Leben des Christen anwendet (vgl. Röm 6,13;
13,12; 2 Kor 10,3-6; Eph 6,10-18; Phil 2,15; Kol 4,10; 1 Tim
1,18; 2 Tim 2,3f). Auch bei den nachapostolischen und früh-
christlichen Schriftstellern begegnet uns der Topos der *militia
spiritualis* sehr häufig, wie bereits A. Harnack, *Militia Christi,
Die christliche Religion und der Soldatenstand in den ersten drei
Jahrhunderten* (1905) an einer Reihe von Beispielen aufgewiesen
hat." (Hilarius Emonds, Geistlicher Kriegsdienst. Der Topos der
militia spiritualis in der antiken Philosophie, in: Adolf von Harnack, Militia Christi. Die christliche Religion und der Soldatenstand in den ersten drei Jahrhunderten, Darmstadt 1963, 133f.)

zum Kern des Gesagten zu gelangen. Im Blick auf welches Problem wirkte die Zwei-Banner-Betrachtung blockierend? Wurde man durch die latente Kreuzzugsmentalität, die durch die Übung geweckt werden kann, abgeschreckt? [1] Oder weiß man nun am Ende der Übung besser Bescheid über den Unterschied zwischen Gut und Böse, zwischen der Sache Jesu und der Welt der Lüge und des Menschenhasses? Welche Konsequenzen für das eigene Leben stehen nun an?

Und noch etwas konnte vielleicht entdeckt werden: der Wert der asketischen Grundhaltung, um Christi willen Armut, Schmähung und Demut (vgl. EB Nr.146) auf sich zu nehmen. In einer solchen Grundhaltung wird deutlicher, wie auf die Angebote Gottes konkret zu antworten ist. *Askese* meint ein ganzheitliches, manchmal durchaus schmerzhaftes Mühen mit sich selbst aufgrund der Gnade Gottes und des Heilshandelns Jesu Christi. Es gilt, gier- und sucht-

---

[1] "Wir finden in der Tat wichtige Elemente der Kreuzzugsfrömmigkeit in der Spiritualität des heiligen Ignatius wieder. Genannt seien noch einmal die Christozentrik, der Wille zur Nachfolge des leidenden und gekrönten Herrn, büßende Pilgerfahrt und Bereitschaft zur Armut, der Krankendienst im Hospital und die Unterstellung unter die Führerschaft der römischen Päpste, die Verbindung von Verteidigung und Ausbreitung des Glaubens.

Nicht die Tatsache, daß das eine oder andere dieser Elemente bei Ignatius wahrzunehmen ist, läßt uns vermuten, daß der Heilige im Strom der Kreuzzugstradition gestanden habe und aus ihrem frommen Besitz diese Elemente bewahrte und aufnahm, sondern das eigentümliche Zueinander und Ineinander aller dieser Motive sowohl im persönlichen Leben des Stifters als auch im Programm seines Werkes, der Gesellschaft Jesu, legt uns die Einsicht nahe, daß in der Frömmigkeit des heiligen Ignatius, des geistlichen Ritters von Loyola, sich wesentliche Elemente abendländischer Kreuzzugsfrömmigkeit in neuer Gestalt zusammengefunden haben." (Hans Wolter, Elemente der Kreuzzugsfrömmigkeit in der Spiritualität des heiligen Ignatius, in: Ignatius von Loyola. Seine geistliche Gestalt und sein Vermächtnis, hrsg. von Friedrich Wulf, Würzburg 1956, 150.)

loser zu werden, um so von den Fesseln "babylonischer Gefangenschaft" befreit zu werden - mag mancher Abschied auch weh tun. Im Grunde gibt es keine Alternative dazu, mit den Mächten des Bösen nicht mehr gemeinsame Sache zu machen. Man entfernt sich entschieden von der Richtung Babylons, um in der Gefolgschaft Jesu seinen Platz zu finden. Ihn sollen wir in reiner Absicht um die Kraft bitten, ihn je mehr lieben zu können, ihm immer treuer nachfolgen zu können. Wir müssen, um seine Botschaft vom Reich Gottes zu verstehen, einen ähnlichen Weg gehen [1]. Und dabei sollten wir darum wissen, daß es massive Widerstände gegen das Reich Gottes gibt. Zu ihnen ist in ein freies Verhältnis zu treten. Sie können nichts bieten. Was für uns gut ist, erhalten wir von dem, der verkündet: "Euch aber muß es zuerst um sein Reich und um seine Gerechtigkeit gehen; dann wird euch alles andere dazugegeben" (Mt 6,33).

---

[1] "Man fragte den Freund, welch ein Zeichen
das Banner seines Geliebten trage.
Er antwortete: Das eines Toten.-
Warum ein solches Zeichen, fragte man. Er antwortete:
Weil er gekreuzigt wurde und starb
und damit jene, die sich rühmen, ihn zu lieben,
seinen Spuren folgen."
(Ramon Llull, Das Buch vom Freunde und vom Geliebten,
hrsg., eingel. u. aus dem Altkatal. übertrg. von Erika Lorenz,
Zürich/München 1988, 68.)

8. DER BESESSENE VON GERASA

Noch bevor sich die direkte Begegnung zwischen Jesus und dem Besessenen ereignete, wußte der Besessene schon darum, wer auf ihn zukommt. Zumindest in der Weise einer vorläufigen Erkenntnis war Jesus von Nazaret, der Heilige Gottes, in ihm schon präsent. Was geschah? Jesus zog durch heidnisches Land, durch die Dekapolis. In der Nähe einer solchen Stadt mit hellenistischem Recht und Brauch - die Theaterruinen von Skythopolis vermitteln davon noch heute einen guten Eindruck - hauste in einer Grabhöhle ein Besessener. Die hellenistische Stadtgöttin Tyche hatte ihm kein Glück gebracht. Er existierte in tiefstem Unglück, in psychischer Verzweiflung und Not. Obwohl ausgestoßen von den Bewohnern der Dekapolis, den Besitzern von Schweineherden, dem unreinen Tier schlechthin, blieb er dennoch von allen gefürchtet. Er war ihnen unheimlich.

Jesus war mit den Seinen unterwegs:

Sie kamen an das Ufer des Sees, in das Gebiet von Gerasa. Als er aus dem Boot stieg, lief ihm ein Mann entgegen, der von einem unreinen Geist besessen war. Er kam von den Grabhöhlen, in denen er lebte. Man konnte ihn nicht bändigen, nicht einmal mit Fesseln. Schon oft hatte man ihn an Händen und Füßen gefesselt, aber er hatte die Ketten gesprengt und die Fesseln zerrissen; niemand konnte ihn bezwingen. Bei Tag und Nacht schrie er unaufhörlich in den Grabhöhlen und auf den Bergen und schlug sich mit Steinen. Als er Jesus von weitem sah, lief er zu ihm hin, warf sich vor ihm nieder und schrie laut: "Was habe ich mit dir zu tun, Jesus, Sohn des höchsten Gottes? Ich beschwöre dich bei Gott, quäle mich nicht!" Jesus hatte nämlich zu ihm gesagt: "Verlaß diesen Mann, du unreiner Geist!" Jesus fragte ihn: "Wie heißt du?" Er antwortete: "Mein Name ist Legion; denn wir sind viele." Und er flehte Jesus an, sie nicht aus dieser Gegend zu verbannen.

Nun weidete dort an einem Berghang eine große Schweineherde. Da baten ihn die Dämonen: "Laß uns doch in die Schweine hineinfahren!" Jesus erlaubte es ihnen. Darauf verließen die unreinen Geister den Menschen und fuhren in die Schweine, und die Herde stürzte sich den Abhang hinab in den See. Es waren etwa zweitausend Tiere, und alle ertranken. Die Hirten flohen und erzählten alles in der Stadt und in den Dörfern. Darauf eilten die Leute herbei, um zu sehen, was geschehen war. Sie kamen zu Jesus und sahen bei ihm den Mann, der von der Legion Dämonen besessen gewesen war. Er saß ordentlich gekleidet da und war wieder bei Verstand. Da fürchteten sie sich. Die, die alles gesehen hatten, berichteten ihnen, was mit dem Besessenen und mit den Schweinen geschehen war. Darauf baten die Leute Jesus, ihr Gebiet zu verlassen.

(Mk 5,1-17)

Das Reich Gottes

Am Ostrand des Sees Gennesaret, in einer Gegend, die an Einöde und Wüste grenzt, trafen zwei Welten aufeinander, der neue Äon auf den alten Äon. Das Reich Gottes, repräsentiert in der Gestalt Jesu, gelangte in die Welt des Heidentums. An den Grenzen des Reiches Gottes verschärft sich die Konfrontation mit den bedrohenden und gefährdenden Gewalten. Die Ausbreitung der Herrschaft Gottes, die Dynamik der befreienden Freiheit führt zu einer Entzauberung und Entdämonisierung der Welt. Gerade an Jesus wird offensichtlich, daß es um eine geistig-spirituelle Auseinandersetzung geht, die auch zu Konsequenzen im Bereich des Psychischen und Somatischen [1], ja des Elementaren [2] führt.

Die Krankheit des Besessenen

Zur Zeit Jesu war man allgemein davon überzeugt, daß jede Krankheit einen psychisch-geistigen Hintergrund besitzt, oder noch pointierter gesagt: Wir müssen ein geradezu animistisches Verständnis der Krankheiten annehmen. Selbständige böse Mächte und Gewalten geistig-psychischer Art hielt man für die eigentlichen Verursacher von vielen Krankheiten, die somatisch offensichtlich werden. Symptome verweisen somit auf spirituelle Wurzeln der Krankheiten. Wie auch immer man solche hermeneutischen Voraussetzungen theoretisch situiert - was gehörte zum Krankheitsbild des sogenannten Besessenen von Gerasa? Was war seine Krankheit? Der Textbefund ist zu spärlich, um eine sichere Diagnose stellen zu können. Aber einiges läßt sich doch sagen.

---

[1] Durch das Land um den See Gennesaret verlaufen die Grenzen zwischen dem Reich Gottes und dem Reich des Bösen. Hier stößt die Welt der Heiden, das unreine Land, mit der Welt der rechtgläubigen Juden, dem reinen Land, zusammen. Der heidnische Hauptmann von Kafarnaum, der Vertreter der römischen Ordnungsmacht, findet zum Glauben. Sein Knecht wird geheilt (vgl. Lk 7,10). Er fragt uns: Wo ist dein kranker Knecht? Wann mußt du - nicht nur liturgisch ritualisiert - sagen: 'Herr, ich bin nicht würdig'? Wo stellst du dich gegen die Ausbreitung des Reiches Gottes? Warum glaubst du nicht an die heilenden Kräfte Jesu?

[2] Eine Grenze geht gleichsam mitten durch den See Gennesaret hindurch, der da liegt im Grenzgebiet von Israel und heidnischer Gegend. Die aufgewühlten Elemente toben; sie bleiben nicht unberührt davon. Doch Jesus stillt den Sturm auf dem See (vgl. Mk 4,35-41). Ein Bild auch für die Stürme in der Psyche des Menschen (vgl. Ps 65,8; 89,10; 107,29).

Abb. 21: Ein Dämon

Wenn von *Unreinheit* die Rede ist, kommt oft rasch das Buch Levitikus [1] in den Sinn. Dort wird meist im Zusammenhang von Kultunwürdigkeit und Sexualdelikten davon gesprochen. So mag zumindest ein Aspekt der Besessenheit von einem *unreinen* Geist darin bestehen, eine extrem ausgeprägte Sexualproblematik zu vermuten, die aufgrund einer schweren frühkindlichen Schädigung in der psychosexuellen und religiösen Entwicklung entstanden sein mag. Die Folgen einer solchen traumatischen Erfahrung sind oft extrem schwerwiegend. Daß es sich dabei nicht bloß um die üblichen Fixierungen und Fragen einer noch nicht vollintegrierten Sexualität handelte, ist angesichts der massiven psychischen und physischen Reaktionen naheliegend: Der Besessene schlug sich mit Steinen, hatte ständige Schreikrämpfe und Tobsuchtsanfälle. Die Selbstzerstörung manifestierte sich in massiven Autoaggressionen. Sein Zorn und seine Wut ließen die Menschen vor ihm zurückweichen. Wegen seiner starken Kräfte und Energien konnte ihn nichts und niemand halten. Welche Atmosphäre hat er wohl um sich verbreitet? Wenn man in seine Nähe kam, erlebte man vermutlich lähmendes Entsetzen, oder man griff zum Mittel der Gegengewalt. Doch immer wieder hatte er die Fesseln zerrissen, die Ketten gesprengt. Nur ein im Grunde verzweifeltes Leben war ihm geblieben. Grabhöhlen, in denen er hauste, lassen sich symbolisch verstehen: Das Haus des Todes war seine Stätte. Es ist das Milieu der Verwesung, der Hoffnungslosigkeit und Trostlosigkeit. Der Mann war besessen und getrieben von einer Legion Dämonen, einer Vielzahl also von inneren Kräften und Stimmen, die ihn ruinierten. Psychologisch gesagt: Ein großer, weitverzweigter Komplex [2] mit vielen Ursachen zwang ihm sein Schicksal auf.

---

[1] Vgl. besonders Kapitel 15.

[2] *"Komplex*: Unter diesem populär gewordenen Begriff versteht Jung 'gefühlsbetonte Vorstellungsgruppen im Unbewußten'. Bereits in seinen experimentell-diagnostischen Assoziationsstudien (1906) fand er, daß die Assoziationen gewissermaßen wie magnetisch angezogen auf den Komplex hinsteuern, der unbewußt ist. Ist er stark energiegeladen, so bildet er ein zweites Ich, kann sich abspalten und autonom werden, so daß dadurch auch die Persönlichkeit gespalten wird (z.B. bei der Zwangs-

Die Frage nach dem Grad der Eigenverantwortlichkeit bzw. wer an seinem Verhalten schuld war, kann aus heutiger Sicht nicht mehr beantwortet werden. So bleibt es dahingestellt, wie es zu einer Verstärkung, wenn nicht gar Initiierung des Komplexes beim Besessenen kam: ob aus eigener Schuld, ob von außen verursacht, ob aus eigener *und* fremder Freiheit herrührend, die nicht geglückt gelebt wurde. Vielleicht aber auch von jenseits der menschlichen Freiheit kommend, so daß man fragen könnte: Wurde er Opfer des Bösen an sich? Wie wurde er davon befreit? Was auch immer die Ursache gewesen sein mag: das Handeln Jesu wirkte erlösend auf den Besessenen.

---

neurose). Es kann dann dazu kommen, daß das bewußte Ich in dessen Sog gerät und von ihm überwältigt wird, dann 'hat man nicht einen Komplex, sondern der Komplex hat einen'. Er kann in personifizierter Form auftreten (die 'Stimmen' in der Psychose) oder projiziert werden (Vision, Spuk). ... Während Freud sein Hauptinteresse nun der therapeutischen Verarbeitung des Komplexes durch Aufsuchen seiner ontogenetischen Wurzeln widmet, fand Jung als Kern und Knotenpunkt des Komplexes ein kollektives, überpersönliches Symbol, das über eine personalistische Betrachtungsweise hinausführt. Der Komplex stellt sich ihm nun zwar als Anteile des persönlichen Unbewußten dar, die sich aber um einen Inhalt des kollektiven Unbewußten (Archetyp) lagern und ankristallisieren. Freud dagegen erklärt: 'Ich halte es für methodisch unrichtig, zur Erklärung aus der Phylogenese zu greifen, ehe man die Möglichkeit der Ontogenese erschöpft hat; ich sehe nicht ein, warum man der kindheitlichen Vorzeit hartnäckig eine Bedeutung bestreiten will, die man der Ahnenvorzeit bereitwillig zugesteht.' Aus dieser differenten Weichenstellung leiten sich die wesentlichen Unterschiede ab, die sich historisch von da an zwischen den Theorien und den Therapiemethoden Freuds und Jungs ergeben haben." (Siegfried Elhardt, Tiefenpsychologie. Eine Einführung, Stuttgart 1986, 169f.)

Wie ging Jesus mit dem Besessenen um? Wie ging er auf ihn zu? Überraschend ist doch, daß die Klage, ja Anklage des Besessenen zugelassen wurde. Die Begegnung mit dem Heiligen verstärkte anscheinend die Qualen des Besessenen. Von Linderung keine Spur! Es wird offensichtlich, daß er an seiner Besessenheit leidet und sie andererseits nicht hergeben will. Doch sein Prozeß der Reintegration von Sexualität - dies war vielleicht eine Komponente seiner Heilung - gelang. Die Begegnung mit dem Erlöser führte zur *personalen* Integration des vormalig "Besessenen". Die Integration der Sexualität in die Gesamtpersönlichkeit mag dabei ein wichtiges Ergebnis gewesen sein. Die Desintegration, eine innere Aufspaltung und Zwiespältigkeit, die zur Entpersonalisierung geführt hatte, wurde aufgehoben. Die Unerschütterlichkeit und Gelassenheit Jesu, seine gereifte Menschlichkeit und lichte Göttlichkeit trugen den Sieg über die Finsternis, die den Geist des Besessenen verdunkelte, davon. Unabhängig von den Reaktionen und Zuständen des anderen hielt er sein Grundvertrauen durch.

Das "exorzistische" Wirken Jesu zielt auf *Heilung*, nicht auf Einschärfung eines handfesten "Teufelsglaubens" oder einer Apotheose des Okkulten. Will dies uns nicht auch sagen: Wir sollten sowohl mit der Dämonisierung und Verteufelung des Menschen aufhören als auch mit dem Versuch, uns in immer neuen "Aufklärungstheorien" zu gefallen, die für Menschen in konkreter Not keinen Nutzen haben? Sendet Jesus nicht dazu, für andere dazusein, die sich wie von fremden Mächten und Gewalten überwältigt fühlen?

Unser Verhalten

Was können wir für den christlichen Umgang miteinander aus der Praxis Jesu lernen? Selbst bei kaum ertragbaren psychisch-geistigen Besetztheiten - bei der Intensivform, vor allem wenn die religiöse Dimension radikal betroffen ist, läßt sich von "Besessenheit" sprechen - ist nicht Verurteilung, sondern Hilfe nötig, zumal es meist gar nicht mehr in der alleinigen Freiheit des Betroffenen liegt, sich ändern zu können. [1] Wir sind aufgerufen, die ganze Bandbreite der verschiedenen "Persönlichkeiten", die jemand durchläuft, zu akzeptieren. Dies bringt den anderen aus seiner Isolation. Wer im Leidenden den Mitmenschen sieht, dem scheint trotz der Erfahrung von "Teilpersönlichkeiten", von Turbulenzen und Finsternis ein Licht auf. Denn er ahnt, daß die "Zukunft" des Menschen nicht nur "seine Welt" und seine "Persönlichkeiten" sind, die ihn oft gefangenhalten, sondern letztlich der Horizont der Ewigkeit, der neue Äon, der in die Welt der Zerspaltenheit, in unseren alten Äon hineinragt. Und darum geht es: Den Menschen zu helfen, daß sie immer mehr Anteil gewinnen am neuen Äon, der neuen Schöpfung, die unter dem Vorzeichen des Erlösungswerkes Christi steht [2].

---

[1] Je nach Fachkompetenz wird die Hilfe unterschiedlich ausfallen. So können Therapieelemente nötig werden, die bei Multiple Personality Disorder angewendet werden.

Nach einer Persönlichkeitsspaltung treten im gleichen Individuum multiple Persönlichkeiten auf. Das neue Ich führt neben dem Normal-Ich eine Art Eigenleben, stellt gleichsam ein Gegenbild dar. So werden z.B. bisherige Wertnormen aggressiv attakiert. Das gesamte Sprach- und Ausdrucksverhalten ändert sich. Die neue Persönlichkeit - es kann auch eine Vielzahl sein - bestimmt dominierend das Verhalten. Jede dieser individuellen Persönlichkeiten bzw. Wesenheiten ist in sich komplex und konsistent. Kommt es zu einem Wechsel zwischen männlichen und weiblichen Wesenheiten, so verbirgt sich dahinter oft die Vorstellung von imaginären Bezugspersonen, die dem bedrohten Ich zu Hilfe kommen sollen. Dabei spielen autosuggestive Momente eine große Rolle.

[2] In Form einer spirituellen "Schutzimpfung" werden bei biblischen Meditationen bewußt Prozesse erzeugt, die in der Psyche des Meditierenden verschiedene Persönlichkeiten auftauchen lassen, z.B. Menschen, von denen in der Bibel die Rede ist. Durch Identifizierung und Desidentifizierung mit ihnen kann man sich so Integrierungserfahrungen mit der Welt des Heiligen schenken lassen. Auf diese Weise wird die Tendenz zu krankhafter Persönlichkeitsspaltung unterlaufen. Im Sufismus wird bewußt gemacht, daß der Mensch normalerweise in sich

Wer therapeutisch mit jemandem arbeitet, der von "Persönlichkeiten" so hin und her gerissen wird, daß er sich in seinen Reaktionen, Gefühlen und Verhaltensweisen sehr ambivalent äußert, muß um die *prinzipielle Instabilität* seines Patienten wissen. Doch dies genügt nicht. Man muß damit so umgehen können, daß man dadurch nicht selbst unfrei wird (dies wäre das vorläufige Ende der therapeutischen Beziehung). Denn der Drang, den "Therapeuten" mit denselben Konflikten zu überwältigen, in denen jemand selbst steht, ist sehr intensiv.

Die Übertragungssituation bei solchen Prozessen ist eine sehr vielschichtige; denn der therapeutische Gesprächspartner eines Menschen, der Aspekte von Multiple Personality Disorder aufweist, muß ständig damit rechnen, verschiedene, oft recht rasch wechselnde "Persönlichkeiten" auffangen und verarbeiten zu müssen bzw. sie dem "Patienten" zurückzugeben, so daß dieser von sich selbst her in ein neues, freies Verhältnis dazu treten kann.

Sowenig wie die Allegorien und Personifikationen in der Antike nur naturalistisch oder rationalistisch deutbar sind, so verweisen auch die diversen "Persönlichkeiten" in einem Menschen auf mehr als bloß sich selbst. Die Frage, die für einen gelingenden Therapieprozeß nicht unbedingt theoretisch beantwortet sein muß, stellt sich: Wie steht es in diesem Zusammenhang mit der Eigendynamik und Subsistenz von Dämonen, wie etwa von ihnen in neutestamentlichen Schriften berichtet wird? Sind verschiedene "Persönlichkeiten" eventuell psychologische Repräsentanten derselben? Für die praktische Beantwortung dieser Frage sind weltanschauliche Entscheidungen auf seiten des Patienten zumindest bedingt relevant, weil er oft erst nur so entwicklungspsychologische Konnotationen finden kann, die seine religiöse Sozialisation in einen Integrationszusammenhang bringen.

---

gespalten ist. "Der Mensch denkt vieles. Er denkt, er sei eins. Gewöhnlich ist er jedoch mehrere. Solange er nicht eins wird, kann er keine besonders zutreffende Vorstellung davon bekommen, was er überhaupt ist." (Samasi, zit. nach Idries Shah, Der glücklichste Mensch. Das große Buch der Sufi-Weisheit, Freiburg 1986, 136.)

Durch die dunklen Schatten und ihre Fratzen brauchen wir uns nicht zutiefst erschrecken zu lassen. Man kann damit leben. Die Macht der Dämonen, bösen Geister und Spukgestalten muß uns nicht dazu verleiten, selbst ein Quälgeist zu werden: sich selbst und anderen gegenüber. Auf den Scheiterhaufen gehören nicht Menschen, sondern das, was das Leben vergällt. Wie befreiend wirkt es, wenn Komplexe wie "Säue im Wasser der Zeit ertrinken". Es lohnt nicht, *sich* für Als-ob-Zustände zu engagieren. Nur eine Zeitlang ist es gut, durch Zweifel selbstgefällige Sicherheiten in Frage zu stellen; auf Dauer frißt sich sonst der Zweifel auch in echte Gewißheiten vor. Verführung und Versuchung finden statt.

Die Gemeinschaft der Gläubigen muß immer wieder neu Maß nehmen am Verhalten Jesu: helfen und nicht verbrennen. Denn er ist die "Norma non normata", d.h. die schlechthin maßgebende Instanz für christliche Autorität, die durch Güte, Geduld und liebende Annahme wirkt. Auch Entschiedenheit ist nötig, so daß beim anderen Umkehr möglich wird. Entschiedenheit besagt Grenze. Erst an den Grenzen der Freiheit kann der andere seine Konturen finden, umkehren zu sich, ohne sich ins Willkürliche und Beliebige zu verlieren.

Die Gestalt Jesu verhindert, daß jemand auf Dauer vergißt: Der andere ist ein Mensch. Seine Freiheit und Zukunft sind zu achten. Im Blick auf diese Wahrheit werden dann eigene Entgleisungen und Fixierungen deutlich.

Aufgrund der Gnade Gottes und der Begegnung mit Jesus von Nazaret ereignen sich auch heute noch Wunder der Heilung. Nicht zuletzt durch Menschen hindurch, die aus diesem Geiste für die anderen leben.

Die Botschaft Jesu lehrt uns, daß jeder Mensch unabhängig von seinem jeweiligen psychischen Zustand den anderen *schwesterlich* und *brüderlich* verbunden bleibt - was sich direkt aus dem christlichen Grundgebet, dem "Vater-unser", ergibt. Will die Bitte des "Vater-unser", nämlich "Führe uns nicht in Versuchung" im Blick auf die harten spirituellen Reifungs- und Befreiungsprozesse nicht auch sagen: Es mag nötig gewesen sein, die eigenen Lebens- (Todes-) grenzen erfahren zu haben. Doch nun laß genug sein, o Gott, der du uns in die Einsamkeit und Wüste, in die Ferne der Gottverlassenheit geführt hast, uns zu läutern und zu erproben.

9. DIE FRAU AUS MAGDALA

In der Begegnung mit Jesus Christus erlebten viele Menschen der Bibel ihn als Heiland. Auch heute geschehen in intensiven Begegnungsbetrachtungen ähnliche Prozesse. Wie ist eine solche Betrachtung aufgebaut? Was erlebt man meist zu Beginn?

Die vier Jahreszeiten und die Struktur einer Betrachtung

Gewiß hat das russische Sprichwort recht, das besagt, daß man viel anhören kann, ehe einem die Ohren abfallen. Doch das Gerede um uns herum, das Ohrenrauschen, das wir selbst erzeugen, der Lärm, in dem wir existieren, ist auch so schon schlimm genug - für das Meditieren nicht nur lästig, sondern störend. Wenn jemand mehr möchte, als sich in der Tugend der Geduld und Gelassenheit gegenüber Krach zu üben, sucht er sich am besten einen Bereich der Stille und des Schweigens. Dann erst ist es sinnvoll, mit der ersten Phase der nun vorzustellenden Betrachtung zu beginnen.

Erste Phase: Zeit der Sammlung - Zeit des Frühjahrs

Die Dauer dieser ersten Phase der Meditation kann recht unterschiedlich sein. Normalerweise müßten aber *15 Minuten* genügen. Wozu dient diese Zeit? Was sollte in ihr geschehen? Wie das Wort "Sammlung" schon nahelegt, geht es um ein "Sich-Sammeln". Denn meist ist man zerstreut; Traumfetzen, blockierende Gedanken, phobische Spuren, Schattenbilder alter Geschichten, alles Mögliche kreist im Kopf herum, drückt auf das Herz oder bereitet Bauchschmerzen. Doch diese dissoziierte Vielheit soll es nicht sein, woraufhin ich mich während der nächsten Zeit konzentrieren möchte. Vielleicht hilft es mir, wenn ich meine Hände falte und sage: *Ich möchte mich zusammennehmen.* Gesammelt da sein. Dies soll ganz gewaltlos und gelassen vonstatten gehen. Sobald ich merke, daß in mir während der Phase der Sammlung leichte Verkrampfungen und Verspannungen entstehen bzw. daß ich weithin eben nicht entspannt, ruhig und ausgeglichen bin, dann fange ich

Abb. 22: Der Heiland

mit einer einfachen Übung an: Ich nehme mich wahr in meinem Leib. (Auch ein solch einfaches Sich-wahr-nehmen kann ein Dienst an der Wahrheit sein!) Dabei spüre ich, daß vieles von selbst geht; ich muß gar nicht soviel machen. Ich bin schon lebendig - meinen Blutkreislauf muß ich nicht steuern - keine Willensanstrengung ist dazu nötig -; mein Leib wird zusammengehalten durch Muskeln und Sehnen und Bänder, gestützt vom wohlgeordneten Bau der Knochen; mein Atem geht von selbst; meine Nerven tun ihren Dienst; mein Herz schlägt von selbst. Mir wird bewußt: Ich kann einfach da-sein. Ich bin. Ich brauche keine Angst zu haben, daß meine Sammlung nicht gelingt. Weithin geht auch sie wie von selbst. Ich *mache* nichts, lasse ruhig und rhythmisch den Atem ein- und ausströmen. Ich habe Zeit zur Sammlung. Überanstrengung ist nicht notwendig.

Nahe verwandt dieser Zeit der sammelnden Vorbereitung ist die Zeit des Frühjahrs. Gleichsam wie der Acker im Frühjahr wird das Feld der Psyche während der Sammlung geordnet. Im Bild gesprochen: Alte Disteln kommen zur Seite; manches Unkraut wird am Feldrain verbrannt (denn Unkrautsamen bringen keine positive Frucht); die Erde wird bereitet. Doch bevor die Schollen zum letzten Mal geeggt werden, geschieht noch etwas: Die Saat wird in den Boden gesenkt. Ähnliches passiert auch in der ersten Phase einer ignatianischen Betrachtungsstunde: Man erinnert sich an das, was man in der zweiten Phase betrachten möchte; denn diese *halbe Stunde* nach der ersten Phase wird das Hauptstück der ganzen Übung sein. In der zweiten Phase wird z.B. eine wichtige Szene aus dem Leben Jesu intensiv in Blick genommen [1]. Der Übende memoriert ein solches Heilsereignis [2] während der Zeit der

---

[1] Vgl. EB Nr. 261-312. Ignatius von Loyola legt den Betrachtungsstoff meist nach drei Unterpunkten gegliedert vor. In ähnlicher Weise kann man sich selbst z.B. das Evangelium des nächsten Sonntags zurüsten, es dann betrachten und sich so auf den Gottesdienst vorbereiten.

[2] Während der Exerzitien legt der Exerzitienbegleiter die "historia" vor: "Die Person, die einer anderen Weise und Ordnung für die Besinnung (Meditation) oder Betrachtung (Kontemplation) vorlegt, muß die geschichtliche Tatsache (historia) für eine

Sammlung *formal*, so daß es während der zweiten Phase leicht zugänglich ist, während der sein allgemeiner Sinn *inhaltlich* auf persönliche Weise rezipiert werden wird. Doch davon später.

Die Zeit der Sammlung, die Zeit des Frühjahrs, ist die Zeit der Vorbereitung. Das Samenkorn wird eingesetzt, der Betrachtungsstoff nach innen geholt. Erst wenn dies gut getan ist, kann das Wachstum der Saat in der nächsten Phase organisch geschehen. Mit dieser zweiten Phase sollte begonnen werden, wenn der Übende nach seinem eigenen Urteil der Meinung ist: Jetzt bin ich ziemlich gesammelt. Man fühlt sich gegenwärtig. Die Kräfte des Körpers und der Seele und des Geistes verwenden sich selbig füreinander. Ich bin gemittet: bin bereit, in die Bilderwelt meiner Seele zu schauen, bin offen für Neues und Überraschendes, bin gegenwärtig vor Gott.

Zweite Phase: Zeit des Betrachtens - Zeit des Sommers

Zieht man die Zeit des Sommers für die zweite Phase unserer Gebetszeit zum Vergleich heran, dann besagt dies: Nun ist die Zeit

---

solche Betrachtung oder Besinnung wahrheitsgetreu erzählen, wobei sie die Punkte nur mit kurzer oder zusammenfassender (sumaria) Erklärung durchläuft (discurriendo); wenn nämlich die betrachtende Person die unverfälschte (wahre) Grundlage der Geschichte erfaßt, indem sie diese selbständig überdenkt (discurriendo) und Schlußfolgerungen zieht (raciocinando) und hierbei irgendeine Sache neu entdeckt, welche die Geschichte ein wenig mehr aufhellt oder verkosten (sentir) läßt - sei es durch das eigene verstandesmäßige Eindringen (raciociación propria), sei es, daß das Verständnis durch göttliche Kraft erleuchtet wird -, so bietet dies mehr Geschmack und geistliche Frucht, als wenn der, der die Übungen gibt, den Sinn der Geschichte viel erklärt und ausgeweitet hätte; denn nicht das Vielwissen sättigt und befriedigt die Seele, sondern das Verspüren (sentir) und Verkosten (gustar) der Dinge von innen her (internamente)."
(Ignatius von Loyola, Geistliche Übungen, übertr. u. erkl. von Adolf Haas, Freiburg 1977, Nr. 2.)

des Wachsens, der Knospen und Blüten, des Reif-Werdens und Frucht-Bringens. Manches wird schnell und manches langsam wachsen und reif werden.

Während dieser Zeit kann der Übende seine inneren Sinne anwenden [1]. Was heißt das näherhin? Wir besitzen nicht nur die äußeren Sinne von Mund, Nase, Augen, Ohren und den Tastsinn, sondern uns sind auch innere Sinne zu eigen. Man kann innerlich hören, sehen, betasten, riechen und verkosten. Im geistlichen Leben werden diese inneren Sinne bewußt auf den "Betrachtungsgegenstand" hin gerichtet, so daß der Übende gleichsam sinnenhaft ganz bei der Sache ist. Wer es wagt, in die Bilderwelt seiner Seele zu schauen, ist ein Theoretiker im ursprünglichen und positiven Sinn des Wortes (griech. theorein = betrachten, anschauen, Zuschauer sein, erwägen, erkennen etc.).

Der Einsatz der inneren Sinne - in der Geschichte der Spiritualität bekannt unter dem Stichwort "applicatio sensuum" - ist keineswegs nur überflüssiges Beiwerk. Sogar sprachlich lassen sich Hinweise dafür finden, daß innerliche und äußerliche Wahrnehmungsprozesse in vielfacher Weise nicht nur abstrakt miteinander zusammenhängen, sondern sich gegenseitig, je spezifisch mehrend, auszuwirken vermögen. (Natürlich hat jede "geistige" Wahrnehmung ihre "materielle" Komponente, so wie kein "materielles" Wahrnehmen schlechthin "ungeistig" gedacht werden kann.) Man denke in diesem Kontext des Wahrnehmens mit inneren und äußeren Sinnen z.B. an das lateinische Verbum "sapio" und seine doppelte Bedeutung: "Ich schmecke, habe Geschmack; ich bin weise, bin einsichtig".

Wichtig für das Gelingen der zweiten Phase, des Kernstücks der Meditation bzw. Kontemplation, ist der imaginative Aufbau eines inneren Schauplatzes, auf dem die jeweilige Szene vorgestellt wird [2]. Mit der Einbildungskraft wird in schöpferischer Phantasie z.B. ein Raum (etwa der Abendmahlsaal) oder der Vorder- und Hintergrund einer biblischen Szene im Freien zustande gebracht. Entscheidend ist dabei, daß sich der Übende einerseits ganz aktiv und kreativ verhält und andererseits das Bild wie von selbst sich

---

[1] Vgl. z.B. EB Nr.66-70, 121-125.

[2] Vgl. EB Nr.65.

zukommen läßt. Bei der Intensivform des Schauens verstärkt sich der Geschenkcharakter des Bildes. Falls die Konturen eines Bildes verschwimmen oder das Bild selbst gar zu verschwinden scheint, gilt es, das Bild zu stabilisieren, also sich noch mehr anzustrengen (z.B. auf die Körperhaltung achten, sie eventuell korrigieren) und zugleich in nehmender Offenheit zu existieren, so daß das Betrachten weiter zustande kommt. Man sollte achten auf die Lichtverhältnisse im Bild. Was ist seine Atmosphäre? Wo fällt Licht ein? Man kann innerlich immer wieder langsam Länge, Breite und Höhe des Bildes durchmessen, sich seine Perspektive einprägen. In einem poetischen Realismus sollte der Übende in seinem "Gemälde" auch Gestalten einen Platz geben, die, wie vorfiguriert, zuweilen plötzlich auftauchen. Dieses Raum-Einräumen für Figuren ist wichtig. Sie erscheinen meist wie von sich her, als seien sie gleichsam nicht nur Produkte der eigenen Einbildungskraft. Es empfiehlt sich, nicht nur ihre Bewegtheit und ihre Gewandung zu beobachten, sondern auch ihre Kommunikationsweisen miteinander und zuweilen auch mit dem Übenden selbst im Blick zu behalten, insoweit er sich einen Platz in seinem Bild einzuräumen getraut. (Ich halte Ausschau nach *meinem* Platz. Wo würde ich mich hingehörig fühlen?) Man gibt in seiner Seele biblischen Gestalten, ihren Gefühlen, Gedanken und Worten soviel Freiraum, wie man in engagierter Gelassenheit aufzubringen vermag.

Im Exerzitienbuch des hl. Ignatius von Loyola findet sich ein breites Spektrum von möglichen Betrachtungsinhalten. Bezüglich der zweiten Phase unserer Übung entscheiden wir uns für die folgende Vorlage aus den "Geistlichen Übungen", in der das Grundverhalten Jesu - und damit Gottes - zu einer Frau, vielleicht Maria Magdalena [1] die weithin nur eine heillose und kaputte Lebensgeschichte vorzuweisen hat, offensichtlich wird.

---

[1] Maria von Magdala stammt, wie der Name sagt, aus Migdal (hebr. Turm), dem Symbol des Weiblichen (vgl. Elfenbeinerner Turm). Der Nachbarort ist Tiberias, ebenfalls am See Gennesaret gelegen, das zu Ehren des Kaisers Tiberius (14-37 n.Chr.) errichtet wurde. Die Legende zeigt Maria Magdalena mit dem Ei, dem Symbol der Auferstehung, vor Kaiser Tiberius. (Dargestellt im orthodoxen Magdalenenkloster am Ölberg bei Jerusalem.)

Ignatius gibt dem Exerzitanden folgende Punkte:

Von der Bekehrung der Frau aus Magdala schreibt der heilige Lukas (7,36-50):

Erstens: Die Frau aus Magdala tritt ein, wo Christus, unser Herr, bei Tisch sitzend, weilt, im Haus des Pharisäers. Und sie brachte ein Alabastergefäß voll Salböl.

Zweitens: Hinter dem Herrn, bei seinen Füßen stehend, begann sie, sie mit Tränen zu netzen, und sie trocknete sie mit den Haaren ihres Hauptes, und sie küßte seine Füße und salbte sie mit Salböl.

Drittens: Als der Pharisäer die Frau aus Magdala anklagt, spricht Christus zu ihrer Verteidigung und sagt: ("Ihr werden viele Sünden vergeben, weil sie viel geliebt hat." Und er sagte zu der Frau: "Dein Glaube hat dich heil gemacht: geh in Frieden!")   (EB Nr. 282)

Diese Heilsszene kann ohne großes exegetisches Detailwissen angeschaut werden. Für die Fruchtbarkeit und das Gelingen dieser Betrachtung ist es z.B. nicht notwendig zu wissen, daß das Salböl wahrscheinlich auf den Messias verweist. Der Sinn der Begegnung zwischen dieser Frau und Jesus wird transparent, auch wenn jemand nicht reflex im Bewußtsein hat, daß die Evangelisten Matthäus (26,6-13) und Markus (14,3-9) im literarisch-theologischen Aufbau ihrer Evangelien diese Salbung in die Nähe des Geschehens von Getsemani (Ölpresse) rücken.

Selbstverständlich gibt es unendlich viele theologische Perspektiven und mystagogische Hintergründe - ja, darüber hinaus die geheimnisvolle Inspiriertheit der Heiligen Schrift, so daß jemand durch das Wort Gottes immer Neues lernen kann. Beim meditativen Umgang mit dem biblischen Text ist nicht der Erwerb von quantitativ möglichst viel Fachwissen angezielt, sondern in der

Betrachtung geht es primär um das eigene Schauen und Erleben des biblischen Geschehens und seiner Wahrheit. Es ist von Nutzen, sich während der Betrachtung nicht nur um Identifizierung mit biblischen Gestalten zu bemühen - wobei zugleich die reale Differenz offengehalten werden muß, - sondern das Gespräch mit der Gestalt des Messias selbst ist zu suchen. Der betrachtende Beter sollte sich selber mit in das meist dramatische Heilsgeschehen einbringen. Das Grundgefüge, in dem die eigene Rezeption der Heilsereignisse geschieht, wird bestimmt durch die Beziehung von IHM zu mir, von DU zu du. Der Mensch sollte ehrlich vor sich - auch mit seiner Sünde und Schuld - bereit sein, angesichts Jesu Christi einfach einmal da-zu-sein und so die eigene Heils- und Unheilssituation wahrzunehmen. Die menschlich-göttliche Freiheit stiftet den Dialog mit der geschaffenen Freiheit, die sich neu beschenken lassen möchte und so befreit wird von Süchten und Verfallenheiten. Schuldgeschichte wird aufgehoben. Die Prophetie des Jesaja wird individuell in ihrem Wahrheitsgehalt erfaßt: "Wären eure Sünden auch rot wie Scharlach, sie sollen weiß werden wie Schnee. Wären sie rot wie Purpur, sie sollen weiß werden wie Wolle" (1,18).

Gerade bei der oben betrachteten Heilsszene (Lk 7,36-50) geschieht es häufig, daß der/die Übende die heilende Nähe Jesu verspürt. Dankbarkeit für erfahrene Vergebung stellt sich ein. Oft wächst im Maße der Zu-wendung Jesu die ursprünglich immer schon vorhandene, weithin aber erkaltete Zu-neigung zum Messias. Präsentiert sich im Meditationsbild die Gestalt Jesu, dann kann der Übende sich so gegenwärtig - in bescheidener Weise - vollziehen, daß er gleichsam im Augen-blick den An-spruch erfährt, der ihm das neue Gesetz seines eigenen Handeln-sollens enthüllt.

Dritte Phase: Zeit der Reflexio - Zeit des Herbstes

Für diese dritte Phase sollte man sich ca. *10 Minuten* Zeit lassen. Jahreszeitlich gesehen ist es die Zeit des Herbstes, also eine Zeit der Ernte. Alles, was an Gutem während der Zeit des Sommers gewachsen ist, wird nun nicht nur vor das Forum des Verstandes oder den Gerichtshof der Vernunft gebracht, sondern in Dankbarkeit vor Gott noch einmal bedacht. Konsequenzen sind zu ziehen.

Gute und schlechte Früchte sind zu trennen. Die Zeit der Reflexio ist die Zeit der Unterscheidung [1]. Es lohnt sich nicht, Verdorbenes und Fauliges in die Scheuern einzubringen, in denen man seine Vorräte für winterliche Zeit aufhebt.

Kritisch gilt es zu sichten: Wie ist es mir während der ersten und zweiten Phase ergangen? Welche Schwierigkeiten hatte ich? Wie bin ich damit zurechtgekommen? Der Übende reflektiert, beugt sich gleichsam zurück auf die vergangene Zeit der Sammlung und der Betrachtung. Erinnerung findet statt. Was ist mir neu aufgegangen? Wann gab ich mich einem Wunschdenken hin, und wann sind mir neue, echte Erfahrungen geschenkt worden? Was sollte ich mir merken und einprägen? Habe ich die drei Phasen (Sammlung, Betrachtung, Reflexio), die im Rhythmus der Übung aufeinander folgen, zuweilen miteinander vermischt? Dies wäre

---

[1] Kriterien dafür bieten die sogenannten Regeln zur Unterscheidung der Geister; vgl. EB Nr. 313-336. Das Gefüge, in dem diese Regeln ihren theoretischen Ort haben, ist die Bewegung des Exerzitanden zwischen Trost und Trostlosigkeit. "Ich (Ignatius) nenne es 'Tröstung', wann in der Seele irgendeine innere Regung verursacht wird, mit welcher die Seele dazu gelangt, in Liebe zu ihrem Schöpfer und Herrn zu entbrennen; und weiterhin, wann sie kein geschaffenes Ding auf dem Angesicht der Erde in sich lieben kann, sondern nur im Schöpfer von ihnen allen. Ebenso, wann sie Tränen vergießt, die zu Liebe zu ihrem Herrn bewegen, sei es aus Schmerz über ihre Sünden oder über das Leiden Christi, unseres Herrn, oder über andere Dinge, die geradeaus auf seinen Dienst und Lobpreis hingeordnet sind. Überhaupt nenne ich 'Tröstung' alle Zunahme an Hoffnung, Glaube und Liebe und alle innere Freudigkeit, die zu den himmlischen Dingen ruft und hinzieht und zum eigenen Heil seiner Seele, indem sie ihr Ruhe und Frieden in ihrem Schöpfer und Herrn gibt. ... Ich nenne 'Trostlosigkeit'... (etwas) wie Dunkelheit der Seele, Verwirrung in ihr, Regung zu den niedrigen und irdischen Dingen, Unruhe von verschiedenen Bewegungen und Versuchungen, die zum Unglauben bewegen, ohne Hoffnung, ohne Liebe, wobei sich die Seele ganz träge, lau, traurig und wie von ihrem Schöpfer und Herrn getrennt findet" (EB Nr. 316f).

schade. Denn in den drei Phasen sollen verschiedene innere Akte getan werden. So wie man etwa auch äußere Akte nicht gleichzeitig ohne Mißlingen tun kann - wer kann denn zugleich essen, reden, trinken, pfeifen? -, sondern nur nacheinander, so verhält es sich auch mit der Gleichzeitigkeit und dem Nacheinander der verschiedenen inneren Akte in den drei Phasen unserer Übung.

Waren es oft nicht im Grunde immer die gleichen Muster und psychischen Mechanismen, die mich von der Betrachtung wegbrachten, wenn ich mich darauf einließ? Sind nicht die Ablenkungen, Versuchungen und Verführungen in all ihrer Stringenz durchschaubar und überblickbar? [1]

Wie gehe ich damit um? Studiere ich die Mönchsväter, die viele Anweisungen und Hilfen für den Übenden überliefert haben, so daß er dem "bösen Geist" nicht auf den Leim geht, sondern die Tendenzen zur Verwirrung, Besetzung, Wegdriftung und Mißstim-

---

[1] "Wir müssen sehr achtgeben auf den Verlauf der Gedanken. Sind Anfang, Mitte und Ende gut und hingerichtet auf etwas ganz Gutes, dann ist dies ein Zeichen des guten Engels. Wenn aber einer im Ablauf seiner Gedanken bei einer schlechten oder ablenkenden Sache endet oder bei etwas weniger Gutem als dem, was die Seele sich vorher vorgenommen hatte zu tun, oder wenn es die Seele schwächt oder verwirrt, indem es ihr den Frieden, die Stille und Ruhe, die sie vorher hatte, wegnimmt, so ist dies ein klares Zeichen, daß es vom bösen Geiste herstammt, dem Feind unseres Fortschritts und ewigen Heils. ... Wenn der Geist der menschlichen Natur an seinem Schlangenschwanz gespürt und erkannt ward und am bösen Ende, zu dem er hinführt, so ist es der Person, die von ihm versucht wurde, nützlich, sofort den Verlauf der guten Gedanken, die er eingab, zu betrachten: Wie es anfing und er dann nach und nach dafür sorgte, daß sie aus der geistlichen Armut und Freude, darin sie sich befand, herabstieg, bis er sie schließlich zu seiner gottlosen Absicht verführte. Und sie soll das tun, um auf Grund einer solchen erkannten und vermerkten Erfahrung sich künftig vor seinen gewohnten Betrügereien hüten zu können." (Ignatius von Loyola, Die Exerzitien, übertr. von Hans Urs von Balthasar, Einsiedeln 1981, Nr. 333 f.)

mung positiv aushält? [1] Halte ich mich an die Regeln und Winke, die ich mir mit meinem eigenen spirituellen Wortschatz aufgeschrieben habe und die für mein geistliches Üben von Nutzen sind?

Vierte Phase: Zeit des Alltags - Zeit des Winters

Die wirklich Frommen vergessen nicht, daß die vierte Zeit des Übens der *Alltag* ist. In der Mühle des Alltäglichen kann man zuweilen nur menschlich leben, wenn man zurückgreifen kann auf Früchte - auf "geistliche Sträuße", wie man früher sagte -, die im Herbst geerntet wurden. Manchmal sind die Reserven fast aufgebraucht, und es bleibt inmitten einer kalten Welt nur wenig Hoffnung zu winterlicher Zeit. Sie ist eine besondere Zeit der Bewährung. "Letzlich geschieht all das, worauf es im Grunde ankommt, hoffentlich in der erbärmlichen Alltäglichkeit des menschlichen Lebens bei uns. ... Dort, wo in einer letzten Weise es doch einem Menschen gelingt, selbstlos zu sein, selbstlos zu lieben, treu zu sein, wo die Treue nicht mehr belohnt wird, den Tod gelassen und willig anzunehmen in einem steril anonymen Krankenhaus von heute, dort, wo ein Mensch eben doch an irgendeiner Ecke aus dem verschlossenen Kerker seines Egoismus ausbricht, dort geschieht das, was ich als die letzte fundamentale Aufgabe des Menschen betrachte. ... Gott ist das Wichtigste. Wir sind dazu da, in einer uns selbst vergessenden Weise ihn zu lieben, ihn anzubeten, für ihn da zu sein, aus unserem eigenen Daseinsbereich in den Abgrund der Unbegreiflichkeit Gottes zu springen." [2]

---

2 Vgl. z.B. Johannes Cassian, Spannkraft der Seele. Einweisung in das christliche Leben I, Freiburg [2]1981 und ders., Aufstieg der Seele. Einweisung in das christliche Leben II, Freiburg 1982.

[2] Christentum an der Schwelle zum dritten Jahrtausend, Gespräch mit Hans Schöpfer, in: Karl Rahner im Gespräch Bd. 2: 1978-1982, hrsg. von Paul Imhof und Hubert Biallowons, München 1983, 166f.

In Glaube, Hoffnung und Liebe dürfen wir wissen: Das nächste Frühjahr kommt bestimmt. Der Anfang, den Gott immer wieder schenken möchte, ist eine Wirklichkeit, eine Metapher für jenes ewige Ostern, das die Kirche verkündet. In einer Mystik des Alltags vollendet sich jenes Gnadengeschehen, das in der Zeit der Sammlung, der Betrachtung und der Reflexio je spezifisch zum Austrag gekommen war. Immer wieder gibt es Zeiten des Frühjahrs, des Sommers und des Herbstes - und des Winters. Alle Zeiten sind umfangen in der ewigen Liebe Gottes.

10. JESUS IM TEMPEL

Habe ich als Mitteleuropäer des 20. Jahrhunderts überhaupt eine Beziehung zum Tempel von Jerusalem, in dem Jesus auftrat und die "Kaufleute und Geldwechsler", aber auch "die Armen, die Tauben anboten", hinauswies (Joh 2,14-16; Mk 11,15-19 par)? [1]

Kann das Wissen um den Tempel für das Verständnis des eigenen Lebens von Bedeutung sein? Paulus weist mich ein. Für ihn wird der *Leib des Menschen* ein *Tempel des Neuen Bundes*: "Wißt ihr nicht, daß ihr Gottes Tempel seid und der Geist Gottes in euch wohnt?" (1 Kor 3,16; vgl. auch 6,19). Im Menschen erstreckt sich die Dimension des Tempels.

Zeit der Sammlung - Der Leib als Tempel

Während der sammelnden, hinführenden Zeit der Meditation bereite ich mich vor, den Tempel in mir zu sehen, und schenke meinem Leib, der ich bin - und den ich nicht habe -, mehr Aufmerksamkeit als sonst. Ich spüre, daß mein Leib innerlich geräumig ist: Mundhöhle, Kopfraum, Rachen, Lunge, Herzkammern, Magen... Jedes Organ befindet sich dort, wohin es gehört. Ich gönne mir ein Staunen darüber. Der Leib - von Kopf bis Fuß - ist wohlgebaut. Alles ist geordnet und gegliedert. Jedes Organ verwendet sich für den sinnvollen Aufbau des Ganzen. Tragende und stützende Elemente, der Kreislauf und die Gefäße zeigen die Logik des Bauplans meines Leibes. Ich bin mein Raum.

Manch einer wird zur Zeit der Sammlung entdecken, daß sich in ihm selbst gleichsam Morastiges, Sumpfiges, ja Ekliges angesam-

---

[1] "Jerusalem ist das Zentrum des Lebens, wo Gott wohnt, wo Gott in seiner Vollkommenheit gesehen wird, in seiner Ganzheit. Der Name ist zusammengesetzt aus 'jeru', dem Sehen, von 'ro-e', wie 'jira', und 'schalem', vollkommen, von 'schalom', 300-30-40, Frieden." (Friedrich Weinreb, Leiblichkeit. Unser Körper und seine Organe als Ausdruck des ewigen Menschen, Weiler 1987, 116.)

melt hat. Denn aufgrund der psychosomatischen Einheit des Menschen finden geistige Akte, psychische Erlebnisse in der eigenen Existentialgeschichte auch ihren "somatischen" Niederschlag. Wer ging mit sich denn immer in liebender Aufmerksamkeit um? Nicht integrierte, von negativen Tabus besetzte Zonen oder einseitig beanspruchte Bereiche (z.B. der Kopf!) wehren sich mit einer gleichsam es-haften Eigendynamik gegen eine ganzheitliche, leibhaftige Selbstwahrnehmung. Die Schuld- und Sündengeschichte, die immer auch leibhaftig geschieht, hat zur Folge, daß sich der Mensch innerlich zerstört, ruiniert, unwürdig und unrein fühlt. Man spürt: Am besten wäre es, wie neu geboren beginnen zu können. Dieses Gefühl der Unreinheit ehrlich vorlassen; es nicht mit Gewalt zu verdrängen suchen; sich nicht vormachen, es wäre nicht existent. Den Innenblick zulassen. Ideologische Ausreden helfen letztlich nicht weiter. Sich mit Augustinus eingestehen: Um Gott und um die Seele möchte ich wissen, um nichts sonst.

In dieser Phase der Meditationsübung kann es weiterführen, sich ein Stück weit mit Menschen zu identifizieren, die rituelle Waschungen, Reinigungs- und Läuterungsakte üben, wie sie in beinahe allen Religionen üblich sind (etwa vor dem Eintritt in eine Moschee). Jedenfalls paßt ein Bußritus oder ein Reuegebet gut in diese Phase des Sich-Sammelns im eigenen Leib. So sich vorbereiten auf das Verweilen im Tempel.

Zeit des Betrachtens - Begegnung mit dem Heiligen

Der Tempel von Jerusalem war eine weiträumige Anlage. Nur durch Vorhöfe hindurch gelangte man zum Allerheiligsten.
(Es ist nicht verwunderlich, wenn sich beim Meditierenden verschiedene Szenen in den säulenumgebenen Vorhöfen des Tempels abspielen.) Die Darstellung Jesu (Lk 2,22-39), das Auftreten des Zwölfjährigen (Lk 2,41-50), Jesu Predigten (Lk 19,47f; 21,37) und die Vertreibung derer, die feilboten (Joh 2,14-16), fanden wohl in den Vorhöfen des Tempels statt.

Der *geistliche* Sinn der Tempelreinigung wird intensiver durch das Nacherleben des Geschehens in der entsprechenden Bilderwelt der Seele erfaßt. Was steigt auf? Welche Szenen spielen sich vor unserem inneren Auge ab? Schauen wir, wie der Messias den Bereich des Tempels vom Tempelfremden befreit. Nehmen wir mit Gottes Gnade dieses Ereignis der Heilsgeschichte nach innen. Ignatius von Loyola legt dazu folgende Punkte (EB Nr. 277) vor:

> *Erstens:* Er warf alle, die verkauften, mit einer aus Stricken gemachten Geißel aus dem Tempel hinaus.

> *Zweitens:* Er stürzte die Tische und Gelder der reichen Wechsler um, die im Tempel waren.

> *Drittens:* Den Armen, die Tauben verkauften, sagte er mild: ("Entfernt diese Dinge von hier und macht nicht mein Haus zu einem Kaufhaus.")

Jesus reinigt den Tempel. Worin besteht dessen Unterschied zu den Tempeln der Heiden? Das Grundgesetz der orientalischen Tempelkultur, aber auch in der griechisch-römischen Welt mit ihren Göttern lautet: do *ut* des. Man brachte, *um zu* bekommen. Das Muster des *Wenn-dann* bestimmte die Beziehung zwischen Mensch und Gott. Jegliches Opfer war Investition, *um-zu.* Damit soll nicht gesagt sein, daß nicht für einzelne, manche Familien und Gruppen damals ein anderes Gottesverhältnis leitend war. Auch der Unbekannte Gott hatte seinen Altar (vgl. Apg 17,23). Nicht nur dem Zeus, dem Baal, der Athene, der Demeter oder der Venus ... wurde geopfert. Im Judentum - soweit es nicht der Anpassung oder der Korruption erlegen war, sondern treu zum Alten Bund stand - blieb der Glaube lebendig, der den Tempel zu Jerusalem als Ort der Gegenwart der Freiheit verstand. Hier sollte gefeiert werden: *Im Grunde ist das Leben geschenkt. Umsonst* kommt es von Jahwe zu. *Gnade* ist die Wurzel des Lebens!

Abb. 23: Das Himmlische Jerusalem mit den Wassern des Lebens

Abb. 24: Das Geviert des Neuen Jerusalem

Doch im Bereich eben dieses Tempels herrschten nun Gesetze des Tauschhandels, des Kaufens und Verkaufens, des *Um-zu* und nicht mehr die Logik des Umsonst und der Gnade. Die Wechsler tauschten gängige Münzen in die tyrische Währung um (in dieser Währung mußte die Tempelsteuer bezahlt werden).

Ganz entschieden kompromißlos macht Jesus deutlich, daß *der Tempel* nicht der Ort ist, an dem die Gesetze des Marktes das große Sagen haben. Nicht die Berufsgruppe der "Kaufleute" wird "gegeißelt", sondern die Perversion, die darin besteht, daß Geld und nicht Gott im Tempel regiert, daß also der Leib sich zuinnerst vom Gesetz des Geldes und nicht von der Gnade Gottes leiten läßt!

Auf einer anderen Ebene - jener der symbolisch-etymologischen Wortdeutung - wird ebenfalls transparent, worum es geht. Jesus vertreibt die *"Kaufleute"*, die *"Kanaaniter"* sind, und nimmt so deren Land, Kanaan, für Jahwe und sein Volk gleichsam neu zu eigen (Kanaan, hebr. Kena'an = Purpurland). Beim Jahwisten wird Kanaan von Cham abgeleitet, der sowohl als Vater Kanaans wie auch als Vater Mizrajims (Ägyptens) gilt. Das kanaanäische Volk ist ein *Händler- und Krämervolk*. Die *Profitmaximierung* ist ihr *Götze*. Dem Mammon, einer Form des Hauptgötzen Baal, wurden Kinder geopfert.

Auch die Geschichte von *Kain* (hebr. quayin = Schmied; nach der Volksetymologie in Gen 4: "Ich habe erworben" = *Gewinn*) und Abel (hebr. hebel = Hauch, Rauch, Windhauch) deutet hin auf den richtigen und falschen Umgang mit Gewinn, erzählt von den Herden des Kain und des Abel: Der reine Profitmensch (der investiert, d.h. opfert, *um* Gottes Wohlwollen *zu* gewinnen) erschlägt Abel, seinen Bruder - seine eigene andere, positive Seite. Abel, der Gerechte, gebraucht seine Herden im Wissen um die Vergänglichkeit des Gewinns und opfert davon in Wahrheit (= umsonst). Inmitten von Kanaan verwendet Abel seine Habe in rechter Weise, was in seinem kultisch wohlgefälligen Opfer real-symbolisch dargestellt wird.

Das innere Miterleben der Tempelreinigung braucht Zeit. Es ist ein spannungsreiches Geschehen. Die eigenen Gefühle, Affekte und Widerstände in diesen dramatischen Vorgang einbringen: Habe ich vielleicht Sympathien für die armen Taubenverkäufer? Verdienen sie nicht mehr Verständnis und weniger Strenge? Doch auch sie, die ihre Tauben hinter Gitter hielten, sich an ihren Verkauf klammerten, müssen aus dem Tempel hinaus. Denn Tempel besagt nun einmal: Ort der Gnade. Kein Handel darf hier getrieben werden.

Beten im Tempel

Zur Zeit Jesu war das Allerheiligste leer - ganz wie es der vergeistigten Gottesvorstellung entsprach. Lassen wir uns vom Messias aus den Vorhöfen weg tiefer in den göttlichen Bereich hineinrufen, dorthin, wo der Ewige wohnt. Mit ihm weiß Jesus sich ursprünglich verbunden, ja eins. "Ich und der Vater sind eins" (Joh 10,30). Im Ewigen erst wird er wieder endgültig zu Hause sein. Auf Erden schätzt er den Tempel als den Bereich, wo sich Himmel und Erde berühren. Insoweit ist er ihm sakramentale Präsenz seines übernatürlichen Zuhauses, Haus seines Vaters. Jedoch nicht um Steine geht es. "Reißt diesen Tempel nieder, in drei Tagen werde ich ihn wieder aufrichten" (Joh 2,19). [1]

---

[1] Jesus meinte den Tempel seines Leibes, als man ihn im Tempel von Jerusalem zur Rede stellte mit den Worten: "Sechsundvierzig Jahre wurde an diesem Tempel gebaut, und du willst ihn in drei Tagen wieder aufrichten?" (Joh 2,20). Augustinus - für ihn ist Christus der neue Adam - kommentiert dazu in seinem Zehnten Vortrag zum Johannes-Evangelium: "Was bedeutet also die Zahl sechsundvierzig? Zunächst nun, daß Adam auf dem ganzen Erdkreise ist, das habt ihr schon gestern in den vier griechischen Buchstaben der vier griechischen Wörter vernommen. Denn wenn man jene vier Wörter untereinander schreibt, nämlich die Namen der vier Weltgegenden: anatole, d.h. Ost, dysis, d.h. West, arktos, d.h. Nord, mesembria, d.h. Süd, untereinanderstellt, so geben die Anfangsbuchstaben dieser Worte 'Adam'. Wie nun finden wir darin auch die Zahl sechsundvierzig? Weil das Fleisch Christi von Adam war. Die Griechen bezeichnen die Zahlen nach Buchstaben. Den Buchstaben, den wir mit a ausdrücken, nennen sie in ihrer Sprache alpha, und alpha heißt eins. Wo sie aber in den Zahlen ein beta schreiben, was ihr b ist, das heißt in den Zahlen zwei. Wo sie ein gamma schreiben, das heißt in ihren Zahlen drei. Wo sie ein delta schreiben, das heißt in ihren Zahlen vier, und so dienen ihnen

Der Auferstandene bildet einen heiligen Tempel in uns. Ihm dürfen wir dort begegnen.

Im Zentrum des Tempels ereignet sich gestifteter Dialog. Die Initiative liegt beim Messias. Manchem Meditierenden wird es während der Meditation geschenkt, den ewigen Hohenpriester im innersten Bereich des Tempels anzutreffen, "jenseits des Vorhangs" (Hebr 6,19f).

In diesem Bezirk zählen nicht eigene Leistungen und Verdienste, sondern wesentlich ist die Offenheit für Gottes Huld und Wohlwollen. Im schweigenden Vernehmen gelangen die sanften Tröstungen Jahwes in das Herz des Menschen: Gott rettet sein Volk, führt es heim aus der Verbannung, schenkt ihm Zukunft. Seine Treue ist unverbrüchlich. Im Bereich des Heiligen, der Gnade, des Segens erfährt der Beter inneren Frieden, Heil und Versöhnung. Dank und Ehrfurcht ist seine Antwort. Ist der Ort der göttlichen Souveränität nicht von einer feierlichen Würde? Spüre ich im Tempel sein geheimnisvolles Hell-Dunkel? Ein mildes Licht? Ahne ich

---

alle Buchstaben als Zahlen. Was wir als m sprechen, und sie als my, bedeutet vierzig, denn my bezeichnet bei ihnen tessarakonta. Nun sehet, welche Zahl jene Buchstaben ausdrücken, und ihr werdet dabei den in sechsundvierzig Jahren erbauten Tempel finden. Es hat nämlich 'Adam' ein alpha, das ist eins; es hat ein delta, das ist vier; im ganzen fünf; es hat nochmal ein alpha, das ist eins: im ganzen sechs; es hat auch ein my, das ist vierzig: im ganzen sechsundvierzig.

Und weil unser Herr Jesus Christus seinen Leib von Adam erhielt, von Adam aber nicht die Sünde erbte, so nahm er von ihm zwar den Tempel seines Leibes, aber nicht die Ungerechtigkeit, die aus dem Tempel vertrieben werden sollte; eben dieses Fleisch, das er von Adam erhielt (Maria nämlich stammte von Adam und das Fleisch des Herrn von Maria), kreuzigten die Juden; und dieses nämliche Fleisch sollte er am dritten Tage wieder erwecken, welches jene am Kreuze töten sollten; sie zerstörten den Tempel, der in sechsundvierzig Jahren erbaut wurde, und er errichtete ihn in drei Tagen wieder." (Aurelius Augustinus, Vorträge über das Evangelium des Hl. Johannes, Bd.IV/1, übers. von Thomas Specht, in: Bibliothek der Kirchenväter, hrsg. von Otto Bardenhewer, Theodor Schermann, Karl Weymann, Kempten u. München 1913, 179, 180.)

etwas vom bergenden Charakter des göttlichen Geheimnisses? Geschenkte Zeit in Fülle wird gewährt. Gegenwart Gottes. Terminierte Zeit regiert hier nicht.

Gottes Tempel ist ein Haus des Gebetes. Jeder ist willkommen - unabhängig vom jeweiligen Zustand seiner Seele, ob niedergedrückt von Sorgen, traurig oder froh, vielleicht gerne bereit, das Gloria zu sprechen: "Ehre sei Gott in der Höhe und Friede auf Erden den Menschen seiner Gnade. Wir loben dich, wir preisen dich, wir beten dich an, wir rühmen dich und danken dir, denn groß ist deine Herrlichkeit: Herr und Gott, König des Himmels, Gott und Vater." Ist vor dem bewußten Eintritt in den Tempelbereich der Bußritus vollzogen (Torliturgie), sind die Tempel-Vorhöfe von "Geschäftemachern und Taubenverkäufern" befreit, legt es sich nahe, mit eigenen Worten oder in geformter Sprache zu beten. Inmitten des Tempels, zutiefst eingelassen in den eigenen Leib, kann der Betrachtende dasein vor Gott. Und beten ...

Zeit der Reflexio - Meine Tempelgeschichte

Während der Zeit der Reflexio lohnt es sich, noch einmal in Distanz dem Verlauf der Betrachtung nachzuspüren, einzelne Impulse und Regungen sich ins Gedächtnis zu holen. Die Erinnerung an Details oder an die Stimmung im Raum kann dabei helfen. Herrschte in meinem Tempel eine Atmosphäre wie in einer Kathedrale, in einer Krypta, in der ein ewiges Licht brennt...? War es vielleicht eine bestimmte Kirche? Jeder Meditierende hat seine individuellen Bilder. Richtig gedeutet, geben sie Auskunft. Sie sind also durchaus ernstzunehmen; kann man doch aus solchen "Traumbildern" eine Botschaft vernehmen.

In der Reflexio fragt man sich: Kam die eigene Person als Gestalt in der Betrachtung vor? Was hatte sie an: klerikales Schwarz, ein blutiges Linnengewand, alltägliche Kleidung...? Wie sah der eigene Tempel aus? Weigerte ich mich, dort einzutreten; lief ich davon? Habe ich den Tempel gemieden aus Furcht, daß mir dort die Herrlichkeit Gottes mit richterlicher Mächtigkeit erscheinen und zu mir sprechen könnte: 'Kehre doch um zu mir, Deinem Gott. Ich schenke Dir die Gnade der Vergebung und des Neuanfangs. Ich gebe Dir ein neues Herz.' Konnte ich beten?

Kritisch kann ich mir Fragen stellen. Sollte ich - Geist in Leib - den einen oder anderen morschen Balken im Gebäude meiner Weltanschauung nicht auswechseln? Vielleicht gar in ein neues Verhältnis zu meinem Leib treten? Oder genügt es, die Statik wieder einmal zu überprüfen? Wo müßte ich Gewichte neu verteilen? Denn mancher tragenden Säule im Selbst ist zuviel Last aufgebürdet; *so* wird sie bald zusammenbrechen und vieles mit sich hinabreißen. Achte ich zu häufig oder zu selten auf körperliche Schmerzen, nehme ich sie als Symptome wahr? Gönne ich mir genügend frische Luft, oder ist mir eine stickige Atmosphäre gerade recht? Kommt aus mir zuviel "erbauliches" Gerede, das niemandem wirklich zum Leben hilft - ihn erbaut?

Gegen Ende der ganzen Übung (oder eventuell auch während der Zeit des eigentlichen Betrachtens) ist eine gute Zeit für Danksagung - vielleicht dafür, daß die Beziehung zum Messias glückte. Ausruhen im Hause Gottes. Dank für die vielen Menschen, die ebenfalls im Tempel ihr Zuhause gefunden haben; die Unvergleichlichkeit der Ferne und Nähe Gottes dort ahnen. Dank für das geschenkte Vermögen, die geistigen, seelischen, erotischen und sexuellen Grundkräfte *personal* gebrauchen zu können und ihnen nicht verwildert und verwahrlost verfallen zu sein. Dank dafür, freier von der Fixierung auf Idole und Götzen geworden zu sein, so daß ich einstimmen kann in den Psalm der Wallfahrer nach Jerusalem: "Ich freute mich, als man mir sagte: 'Zum Hause des Herrn wollen wir pilgern'" (Ps 122,1).

Im Tempel, vor Gottes Angesicht, wurde gebetet. Dies nun selbst tun. Ein solches Gebet ist zugleich Zeichen der Gemeinschaft mit jenen Jüngern, die nach dem Abschied Jesu "in großer Freude nach Jerusalem zurückkehrten. Und sie waren immer im Tempel und priesen Gott" (Lk 24,52f). Dies sagt uns der letzte Vers des hl. Evangeliums nach Lukas.

11. DIE BERGPREDIGT

Schon in der Welt der Natur ist der Berg etwas Besonderes. Von alters her ist er Symbol für den Bereich, wo der Himmel die Erde berührt; der Berg gilt in der Überlieferung als der Ort, von dem her Gottes Wort den Menschen zukommt. *Von oben her (de arriba,* wie das Grundwort dafür in der Dimension der spirituellen Erfahrung des Ignatius von Loyola lautet), vom Sinai her gibt Mose weiter, was Gott ihm zu verkünden auftrug.

Nicht zufällig predigt auch Jesus vom Berg her (vgl.Mt 5,1-7,29; Lk 6,17-49). "Natürlich liegt nahe, woran der fromme Jude denkt, wenn von *dem* Berg die Rede ist: Er meint den Sinai. Matthäus scheint also bewußt auf die Übergabe der Bundestafeln am Sinai anzuspielen. Für ihn bezieht sich Jesus mit den Seligpreisungen auf den Bundesschluß nach dem Auszug aus Ägypten." [1] Durch Jesus, den Mittler des Neuen Bundes, wird uns das Wort Gottes, das er an sich selbst leibhaftig ist, gesagt. Auf sein Wort sollen wir hören - inmitten der Volksscharen, die für Gesamt-Israel stehen, "das als Gottesvolk zur Jüngerschaft berufen ist und das sich nun zu entscheiden hat, ob es die definitive Auslegung der Sinai-Tora durch Jesus annimmt und dadurch zum wahren Gottesvolk wird." [2]

1. Phase: Zeit der Sammlung - Ganzheitlich in der Gegenwart existieren

Auf daß wir während der Zeit der eigentlichen Betrachtung sensibel genug sind, tiefer als gewöhnlich den Sinn der Seligpreisungen zu vernehmen, wollen wir uns in der Zeit der Sammlung ganz

---

[1] Leo Zirker, Die Bergpredigt. Das Wort Gottes neu hören, München 1983, 18.

[2] Gerhard Lohfink, Wem gilt die Bergpredigt? Eine redaktionskritische Untersuchung von Mt 4,23-5,2 und 7,28f, in: Theologische Quartalschrift 163 (1983) 280. Zum Ganzen vgl. ders., Wem gilt die Bergpredigt? Beiträge zu einer christlichen Ethik, Freiburg 1988.

Abb. 25: Die neue Schöpfung in Christus

besonders bemühen, *hörend* zu existieren, den Hörsinn schärfen. Dies geschieht, indem wir zunächst die Geräusche um uns herum ganz bewußt wahrnehmen. Sobald ich darauf achte, fällt mir das leise Ticken der Wanduhr auf, höre ich vielleicht Schritte vor der Tür und das Zwitschern eines Vogels vor dem Fenster. Es sind im Grunde vertraute Klänge. Kein Gewitter zieht auf, mit keinem Donner ist zu rechnen. Die Atmosphäre ist weithin ruhig. Nichts, was durch Mark und Bein geht, kein schriller Lärm und kein Geschrei kommt auf und stört. Die Monotonie vorbeifahrender Autos wirkt einschläfernd. Eine ziemlich ruhige Zeit.

Und doch: Wir leben in einer Welt von Lauten und Stimmen, von Wohlklang und Mißklang, von Tönen und Geräuschen; Frequenzen sind Wirklichkeit. Wir sitzen inmitten von Wellen und Schwingungen. Ein Teil der Wellen wird hörbar, Frequenzen, die ich spüre. Information geschieht. Unendlich viele Wellen nehme ich jedoch nicht unmittelbar wahr. Viel Funkverkehr und viele Sendungen bleiben unsichtbar, unhörbar. Nur für manches habe ich eine Antenne.

Lärm von außen dringt nach innen. Doch nicht nur von außen, auch von innen her wird es laut. Sprachfetzen, Wortgeräusche und Gerede entstehen intern. Dies wahrnehmen. Auch Stimmungen besitzen eine Lautung.

Die laute Vielfalt von außen verklingt im Inneren - erzeugt dort zuweilen auch neue Töne. So nehme ich mich wahr: ein Wesen, das hört, ja hören muß. Nicht nur das Ohr hört, sondern das ganze Selbst hört. Mein ganzer Leib ist betroffen. Offen zum Hören sammle ich mich. Ich tue freiwillig und bewußt, wer ich bin: ein hörendes Wesen. Ich kann hören, das Laute des Wortes nach innen nehmen - bin nicht wie eine Bergwand, die nur ein Echo zurückwirft.

Gibt es nicht die Erfahrung, in einer Art und Weise zu hören, so daß das je eigene Lied aufklingen kann, ein Lied, das zugleich die Präsenzweise eines anderen ist? Eine solche Weise ist kein willkürlicher oder abstrakter Modus, sondern eine *Weise* im musikalischen Sinn des Wortes. Wer vermag die verborgene Melodie zu hören, die ein Herz berührt, wenn es sich den Worten Jesu öffnet, seine Weise von Gegenwart erlebt?

Für die Betrachtung sammeln wir uns im Bereich des *Herzens*. Jeder nehme sein Herz und so sich selbst wahr. Ich höre in mich hinein, höre meinem Herzen zu, das schlägt; vernehme die lebendige Rhythmik dieses inneren Zentrums. Dabei werde ich still. Schweige immer tiefer. Vielleicht kommt mir dann der Gedanke: Ich bin wohl kein guter Mensch, aber zumindest bin ich nicht ganz und gar herzlos, sondern ich habe ein Herz. Dorthin sammle ich mich.

Das eigene Herz tut treu seinen Dienst - Tag und Nacht, selbstverständlich; oft nicht beachtet, überanstrengt, verwundet, aber zumindest ein wenig intakt. Ein lebendiger Muskel in mir sorgt für den Atem. Das Herz schlägt am rechten Fleck, dort, wohin es gehört, auf der linken Seite oben in mir. Es pulsiert, verteilt den Lebenssaft, das Blut, in mir, bringt zusammen und verteilt.

Gott gönnt mir mein Herz, das ich höre und spüre. Unter mancher Rücksicht ist es vielleicht rein, unter mancher unrein - auf jeden Fall ist es *mein* Herz.

In der folgenden Betrachtung geht es um die Reinheit des Herzens und um die Barm*herz*igkeit, also um etwas - das Wort sagt es schon -, das mit der Mitte im Menschen zu tun hat, mit seinem Herzen. Daher soll schon die Konzentration im Bereich des Herzens stattfinden; sich also nicht irgendwo sammeln, an irgendeinem Shakra (Meditationspunkt), sondern im Herzen, in diesem und keinem anderen Shakra; sich - in dieser Mitte - zu Beginn mitten.

2. Phase: Zeit des Betrachtens - Das Vernehmen der Seligpreisungen

In dieser Zeitphase lasse ich mir gesagt sein: "Selig sind die Barmherzigen - selig, die reinen Herzens sind" (Mt 5,7f).

Von meinem Herzen her, mit der Kraft meines Herzens lasse ich das Bild vom Berg der Seligpreisungen entstehen, die Gestalt Jesu, der spricht und predigt vom Berg her - zu den Menschen, die ihm zuhören oder weghören, mit bereitem und offenem oder verhärtetem Herzen. Menschen am Fuß des Berghanges, von woher Jesus auftritt - die Szenerie der Landschaft. Ich *male innerlich* und *lasse* - wie von der anderen Seite her - mir das Bild zugleich *schenken*; ich achte darauf, wie der Hang des Berges sich erstreckt; über dem Gefilde der Himmel; Konturen von Menschen.

Ich lasse mir Zeit, das Bild zu sehen: den See von Galiläa - das Ufer - den Berg.

Ich probiere, einen Ort zu finden im Volk, das zuhört. Von wo aus wäre es mir recht, dabei zu sein, zuzuhören? Möglichst unerkannt, mitten in der Menge, bescheiden im Hintergrund oder am Rande? Dränge ich mich rücksichtslos in die erste Reihe, obwohl dies eigentlich nicht mein Platz ist?

Er spricht. Er, der ein ganz reines Herz hat, predigt, möchte den Menschen in seinem Zentrum, in seinem Personkern, in seinem Herzen treffen - nicht mit zwingender Gewalt, sondern mit befreiender Mächtigkeit. Er hat nichts für sich zurückbehalten, alles gegeben: sich selbst, sein ganzes Leben - restlos. Sein geöffnetes Herz wird dafür das Zeichen sein.

Der Messias predigt vom Berg her. Ich lasse mir Zeit und mache nicht seine Worte, sondern schaue, wie er *von sich her* spricht. Ich bescheide mich damit, schweigend zu hören, und warte. Und bin doch mit ganzem Herzen dabei.

Von ihm her möchte ich mir ein neues Herz schenken lassen. So bete ich innerlich: Ein reines Herz erschaffe mir, Herr, mein Gott (Ps 51,12). Dein Blick soll mich treffen und richten, so daß ich wieder recht bin vor Dir. Dein Wort ist so mächtig, daß es mein Herz zu läutern vermag.

Ich halte mein Herz hin, auch wenn es mir momentan vorkommt, als wäre es fast nichts anderes als ein Pfuhl von Bosheit, Neid und Streit; trotz meiner Angst, mein Herz wäre vor allem eine Quelle von Gemeinheiten, von Hinterlist und Tücke. Mag auch ein Gefühl von Unreinheit mir sagen: Du bist wie ein Aussätziger, wie ausgesetzt; Du gehörst nicht hierher; Deine Lust nach Rache und Vergeltung, Deine Sucht nach Bestrafung des anderen haben exkommunizierend gewirkt. Daran bist Du selber schuld: ein Sünder. Mein Gewissen klagt mich an, vermittelt mir das Gefühl: Du bist nicht recht, sondern unrein. Meine Sünde erzeugt eine Seelenlage, in der ich mich gar nicht selig fühle, sondern recht unglücklich. - So bin ich da: mit meinem ehrlichen Bekenntnis vor dem, der die Barmherzigkeit in Person ist. Auf meiner Seite ein Herz wie eine Räuberhöhle - und dennoch: darinnen wohnt Hoffnung auf den, der das Heil predigt.

Selig, die reinen Herzens sind! Dieses Wort sich von ihm schenken lassen. Vielleicht kostet es Mühe, bis ich bereit bin, mich in der Tiefe meines Herzens davon umwandeln zu lassen. Geduld. Im Blickfeld Jesu will ich mir in meinem Herzen sagen lassen, wie es bei mir um rein und unrein steht. Ich kenne ja meine mißlungene Freiheitsgeschichte: Nicht irgend etwas war schuld und auch nicht die oder der, sondern ich selber bin ja die Ursache, der Grund gewesen, daß ich jetzt so bin; mea culpa, *meine* Schuld, mein Herz war schuld daran - oft ist man viel weniger schuld, als man meint, und umgekehrt, aber das kümmert mich jetzt nicht -, ich fühle mich schuldig, habe das Gespür: Ich bin unrein.

"Selig, die reinen Herzens sind" - hier wird kein Mensch seliggepriesen, der von Anfang an schon schuldlos, rein, gereinigt existiert, sondern der die Gabe Gottes nehmen mag mit neu (!) geschenktem Herzen, der die Vergebung glauben mag - das ist Glück, eine Spur von Seligkeit. Nach einer guten Beichte entsteht zuweilen auch dieses Gefühl: Gottes Liebe ist größer als mein Blödsinn, meine Schuld und meine Sünde. Ich fühle mich wieder schuldlos und rein.

Vergebung - das Alte wird weggenommen und ein neues Herz eingeräumt; nicht in dem Sinn: Sprechen wir nicht mehr davon; sondern die alte Geschichte ist wirklich auch *alte* Geschichte, ein neuer Anfang jetzt. Mag dies auch mit Schmerz verbunden sein, das Ziel ist: Nun bin ich wieder recht, gerechtfertigt, kann aufrecht und aufrichtig leben. Das Erhalten eines neuen Herzens ist das Ausräumen, ja das Wegnehmen-lassen des alten Herzens.

Innerlich Jesu Wort hören: *"Selig, die reinen Herzens sind"*, und im eigenen Herzen auswirken lassen. Die mächtig reinigende Kraft seines Wortes ins eigene Herz nehmen, auf daß es frei und heil werde.

Wird *Barmherzigkeit* erfahren, so ist oft eine Freude da: wie eine Spur von Seligkeit. Diese tröstliche Erfahrung wollen wir zulassen. Das Wort von der Barmherzigkeit soll innerlich neu erlebt werden. Welche Seligkeit besteht darin, sich beschenken zu lassen! [1]

---

[1] In seinem Evangelium stellt Matthäus an den Beginn des öffentlichen Wirkens Jesu die Bergpredigt (Mt 5-7) und an den Beginn der Bergpredigt die acht Seligkeiten (Mt 5,3-10). "Achtmal hintereinander sagt Jesus, wer selig ist, wer sich ganz glücklich schätzen darf, wer allen Grund zu jauchzender, über-

Er ist die Barmherzigkeit selbst, die Seligkeit selbst, die da sagt: *"Selig die Barmherzigen."* Wie von Du zu Du diese Wahrheit hören. Ein wenig spüren die innere Seligkeit, die dieses Von-Herz-zu-Herz mit sich bringt. Bleiben im Wort des Barmherzigen. Dieses Von-Herz-zu-Herz ist etwas sehr Persönliches, geschieht im Verborgenen und ist doch sehr wirklich und wirksam; verweilen vor dem, der da spricht: *"Selig die Barmherzigen."*

Aus Barmherzigkeit bin ich hinausgeboren in die Wirklichkeit. Das hebräische Wort für "Barmherzigkeit" (hebr. rachum = barmherzig) kann auch gelesen werden im Sinne von "Mutterschoß" (hebr. rechem) [1]. Es bedeutet also den Bereich, wo aus Liebe, aus Mögen durch das Ja der Mutter neues Leben in diese Welt hinein entlassen wird. In diesem Sinn ist Gott, die Liebe selbst, jemand, der auch die mütterliche Seite an sich trägt. Er läßt die Menschen sein in Raum und Zeit. Auch von Jesus wird als der Mutter gesprochen. Auch er ist barmherzig [2].

In Begegnung geschieht Verwandlung. Spüren, wie gut es ist, wenn man sich jetzt ein wenig ein neues, reines Herz schaffen läßt. Es ist doch gut. Dank, die Antwort auf die Erfahrung von Umsonst.

---

strömender Freude hat. Seligkeit meint die unbegrenzte, ganz schattenlose und erfüllte Freude. Die Zahl 'acht' symbolisiert himmlische Fülle. Wenn Jesus also achtmal hintereinander Seligkeit verkündet, dann kommt darin zum Ausdruck, daß er unbegrenzte, überströmende Freude in unbegrenzter himmlischer Fülle anzukündigen hat. Es geht ihm alles darum, daß wir uns diese Freude schenken lassen und daß wir den Weg zu ihr kennenlernen." (Klemens Stock, Der Weg der Freude. Die acht Seligpreisungen (I), in: Geist und Leben 62 (1989) 361.)

Das Oktogon des Baptisteriums ist wohl ein Hinweis auf die himmlische Gnade, die im Sakrament der Taufe angeboten wird.

[1] Vgl. Ex 34,6 und Ps 78,38.

[2] Vgl. Balthasar Fischer, "Jesus, unsere Mutter". Neue englische Veröffentlichungen zu einem wiederentdeckten Motiv patristischer und mittelalterlicher Christusfrömmigkeit, in: Geist und Leben 58 (1985) 147-156.

So spüre ich: Gott meint es gut mit mir; ich lasse ihn wirken. Die Zeit der Betrachtung und Verwandlung mag ausklingen. So wie ein Wort verklingt, zeigt sich zuweilen auch das Erleben von In-Beziehung-sein-mit-jemandem in einer anderen, weniger intensiven Weise, nicht derart unmittelbar wieder.

Predigt am Berg - sie fand damals auch ein Ende, doch ein Ende, das weitergewirkt hat. Anfang für Neues war. Ich versuche, nicht krampfhaft das Erleben der Nähe des Barmherzigen zu halten, sondern gebe gerne frei, so daß ich dann, sobald es Zeit ist, neu hören kann. Abschied mit Wiederkehr.

3. Phase: Zeit der Reflexio - Neues Bewußtsein und praktische Konsequenzen

Die Frucht der Betrachtung ist bei jedem Übenden eine andere. Vielleicht fühlt sich jemand neu ermächtigt, in seinen Beziehungen nicht mehr so oberflächlich und äußerlich zu sein. Denn ihm ist aufgegangen, wie gut es ist, mit ganzem Herzen und nicht halbherzig dabei zu sein. Er fragt sich: Bejahe ich radikal genug die Wandlung meines Herzens zu einem ungeteilten, aufrichtigen Herzen?

Das Wort Jesu Christi: "Liebe Deinen Nächsten wie Dich selbst" (Mt 22,39), meint dies für mich nicht auch, ich soll barmherzig zu mir selbst sein? Bin ich das genügend, oder quäle und analysiere ich mich immer wieder wegen Sünden, die mir schon vergeben sind? Sollte ich mir nicht mehr Barmherzigkeit schenken lassen, positiver auf Herzlichkeit reagieren?

Ein anderer fragt sich: Bin ich zu anderen barmherzig, oder will ich auf meine ständigen Sticheleien letztlich doch nicht verzichten, obwohl der andere sich durch solche Gemeinheiten langsam, aber sicher wie unter einer Dornenkrone fühlt? Sollte ich nicht öfter die Weisung Jesu wagen: "Tut Gutes denen, die euch hassen" (Lk 6,27)? Es ist doch gut, die Vergeltungsmechanismen zu durchbrechen. Feindesliebe will nicht bloß das eigene, sondern auch das Leben des anderen retten. Habe ich ein Herz für andere? Schenke ich Barmherzigkeit weiter, oder möchte ich sie lieber für mich behalten?

Wie steht es um mein Herz? Brennt unter viel Asche noch ein Feuer, oder ist mein Herz wie ein erloschener Vulkan - obgleich es doch normalerweise der Ort ist, wo die Liebe brennt? Ist es verwundet, voller Stiche und Narben?

Man kann im Kontext der Betrachtung die Zehn Gebote durchgehen und in eigene Sprache übersetzen, um so zu sehen, womit man - auf den ersten Blick zumindest - Schwierigkeiten hat, aber besser noch, um zu spüren, in welchen Bereichen diese Weisungen mich ermächtigen, mehr Mensch zu sein. Gottes Weisungen müssen auf jeden Fall befreiend und erlösend wirken. Für Jesus "kann es niemals einen echten Zielkonflikt zwischen der Ehre Gottes und dem Wohl des Menschen geben, weil Gott seine Ehre gerade darin sieht, daß der Mensch heil wird. Damit ist das Gesetz noch einmal unter die Liebe und die Barmherzigkeit gestellt. Wo ein Gebot den Menschen nicht zur Liebe führen kann, beansprucht es ihn nicht. Und wo einzelne Gebote miteinander kollidieren, sind diejenigen verpflichtender, die der Barmherzigkeit entsprechen". [1]

Daher präge ich mir ein, wie wesentlich das Wort Jesu von der Barmherzigkeit ist. Wie gut und wahr sind die Worte der Bergpredigt, die Seligpreisungen: wie gut ist es, ein wenig mehr daraus zu leben, als ich es gewohnt war. So ziehe ich die eine oder andere praktische Konsequenz, versuche dabei nicht mehr an alte Wunden zu denken, sondern an das, was noch alles möglich ist mit diesem meinem Herzen: von Herz zu Herz. Inmitten der Nüchternheit des Alltags will ich dasein mit meinem Herzen, das im Verborgenen schlägt. Wie gut, wenn von dorther sich die Barmherzigkeit ausbreitet, durch den Leib hindurch sich auswirkt und so dem Leben gedient wird.

[1] Leo Zirker, aaO., 42.

Abb. 26: Das Haus Gottes

12. DER MANN MIT DER VERDORRTEN HAND

In mehrfacher Hinsicht haben wir es mit der Gestalt des Menschen zu tun, von dem uns im Evangelium erzählt wird. Er steht einerseits für eine Dimension in jedem Menschen, andererseits ist er aber auch eine konkrete biblische Person. Wenn wir uns auf die biblische Person einlassen, so nehmen wir in einem gewissen Sinn an der Begegnung Jesu mit diesem Menschen teil, und zugleich wird jene Dimension in uns berührt die für den Menschen, dem Jesus begegnet, steht:

> Als er (Jesus) ein andermal in eine Synagoge ging, saß dort ein Mann, dessen Hand verdorrt war. Und sie gaben acht, ob Jesus ihn am Sabbat heilen werde; sie suchten nämlich einen Grund zur Anklage gegen ihn. Da sagte er zu dem Mann mit der verdorrten Hand: "Steh auf und stell dich in die Mitte!" Und zu den anderen sagte er: "Was ist am Sabbat erlaubt: Gutes zu tun oder Böses, ein Leben zu retten oder es zu vernichten?" Sie aber schwiegen. Und er sah sie der Reihe nach an, voll Zorn und Trauer über ihr verstocktes Herz, und sagte zu dem Mann: "Streck deine Hand aus!" Er streckte sie aus, und seine Hand war wieder gesund. (Mk 3,1-5)

Jeder kennt in seinem Leben Bereiche, in denen er selbst handlungsunfähig ist. Damit uns solche Bereiche bewußt werden, lohnt es sich, in der meditativen Phase der Sammlung sich seiner Leiblichkeit innezuwerden, festzustellen, in welcher Hinsicht man sich behindert erlebt. Denn die ehrliche Selbstwahrnehmung will ein erster Schritt sein zu entdecken, wie man wieder handlungsfähig werden kann [1]. Was kann man aufgrund der Gnade Gottes tun als der, der man ist?

Die Phase der Sammlung: Physisch und psychisch präsent werden

Zuerst nehme ich mir Zeit für das Wahrnehmen meiner momentanen psychischen Verfaßtheit. Was taucht in mir auf an Verdrängungen, Widerständen, Projektionen? Wie spüre ich Verbitterung, Verwundungen, Verunsicherungen? Blockiert mich innere "Trockenheit", oder kann ich sie geduldig und gelassen akzeptieren? Es ist weiterführender, ehrlich zu erleben, wie es um einen selbst steht - auch wenn dabei ein "Schlachtfeld meiner Innerlichkeit" zutage tritt -, als übereilt mit dem Meditieren des Inhalts der biblischen Botschaft zu beginnen.

Es kann sein, daß man sich bewußt dafür entscheiden muß, die eigene Körperhaltung zu verändern, bevor man weiterübt. Vielleicht sind zu Beginn einige Elemente aus alten asketischen Übungen, aus der Eutonie, dem Yoga oder der Welt der Gymnastik in den Übungsprozeß einzubauen. So gehe ich langsam voran.

Ohne Hektik versuche ich, mein "Seelengefährt" in Gang zu setzen, mich für die Betrachtung der konkreten Heilsszene zu disponieren, die mir vorgegeben ist: die Begegnungsszene Jesu mit dem Mann, der eine verkrüppelte Hand hatte. Ich nehme mir vor, mich vertrauensvoll auf Jesus Christus und sein Wirken einzulassen.

---

[1] Vgl. Friedrich Weinreb, Leiblichkeit. Unser Körper und seine Organe als Ausdruck des ewigen Menschen, Weiler 1987, 111: "Hand, 'jad', Jod-Daleth, 10-4, hat im Deutschen schon viele Aspekte, die auf den Leib hinweisen. Ich nenne als erstes das Handeln, also das Tun. Man spricht vom Behandeln, Verhandeln, Mißhandeln. Die Bibel spricht von der Hand Gottes, seinem ausgestreckten Arm. Und oft fühlen wir uns 'in Gottes Hand'."

Das Zentrum der Missionstätigkeit Jesu lag in Kafarnaum [1]. Bei
Matthäus heißt es: "Als Jesus hörte, daß man Johannes ins Gefängnis geworfen hatte, zog er sich nach Galiläa zurück. Er verließ
Nazaret, um in Kafarnaum zu wohnen, das am See liegt, im Gebiet von Sebulon und Naftali" (Mt 4,12f). Von dort aus zog Jesus
mit seinen Jüngern und dem Kreis der Frauen um ihn in den
umliegenden Dörfern umher (vgl. Lk 8,1-3). Seine Jünger Philippus, Andreas und Petrus stammten aus Betsaida (vgl. Joh 1,44),
das in der Nähe von Kafarnaum liegt. Dorthin hatte Petrus gehei-
ratet (vgl. Mt 8,14). Nicht weit davon liegt der Berg der Seligpreisungen, Ortschaften wie Chorazin (vgl. Mt 11,21), Gennesaret (vgl.
Mt 14,34-36) und Magdala. Das Land am See Gennesaret durch-
wanderten Jesus und die Seinen.
Eine Pilgerfahrt ins Heilige Land läßt uns mit der Gegend vertraut werden. Zur Not genügt auch ein Blick in eine Landkarte,
die uns die Topographie der jesuanischen Wahlheimat nahebringt.
Hier war - außer im nachösterlichen Jerusalem - das Zentrum der
Juden, die an Jesus als den Messias glaubten. Nach seiner Auferstehung ging er ihnen nach Galiläa voraus (vgl. Joh 21 und Mt
28,16).

Das Geschehnis der Betrachtung: Die Begegnung mit dem Messias

Die Betrachtungszeit ist die Zeit der Einfühlung in die verschiedenen Gestalten und Rollen, wie sie in den neutestamentlichen Texten vorgegeben sind. Für den kreativen Verlauf der Betrachtung
kommt sehr viel darauf an, die eigenen Gefühle und Stimmungen
einzubringen. Je mehr jemand bereit ist, sich seine eigenen Anteile
an den biblischen Gestalten einzugestehen, sie zur Sprache kommen zu lassen, sie ins Spiel zu bringen, um so mehr kann sich die
objektive biblische Geschichte als subjektiver Erkenntnis- und Ver-
wandlungsprozeß abbilden. Was heißt das nun konkret?

---

[1] "KAFARNAUM, hebr. *Kephar Nahum*, 'Dorf des Nahum'...
NAHUM, gr. *Naoum*, 'Getröstet'." (Olivier Odelain/Raymond
Séguineau, Lexikon der biblischen Eigennamen, Düsseldorf/
Neukirchen-Vluyn 1981, 203, 256).

Zunächst ist darauf zu achten, wie sich das Bild von der Synagoge einstellt. Wahrscheinlich handelte es sich um die Synagoge von Kafarnaum. Erinnerungen an archäologisch interessante Synagogenreste aus den ersten Jahrhunderten nach Christi Geburt können helfen, ein genaueres inneres Vorstellungsbild zu gewinnen. Man denke an die Synagogenreste auf Masada, von Beth Alpha, Gamla, Chorazin oder Kafarnaum selbst. Wie waren die Sitzreihen angeordnet? Wo stand der "Stuhl des Mose", der steinerne Ehrensessel, von dem aus die Schrift ausgelegt wurde (vgl. Mt 23,2)? Wo waren die Schriftrollen aufbewahrt? Welche Menschen trafen sich in der Synagoge? Es gilt, sich Gruppen von Pharisäern und Herodianern vorzustellen. Welche Beziehungen hatten sie untereinander? Wie verhielten sich wohl die einfachen Leute des kleinen Fischerdorfes Kafarnaum zueinander? Wie immer hatten sie auch in der Synagoge allerlei miteinander zu besprechen. Gehörten zu den Gottesfürchtigen [1], die sich dort versammelten, nicht auch einige Leute aus dem Kreis um den römischen Hauptmann von Kafarnaum (vgl. Lk 7,1-10)? Wo hielten sich die Jünger Jesu in der Synagoge auf?

Sobald es geglückt ist, ein Bild von der Synagoge, in der sich Menschen recht unterschiedlicher Art aufhalten, zu imaginieren, wird es Zeit, einzelne Handlungsträger näher in den Blick zu nehmen.

Wie im Bibliodrama darf die Heilsszene mit eigenen Worten ausgetextet werden [2]. Die verschiedenen Rollen können via Neu-

---

[1] Gemeint sind solche Heiden, die sich der jüdischen Religion so weit wie möglich zugehörig fühlten.

[2] Bei dieser Art des Umgangs mit den biblischen Texten und Gestalten geht es einerseits darum, die Wahrheit der Überlieferung zu erleben, indem man sie in sich innerlich abbilden läßt (Leben-Jesu-Innenbetrachtung), andererseits um ein Leben-Jesu-Außenspiel, wie es ähnlich in Passionsspielen stattfindet. Methodisch ist das Bibliodrama der Commedia dell'Arte (vgl. Commedia dell'Arte. Eine Bildgeschichte der Kunst des Spektakels, hrsg. von David Esrig, Nördlingen 1985) verwandt. Vgl. dazu Bibliodrama. Mit Beitr. von Antje Kiehn u.a. Stuttgart 1987; Jan Lap, Bibliodrama. Aktiv unterwegs zu religiösem

identifizierung gewechselt werden; auch die Rolle des Zuschauers ist zugelassen. Die jeweilige Identifizierung muß freiwillig und ehrlich erfolgen. Wer damit Probleme hat, für den paßt momentan vielleicht am ehesten eine Rolle, in der Unfreiwilligkeit und Unehrlichkeit dargestellt werden sollen. Vielleicht muß man Nebenfiguren erfinden. Das Selbst des Betrachtenden [1] kann sich in der Gestalt des eigenen Ich auch als Choreograph und Regisseur betätigen, Szenen wiederholen lasssen, dafür sorgen, daß Typen genauer skizziert und durchgespielt werden. So wie die Bilderwelt eines jeden sehr individuell ist - trotz vieler archetypischer Gemeinsamkeiten [2] -, so unterschiedlich ist auch der spezifische Handlungs-

---

Wachstum, in: Dokumentation des Instituts der Orden für missionarische Seelsorge und Spiritualität, Frankfurt o.J.

[1] "Ich glaube, daß es außer dem Ich als Zentrum meiner bewußten Persönlichkeit eine meinem bewußten Willen nicht unterstehende, steuernde Funktion gibt, die C.G. Jung das 'Selbst' oder etwa Graf Dürckheim das 'Wesen' nennen. Das Selbst oder das Wesen ragen in die Unendlichkeit des Unbewußten hinein und sind numinoser, oder wenn man so will, 'göttlicher' Natur. Man könnte also sagen: Ich rage mit meinem Selbst in das unendliche, mir unbewußt bleibende Göttliche hinein. ... Dieses Göttliche verstehe ich etwa in dem Sinne von Jung, wenn er sagt, daß er es für eine Blasphemie halte, daß sich Gott ausgerechnet in der menschlichen Seele nicht offenbaren würde." (Helmut Remmler, Das Geheimnis der Sphinx. Archetyp für Mann und Frau, Olten 1988, 20, 23.) "Wenn ich offen bin für seine Wirkungen (des Selbst) auf mein bewußtes Ich, werde ich vielleicht die Erfahrung machen, daß ich mit mir selbst und der Welt in Einklang komme; also im besten Sinne des Wortes eine Selbst-Erfahrung" (ebd., 22).

[2] "Nach C.G. Jung 'sind es die archetypischen Inhalte des (kollektiven) Unbewußten, jene in allen Menschen gleichen Reste uralten Menschtums, jenes von aller Differenzierung und Fortentwicklung zurückgelassene Gemeingut, das allen Menschen geschenkt ist wie das Sonnenlicht und die Luft. Indem sie aber dieses Erbgut lieben, lieben sie das, was allen gemeinsam ist; sie kehren so zur Mutter der Menschen, nämlich zur Psyche, die war, bevor es ein Bewußtsein gab, zurück und gewinnen auf

verlauf, der im großen und ganzen allerdings vorgegeben ist, wenn man sich dafür entschieden hat, sich auf die neutestamentlichen Geschehnisse einzulassen.

Der Sinn der Begegnung zwischen Jesus und dem Mann in der Synagoge sollte erfaßt werden, indem man nicht nur auf das unmittelbare Zueinander der beiden achtet, sondern dies im Beziehungsgefüge aller Anwesenden erspürt. Wie wirken sich die Beziehungen untereinander aus? Aufmerksam sind das Wirken Jesu und die Aktivitäten derer, die in der Synagoge da sind, wahrzunehmen. Was zeigt sich? Was läßt sich unterscheiden?

Jesus spricht den Mann mit der verkrüppelten Hand an. Sich selbst, während dies geschieht, einbringen: Befinde ich mich als lebendige Figur irgendwo in der Synagoge, oder identifiziere ich mich mit dem Mann, der vor Jesus steht, oder mit den Pharisäern, den Herodianern, die sich untereinander nach dem Heilungsgeschehen außerhalb der Synagoge besprechen (vgl. Mk 3,6)? Mit welchen Augen schaue ich zu? Wie höre ich die Worte, die gesagt werden? In welcher Grundstimmung fühle und erlebe ich mich?

Nach einiger Zeit sollte man sich konzentriert dem Kranken zuwenden! Wie geht es ihm? Wie fühlt er sich? Verbirgt er seine verdorrte Hand? Hat er Angst vor dem Urteil der Leute, die auf ihn mit dem Finger zeigen könnten: Seht ein Verworfener. Lastet auf ihm nicht ein Fluch? Heißt es nicht: "Wenn ich dich je vergesse, Jerusalem, dann soll mir die rechte Hand verdorren" (Ps 137,5)? Wo ist der Ort des Kranken in der Synagoge? Als Außenseiter steht er normalerweise nicht im Mittelpunkt. Allein der Gedanke, vom Rande in den Mittelpunkt der Aufmerksamkeit gestellt zu werden, wird in ihm wohl Ängste geweckt haben. Der Mann mit der verdorrten Hand sehnt sich danach, daß andere gut mit ihm und seiner Not umgehen. Er lebt vielleicht mit einer Hoffnung auf Heilung. Er ist im Alltag angewiesen auf fremde Hilfe. Wahrscheinlich wird es ihm nicht nur leichtgefallen sein, sich auf eine unmittelbare Begegnung mit Jesus einzulassen, der zu ihm

---

diese Weise wieder etwas von jenem Zusammenhang und von jener geheimen und unwiderstehlichen Kraft, die das Gefühl der Zusammengehörigkeit mit dem Ganzen zu verleihen pflegt'" (ebd., 17).

sagt: "Steh auf und stell dich in die Mitte!" (Mk 3,3). Dieses Wort Jesu in sich vernehmen. Wie nimmt sich jemand wahr, der plötzlich im Zentrum steht, die Blicke aller auf sich gerichtet? Und so hört er Jesus: "Streck deine Hand aus!" (Mk 3,5). Wie reagiert der Mann mit der verdorrten Hand? Welch Wunder der Heilung! Eine Metamorphose, die sich bis ins Somatische auswirkt. Dieses Geschehen in sich verkosten, die eigene Leidens- und Konfliktgeschichte in das Kraftfeld Jesu hineinhalten!

Die Botschaft von Jesu Heilshandeln ist wesentlich. Denn er hat Kunde von Gott gebracht (vgl. Joh 1,18). Aus Aufmerksamkeit daher immer mehr Andacht werden lassen! Mit den eigenen Behinderungen, Schwierigkeiten und Lähmungen - seien sie körperlicher, geistiger oder psychischer Art - in der Synagoge, dem Ort der Tröstung und Heilung, dasein. Die Begegnung inmitten der Gemeinde mit Jesus von Nazaret soll dem eigenen Heilungsprozeß gut tun.

Gegen Ende des Heilungswunders Jesu gingen die Pharisäer und Herodianer aus der Synagoge, um sich gegen Jesus zu verbünden (vgl. Mk 3,6). Durch ihre detaillierten Kenntnisse über komplizierte Rituale und Gebote hatten sich nicht wenige Pharisäer zu religiöser Arroganz und Überheblichkeit verführen lassen. Wissen macht leicht stolz, läßt die Armen im Lande und ihre Interessen übersehen. Für die Botschaft Jesu und ihn selbst gibt es dann keinen Platz mehr.

Die "Kunst" der Pharisäer und der Hohenpriester bestand darin, den religiösen Überbau zu liefern, um Jesus "gerechterweise" umbringen zu können; die Herodianer garantierten einen entsprechenden politischen Kontext. Eine effektive Koalition von "religiöser Autorität" und "politischer Macht". Ein Bündnis von Thron und Altar sui generis! Die Anhänger des Herodes und der Pharisäer verständigten sich auf Kosten Jesu wie später Pilatus mit Herodes [1]. Es handelte sich dabei um Herodes Antipas, einen der Söh-

---

[1] "Als Pilatus das hörte, fragte er, ob der Mann ein Galiläer sei. Und als er erfuhr, daß Jesus aus dem Gebiet des Herodes komme, ließ der ihn zu Herodes bringen, der in jenen Tagen ebenfalls in Jerusalem war. Herodes freute sich sehr, als er Jesus sah; schon lange hatte er sich gewünscht, mit ihm zusam-

ne von Herodes dem Großen, der um 4 v.Chr. gestorben war.
Nach dessen Tod wurde Herodes Antipas - gestorben 30 n.Chr. -
Tetrarch von Galiläa und Peräa [1]. In den Jahren 17-22 n.Chr.

---

menzutreffen, denn er hatte von ihm gehört. Nun hoffte er, ein
Wunder von ihm zu sehen. Er stellte ihm viele Fragen, doch
Jesus gab ihm keine Antwort. Die Hohenpriester und die
Schriftgelehrten, die dabeistanden, erhoben schwere Beschuldi-
gungen gegen ihn. Herodes und seine Soldaten zeigten ihm offen ihre Verachtung. Er trieb seinen Spott mit Jesus, ließ ihm
ein Prunkgewand umhängen und schickte ihn so zu Pilatus zurück. An diesem Tag wurden Herodes und Pilatus Freunde;
vorher waren sie Feinde gewesen" (Lk 23,6-12).

[1] Der Bruder des Herodes Antipas, Philippus, hatte bei der Erb-
teilung Ituräa, die Trachonitis und die Gaulanitis (Golan) mit
dem Zentralort Cäsarea Philippi erhalten. Ihm hatte Herodes
Antipas die Frau weggenommen. Wegen Herodias hatte Johannes der Täufer sterben müssen, weil Herodes Antipas nach
einem Tanz der Tochter der Herodias geschworen hatte, ihr
einen Wunsch zu erfüllen (vgl. Mt 14,1-12; Mk 6,14-29; Lk
3,19f). Und sie forderte den Kopf des Johannes. Vielleicht war
Johannes in der Festung Machärus eingekerkert, die im Süden
von Peräa liegt, das ja zum Herrschaftsgebiet des Herodes
Antipas gehörte.
Der andere Sohn Herodes' des Großen, Archelaus, wurde als
Ethnarch von Judäa, Idumäa und Samaria schon 6 n.Chr. durch
die Römer abgesetzt. Seine Gebiete wurden römische Provinz.
In die Zeit danach fallen die Unruhen unter Judas dem Galiläer. Regelmäßig gab es Vorbereitungen zum Aufstand gegen die
römische Fremdherrschaft. Die Volksseele war immer wieder
am Kochen. Die Zeloten hatten sich zusammengeschlossen. Sie
sahen in der Steuerzahlung einen Verrat an Gott. Der römische
Silber-Denar mit einem Bild des Kaisers trug nämlich die Auf-
schrift: "Tiberius, Caesar, des göttlichen Augustus Sohn, Augustus." Die Herodianer und Pharisäer versuchten, Jesus eine
politische Falle zu stellen, indem sie Jesus fragen ließen, wie
man es mit der Steuer halten solle. Seine Antwort lautete: "So
gebt dem Kaiser, was dem Kaiser gehört, und Gott, was Gott
gehört!" (Mk 12,17). Aus den Kreisen der - zumindest latent -
Aufständischen kam wohl ein Jünger Jesu: Simon, genannt der

gründete er Tiberias am See Gennesaret. Die neue Hauptstadt von Galiläa wurde nach Kaiser Tiberius (14-37 n.Chr.) benannt. Einige Kilometer von der alten Hauptstadt Sepphoris entfernt, liegt Nazaret. Herodes Antipas war also der "Landesherr" Jesu. Die Anhänger des Herodes lehnten Jesus ab, betrieben seine Hinrichtung.

Die Zeit der Reflexio

Am Ende der Betrachtung kann ich mich fragen: Ist in meinem affektiven Bereich eine heilsame Ordnung eingekehrt? Sind meine emotionalen Wünsche über ihren Bedürfnischarakter hinausgewachsen, so daß ich fähig bin, frei zu geben und mir schenken zu lassen: Anerkennung, Geborgenheit, Aufmerksamkeit und Zärtlichkeit? Ich mache mir bewußt, inwieweit meine Emotionen mir transparent geworden sind auf tiefere geistliche Bewegungen in mir. Ist mir etwa die Ambivalenz meiner Wahrnehmungen deutlich geworden im Hinblick auf die "Unterscheidung der Geister", so daß ich entscheiden kann, auf wessen Seite ich von nun an mehr sein will? Wie beurteile ich den Pakt der "Herodianer" und "Pharisäer" in mir? Wie geht es dem inneren "Pharisäer", dem Interesse an Beobachtung, um anklagen und zerstören zu können? Eine Todesreligion! "Jesu befreiende Religion ist das genaue Gegenteil: Wessen Herz nicht verstockt ist, wessen Gefühle leben, der kann nicht ruhig bleiben angesichts fremden Leids, der wendet sich den Armen und Unterdrückten zu, der weiß, daß die Armen und Kleinen in die Mitte der Kirche gehören". [1] Das Evangelium von der Liebe Gottes überbietet alle moralischen und religiösen Engführungen der Pharisäer.

Wenn ich mich an die Auseinandersetzung innerhalb und außerhalb der Synagoge erinnere, kann ich mich im Hinblick auf den Alltag ein Doppeltes fragen: Habe ich schon einmal darauf geachtet, daß Konflikte in Sachdiskussionen oft nicht nur wegen einer zu

---

Zelot (vgl. Lk 6,15; Mt 10,4).

[1] Peter Rottländer, Über die Verhärtung der Herzen. Eine Meditation zu Mk 3,1-6, in: Geist und Leben 58 (1985) 391.

verhandelnden Sache entstehen, sondern daß Kontroversen oft von einer gegensätzlichen Weltanschauung der Teilnehmer herrühren? Eine verschiedene charakterliche und emotionale Grundausrichtung spielt die Hauptrolle. Davon unterscheidbar gibt es Diskussionen, bei denen verbal die Frage nach "gut" oder "böse", "wahr" oder "falsch", "richtig" oder "unrichtig" im Vordergrund steht, eigentlich aber geht es um das Problem: Werde ich akzeptiert trotz meiner Schwächen und Behinderungen oder nicht? Es hätte sehr positive, versöhnliche Folgen für Gruppierungen, die sich um konträre Standpunkte bilden, wenn eine Diskussion auf das hin durchschaut würde, was in ihr *im Grunde* jeweils thematisiert wird.

Ich erinnere mich: Gelang es - ähnlich wie im Theater - die Bühne herzurichten, die Schauspieler zusammenzubekommen? (Sammlungsphase). Hat das Spiel selbst intensiv stattgefunden? (Betrachtungsphase). Wie fruchtbar sind die Diskussion des Stükkes, die Auswertung der Improvisationen, die nachträglichen Probengespräche? (Reflexiophase).

Weitere Fragen nach der Betrachtung der biblischen Heilsszene in der Synagoge können sein: Fühle ich mich versöhnter mit mir, mit den Bereichen, in denen ich mich weithin handlungsunfähig weiß? Worin bin ich viel handlungsfähiger, als ich dachte? Warum habe ich psychosynthetische Erfahrungen blockiert? Was bemerke ich, wenn ich in mir nachspüre, wie es mir in der letzten Stunde ergangen ist? Mag ich mehr als sonst an meine Erlösung und mein Heil glauben: daß ich geliebt bin als der, der ich bin, sogar als der, als den ich mich selber fast gar nicht mag? Denn der Erlöser ist dem Menschen liebend zugewandt. Nicht nur um Gesundheit und Heilung, sondern um mein *Heil* geht es in der Beziehung zu Jesus. Dies ist die objektive Aussage des Heilungswunders Jesu.

13. DER BARMHERZIGE VATER UND SEINE SÖHNE

Anhand der *Sprachform der Gleichnisse* teilte der Messias seine Botschaft vom Reich Gottes den Menschen mit. Gewiß geschah dies nicht zufällig, denn in der Bibel ist alles im Grunde sehr sinnreich und wohlüberlegt.
Jesus erzählte Gleichnisse.

> Er redete nur in Gleichnissen zu ihnen. Damit sollte sich erfüllen, was durch den Propheten gesagt worden ist: Ich öffne meinen Mund und rede in Gleichnissen, ich verkünde, was seit der Schöpfung verborgen war.　　　(Mt 13,34f)

Viele Gleichnisse sind uns überliefert. Jedes verdeutlicht in seiner Weise die Grundaussage des Neuen Testaments: *Gott ist Liebe.* Bevor wir nun nach dem Besonderen des Gleichnisses vom barmherzigen Vater (Lk 15,11-32) fragen, wollen wir zunächst allgemein überlegen: Was ist ein Gleichnis?

Von der Gleichung zum Gleichnis

Dies soll ein wenig erläutert werden, indem wir ein *Gleichnis* mit etwas Ähnlichem in Beziehung bringen, nämlich mit einer mathematischen *Gleichung*. Worin besteht Gleichheit zwischen einem Gleichnis und einer Gleichung? Was macht ihre Verschiedenheit aus? Nehmen wir eine einfache Gleichung aus der Welt des Rechnens: Auf beiden Seiten des Gleichheitszeichens stehen Konstanten (z.B. $5 + 5 = 10$). Im vorliegenden Beispiel handelt es sich dabei um eine Gleichung, die *aufgeht* - und zwar *restlos*. So ähnlich ist ein Gleichnis gebaut. Was heißt dies näherhin?

Bei einem Gleichnis handelt es sich nicht um eine starre, fixe Gleichheit gemäß der Logik von $A = A$; $B = B$; $C = C$ im Sinne einer axiomatischen Verstandeslogik, sondern um eine andere Logik. Ein Gleichnis beruht auf *lebendiger* Gleichheit. Gerade so - in Selbigkeit - sind die beiden Seiten einander gleich.

Eine Gleichung, die stimmt, geht auf. Auch ein Gleichnis vermag dem, der Ohren hat zu hören, aufzugehen. Seine mitgeteilte Wahrheit wird entborgen. Aufgang soll geschehen - und zwar *restloser Aufgang!*

Die Gleichnisse Jesu wollen uns nicht gleichgültig lassen, sondern uns die Erkenntnis schenken, was Reich Gottes bedeutet; uns soll aufgehen, wie Gott zu uns ist, ja, wir dürfen ahnen, wer Gott ist. Vom ursprunglosen Ursprung, von der Wurzel des Wunders unserer Wirklichkeit, vom Wesen Gottes wird im Gleichnis erzählt. Gleichnis ist Weise der Offenbarung Gottes. Die andere Seite, der Bereich des Ganz-Anderen tritt im Wort des Gleichnisses auf unsere Seite, auf daß wir Ihn, das ewig verborgene Sinngeheimnis der Weltwirklichkeit, erkennen können. So verdeutlicht etwa das Evangelium im Evangelium, das Gleichnis vom barmherzigen Vater, wie er zu seinem verlorenen Sohn steht. Schon rein zwischenmenschlich gesehen, wäre eine Vater-Sohn-Beziehung, wie sie uns in diesem Gleichnis geschildert wird, eine Hochform von Humanität. Großartig. Und doch möchte das Gleichnis letztlich nicht bloß davon erzählen, auch wenn gleichsam wie nebenbei transparent wird, was im menschlichen Bereich heißt: *Barmherzigkeit.* Das Gleichnis gewinnt seine unüberbietbare Brisanz, weil in ihm exemplarisch - und gerade so wesentlich - verdeutlicht wird: *Gott* ist dem Menschen ein solcher Vater, freigebende Liebe, die sein läßt und den Rückkehrenden in Freude aufnimmt. Gott erwartet den Menschen, der bis zum Äußersten gegangen ist. Was war geschehen?

Der Fortgang des Sohnes

Der Sohn, der in die fremde Ferne zieht, hatte alles erhalten, was er wollte. Denn der Vater "teilte unter sie das Besitztum" (Lk 15,12; im griechischen Text steht: ton bion, das heißt eigentlich: *das Leben*). Der Vater schenkt dem Sohn das Leben - und zwar vorbehaltlos. Er ist nicht geizig, sondern ein Vater, der wirklich gehen läßt; einer, der nicht wie ein Marionettenspieler die Fäden in der Hand behält; er gibt frei, schenkt nicht nur irgendwie etwas, sondern verhält sich so zu seinem Sohn, daß dieser sich an sich selbst erhält, er selbst sein darf. Es ist der Sohn, der nach seinem "Anteil des Vermögens" (Lk 15,12) verlangte. Vermögen - das meint wohl nicht nur eine gegenständliche Habe, sondern Vermögen im Vollsinn des Wortes: alles, was jemand vermag, das ganze Können, alle Möglichkeiten und Potenzen. (Im griechischen Text steht dafür meros tes usias = dt. *Wesen*; im lateinischen Text heißt es substantia = dt. *Substanz*; mit "Substanz" ist mehr gemeint, als was darunter im Schwyzerdytsch verstanden wird: nämlich "Geld".) Dem Sohn wurde also sein *Wesen*, das was ihn *substantiell* ausmacht, übereignet. Er ist mit allem und in allem reich beschenkt.

Im Bereich des Äußersten vergeudete der Sohn seine Ousia, sein Wesen; er ruinierte seine Substanz, zerstörte seine Persönlichkeit. In diesem Gleichnis geht es zutiefst nicht um ein mehr oder minder unmoralisches und unanständiges Leben - darum auch -, sondern um mehr: um den Verlust des Ganzen. Der griechische Text beschreibt den Zustand des Sohnes als a-sotos, d.h. als heillos. Gleichsam der Erlöser (griech. Soter), nicht nur Hab und Gut, wurde in maßloser Selbstüberschätzung verspielt. Triumph der Hybris. Nicht einmal mehr Gemeinschaft mit den Schweinen - im Judentum das unreine Tier par excellence, die Metapher für eine total veräußerlichte Existenzform, die Figur banalster Vorhandenheit, das Symbol einer Existenzform, die im Wasser der Zeit zukunftslos vergeht, so wie die Schweine im See ersaufen (vgl. Mk 5,13) - war noch der Fall. Das Zeichen für Gemeinschaft - das Essen - war dem Sohn nicht einmal mehr mit den Schweinen möglich. "Er hätte gern seinen Hunger mit den Futterschoten gestillt, die die Schweine fraßen, aber niemand gab ihm davon" (Lk 15,16).

In der Alltagssprache hört man: "Ein Schwein" - gemeint ist ein Mensch, der das Geheimnis verraten, die eigene Würde und die der anderen mißachtet hat, jemand, der sich bloß äußerlich und nur noch triebhaft verhält. Nicht sein "Ich", sein positives Selbst ist Herr im eigenen Haus, sondern ein gieriges und süchtiges, bloß für sich genommenes "Es" treibt ihn. Wahrscheinlich ging der Prozeß seiner "Entmenschung" nicht auf einen Schlag, sondern wohl Schritt für Schritt: Freundschaften zerbrachen, es reichte bald nur noch zu Zechkumpanen - und auch sie zogen sich einer nach dem anderen zurück. Sein Umgang mit Frauen: immer beliebiger, willkürlicher - billiger. Das andere Du wurde zum bloßen Objekt der Eigenlust degradiert. Viel Hochmut, Stolz, Selbstsucht und zynische

Abb. 27: Eine Menorah mit der Heiligen Stadt

Vernunft ergriffen Besitz von diesem Menschen. Gerade dies schließt nicht aus, daß seine Manieren sich besserten: Höflichkeit um den Preis der Herzlosigkeit, die insgeheim zunahm. Doch hinter dieser ästhetischen Fassade fand die Entkernung der Person schon statt. Eine solche Pseudoästhetik ist ja nur die Kehrseite einer unästhetischen, sich kaum mehr artikulieren könnenden Sprache, die dem Grunzen der Schweine nicht unähnlich ist.

Dieser Sohn, von dem uns erzählt wird, ist jemand, der alles und so sich selbst total ruiniert hatte, eine Ausgeburt massiver Selbstschädigung, ein Spieler, der alles gesetzt und alles verloren hatte; seine "Karriere" war eine abgründige Katastrophe. Sein Spiel war zu Ende. Er hatte nichts mehr zu setzen. Ihm blieb nur noch die Wahrheit: *rien ne va plus.*

Die Rückkehr des Sohnes

Keiner weiß warum. Ein Wunder geschieht. Inmitten der Verelendung beginnt seine Kehre nach Hause. Gewiß waren die ersten Schritte hart, wohl mehr ein Taumeln als ein Gehen. Inmitten des Zustandes verzweifelter Hoffnungslosigkeit geschieht Aufbruch. Ein Bruch mit dem Äußersten geschieht. Wer denkt nicht an Heroinsüchtige, die es dennoch schafften? Das Äußerste, ein Vegetieren bei den Schweinen, wird der Bereich, den der Sohn hinter sich läßt.

Die Heimkehr des Sohnes vermieste kein Vorwurf, nicht die Frage: Warum? Wie konntest du nur? Der Vater sagt sein unbedingtes, fragloses Ja zu seinem Sohn.

> Der Vater sah ihn schon von weitem kommen, und er hatte Mitleid mit ihm. Er lief dem Sohn entgegen, fiel ihm um den Hals und küßte ihn. Da sagte der Sohn: "Vater, ich habe mich gegen den Himmel und gegen dich versündigt; ich bin nicht mehr wert, dein Sohn zu sein." Der Vater aber sagte zu seinen Knechten: "Holt schnell das beste Gewand, und zieht es ihm an, steckt ihm einen Ring an die Hand, und zieht ihm Schuhe an. Bringt das Mastkalb

her, und schlachtet es; wir wollen essen und
fröhlich sein. Denn mein Sohn war tot und lebt
wieder; er war verloren und ist wiedergefunden
worden." Und sie begannen, ein Freudenfest zu
feiern.   (Lk 15,20-24)

Nicht halbherzig, sondern aus ganzem Herzen nahm der Vater den
Sohn an. Er schenkte ihm aufs neue alles. Er ist der Ganz-Andere.
Er handelt jenseits der kleinbürgerlichen Moral; er sprengt die
üblichen gesellschaftlichen Vorstellungen von Gerechtigkeit. Tränen
werden zu Freudentränen. Die Freude spürt wohl nur der, der das
Herz des verlorenen Sohnes versteht. Oder auch der, der in sich
der Wahrheit gerne Raum schenkt: "Seid vollkommen, wie auch
euer Vater im Himmel vollkommen ist" (Mt 5,48).

Der Bruder zu Hause

Von zwei Brüdern ist im Evangelium die Rede. Der eine blieb zu
Hause, der andere zog in die Ferne, ruinierte sich total, "versaute"
sich sein Leben. Und doch Rückkehr.
   Wie wird die Gestalt des Bruders skizziert, der immer zu Hause
bleibt? Sehr negativ. Auf seine Weise gerät er genauso wie sein
Bruder ins menschliche Abseits. Auch er wird die Versöhnung mit
seinem Vater bitter nötig haben. Und mit seinem Bruder. Der eine
ging in der Nähe verloren, der andere in der Ferne. Beide haben
eine Zukunft nur aufgrund der barmherzigen Liebe ihres Vaters.
   Der Sohn, der nicht in die Ferne zog, bewegt sich in der Welt
des Vergleichens. Er gönnt seinem Bruder das Fest der Versöhnung nicht. Beleidigt sagt er zum gemeinsamen Vater: "Siehe, so
viele Jahre diene ich dir und niemals übertrat ich dein Gebot: aber
nie hast du mir ein Böcklein gegeben, daß ich mit meinen Freun-
den hätte ein Freudenfest feiern können. Da aber dieser dein Sohn
kam, der sein Vermögen vertan hat mit Dirnen, schlachtest du für
ihn das gemästete Kalb" (Lk 15,29-30).
   Dem Hörer des Evangeliums fällt auf: Dieser Sohn gleicht seinem Vater nicht. Man fragt sich aber dennoch: Was ist so schlimm
an der Reaktion des älteren Sohnes? Was bringt sie zum Ausdruck? Er hat das Wesen seines Vaters nicht verstanden! Denn die

Liebe handelt unvergleichlich, der ältere Sohn aber gefällt sich im Vergleichen. Für die Liebe kommt der andere nicht als ein bestimmter Fall von Menschsein in Blick, dem so und so viel zusteht und mehr nicht, sondern als ein einmaliges, mit eigenem Namen gerufenes Du. Für die Liebe ist der andere der jeweils Unvergleichliche, eine unaustauschbare Person mit einer individuellen Geschichte. Alles Vergleichen, durch das der andere nicht mehr in seiner - auch negativen - Besonderheit als er selbst geachtet wird, führt in die Irre, macht denjenigen, der vergleicht, in seiner Lieblosigkeit offenbar. Im Wesen der Liebe findet sich nichts Verächtliches oder Mißgünstiges. Der ältere Sohn ist aus der Unmittelbarkeit der konkreten liebenden Beziehung herausgefallen und fällt so über seinen Bruder in einer Scheinobjektivität sein Urteil.

Jesus - das Gleichnis Gottes

Jesus erzählt uns dieses Gleichnis. Er selbst. Dadurch gewinnt es das Gewicht der *Offenbarung.* Denn er, "der am Herzen des Vaters ruht, hat Kunde gebracht" (Joh 1,18). "Durch ihn haben wir Zugang zum Vater" (Eph 2,18). Für den Christen ist der in Fleisch und Blut erschienene Christus *das* Gleichnis Gottes. Über jedes bloß erzählte Gleichnis hinaus ist das Leben Jesu ein einziges Gleichnis, an dem wir erkennen, wie gut er es mit uns meint. Erlösend und vergebend ist er für uns Menschen da. In ihm, dem lebendigen Gleichnis Gottes, ist das Wesen Gottes in der Welt restlos aufgegangen.

Damit ist an und für sich alles gesagt. Aber zur Verdeutlichung sei noch hinzugefügt: Das Gleichnis vom verlorenen Sohn gilt auch von Jesus selbst. Wer ist weiter als er - freiwillig - in die äußerste Ferne und Gottverlassenheit gegangen, hat die Last der Verachtung, der Sünde und Schuld auf sich genommen? Er ging in die Welt der äußersten Schande, an den Verbrecherpfahl des Kreuzes. Auf dem Weg dorthin kam der Protest der Jünger. Die Leidensankündigungen [1], das Hinabsteigen vom Berg des Lichtes und der

---

[1] Vgl. Mk 8,31-33; 9,30-32; 10,32-34.

173

Verklärung ins Tal der Erniedrigung, der Nacht und Ohnmacht (Mk 10,9-10) und Stationen seines Weges, der hinab ins Kidrontal, nach Getsemani führte. Nahm er dort, in der Nähe des Zion, des Tempels von Jerusalem nicht auch das Schicksal des älteren Sohnes auf sich, der zu Hause, in der Nähe des Vaters blieb? Die Erlösung, das Heil, die versöhnte Nähe ist auch dem älteren Sohn angeboten. Auch dieser Sohn soll einst dem Vater wesensgleich werden. Als jeder und für jeden ging Jesus seinen Weg.

Das Versprechen der Schlange im Paradies, daß der Mensch Gott gleich werde (vgl. Gen 3,5), erfüllt Jesus auf unvordenkliche Weise. Denn er wird den, der am Holze des Paradiesbaumes gesiegt hat, am Holze des Kreuzes besiegen. [1] "Vom Baum des Paradieses kam der Tod, vom Baum des Kreuzes erstand das Leben. Der Feind, der am Holz gesiegt hat, wurde auch am Holze besiegt durch unseren Herrn Jesus Christus". So heißt es in der Präfation zum Fest Kreuzerhöhung, das jedes Jahr am 14. September gefeiert wird.

Jesus Christus, der Gott gleich war (Phil 2,6), entäußerte sich, so daß wir aufgrund seines heiligen Tausches dem Gott der Liebe gleichen sollen: "Seid vollkommen, wie auch euer Vater im Himmel vollkommen ist" (Mt 5,48).

---

[1] Nach Jerusalemer Ortstradition wird das Grab von Adam und Eva unter dem Kreuz in Golgatha situiert.

14. IN GETSEMANI

Mit dem Geschehen von Getsemani wird durch Jesus das Ereignis
des Kreuzes in einem gewissen Sinn psychisch vorweggenommen.
Er erlebt das Versagen der Jünger, durchlebt seine Angst, schwitzt
Blut und weint und willigt aufs neue bedingungslos ein in den
Willen Gottes:

> Als er auf Erden lebte, hat er mit lautem
> Schreien und unter Tränen Gebete und Bitten
> vor den gebracht, der ihn aus dem Tod retten
> konnte, und er ist erhört und aus seiner Angst
> befreit worden. Obwohl er der Sohn war, hat
> er durch Leiden den Gehorsam gelernt.
>   (Hebr 5,7.8)

Die Tränen Jesu sollen der Anlaß sein, über den Sinn der Tränen
nachzudenken. Welche Tränen gibt es? In welcher Welt werden sie
geweint? Was bedeuten sie in der Beziehung zu Gott?

Vom Sinn der Tränen

Wir müssen davon ausgehen, daß viel zu viel Unmenschlichkeit
herrscht in der Welt. Versklavender Hochmut und tyrannische
Niedertracht, feiges Fliehen und starres Beharren, fremde Schuld
und eigene Sünde verqueren den Weg des liebenden Lebens. Die
Welt ist ein Jammertal. Menschen hängen am Kreuz.
   Natürlich genügt es keineswegs, deswegen nur zu klagen und
traurig zu sein. Noch so gut gemeinte Programme und Analysen
helfen oft nicht weiter. Sollten wir vor dem Gerichtshof unserer
manchmal herzlosen Rationalität aber nicht zumindest das Wagnis
der Tränen zulassen? Dürfen wir nicht den Schmerz über das Leid
und das Elend zeigen? Und über den Tod (vgl. Joh 11,34f)? Müssen wir einander nicht vielmehr echte Tränen gönnen? Mittendrin
mag uns dann aufgehen, wie gut es ist, zu weinen und einen Raum
einzuräumen, in dem geweint werden kann. Ein Weg tut sich auf.
Inmitten von Not und Angst wird ursprüngliche Liebe transparent:

Abb. 28: Der Keltertreter

Weine aus die entfesselte Schwere der
Angst
Zwei Schmetterlinge halten das Gewicht der
Welt
für Dich und lege Deine Träne in dieses Wort:
Deine Angst ist ins Leuchten geraten [1].

Zuweilen kennt der Mensch das Warum und Woher seiner Angst, die ihn unfrei macht und ihn einengt. Es ist nicht die Angst der Tränen des Mitleids, sondern die Angst, die entsteht, wenn man sich an Zeiten erinnert, in denen versucht wurde, wider das eigene, lebendige Leben dazusein. Phasen unsinnigen Existierens treten ins Bewußtsein. Szenen und Bilder nicht gelebten, lieblosen Lebens kommen vor das innere Auge. Während solcher Stunden der Anamnese kann die Parabel von der Hoffnung, die immer jung bleibt, der Anfang des Trostes sein. Zum Gleichnis vom Sohn, der zum gütigen Vater zurückkehrt (Lk 15,11f), schreibt Charles Péguy [2]:

Über dieser haben Hunderte,
Tausende von Menschen Tränen vergossen.
Hunderte von Tausenden von Menschen
Nur über dieser.
Die selben Schluchzer aufgestoßen, die
gleichen Tränen geweint.
Getreue und ungetreue
Eine die andere ablösend.
Immer wieder die gleichen.
Die gleichen Zähren vergossen
In einer Tränengemeinschaft.

---

[1] Nelly Sachs, Suche nach Lebenden. Die Gedichte der Nelly Sachs, hrsg. von Margaretha und Bengt Holmqvist, Frankfurt 1971, 29.

[2] Charles Péguy, Das Tor zum Geheimnis der Hoffnung, neu bearb. von Hans Urs von Balthasar, Einsiedeln, ²1980, 118, 116. Die beiden anderen Parabeln, vom verlorenen Schaf und von der verlorenen Drachme, erzählt Lukas im gleichen Kapitel.

Dieselben Schluchzer hingebettet, die glei-
chen Tränen geweint.
Getreue, ungetreue.
Von den gleichen Schluchzern geschüttelt.
Und wie Kinder geweint.

(Jene Parabel) ist sogar bei den Gottlosen berühmt.
Sie hat da, sogar da, einen Zutritt gefunden.
Als einzige vielleicht ist sie im Herzen des
Gottlosen haften geblieben.
Wie ein Nagel der Zärtlichkeit.
*ER sprach aber also: Ein Mann hatte zwei
Söhne.*

In der Fremde der lieblosen Welt beginnt die Heimkehr des ver-
lorenen Sohnes zum liebenden Ursprung. [1] Unendlich verschieden
sind solche Tränen der Reue und Umkehr von den Tränen des
Zorns eines Menschen, der sich ärgert, weil seine Begierden nicht
erfüllt werden, weil seine Süchte unbefriedigt bleiben, weil seine
Gier nur schlechte Leere erzeugt. Tränen sind nicht gleich Tränen.
Ein Abgrund herrscht zwischen dem grausamen Heulen derer, die
Unschuldige foltern, und den Tränen des Schmerzes bei einer
Geburt: Tränen, die Anfang von Freude sind. Die Tränen des
Lebens sind das Gegenteil der Tränen des Tötens. Todestränen,
wie Caterina von Siena sie nennt [2], werden von denen geweint, die
im Unrecht verharren wollen. Gemeint ist der Mensch, der seinen
Reichtum verpraßt, der sein Herz an die Welt verschleudert, der
göttliche Ordnungen mißachtet und immer wieder den Genüssen
der nur für sich genommenen Endlichkeit verfällt. Die Zeit wird
dann mit nichtssagenden, hohlen und sinnleeren Phrasen totge-
schlagen, das Leben der egoistischen Selbstverwirklichung geopfert.
Das Nein zum Leben ist der Grund dieser sinnlosen Opfersucht.

---

[1] Vgl. dazu das vorherige Kapitel.

[2] Vgl. Louise Gnädiger, Feuertränen. Caterina von Sienas Tränen-Lehre und Tränen-Erfahrung, in: Geist und Leben 54
(1981) 85-98.

Im radikalen Gegensatz dazu steht eine andere, die bejahende Weise von Opfer. Es ist ein Tun, bei dem es vorkommt, daß Tränen fließen, ja manchmal wird man sogar eigenes Blut vergießen lassen müssen. Was meint Opfer positiv? Das vielschichtige Wort "korban" (Weihegabe) steht nicht nur für "Opfer", sondern bedeutet zugleich "Näherkommen". Und zwar in einem mehrfachen Sinne.

Opfer besagt Näherkommen zu sich selbst, zu sich, so wie man im Grunde von Gott geschaffen und gewollt ist. Es gilt, sich selbst zu verwirklichen, im positiven Sinn des Wortes. Und bei diesem Tun passiert es dann, daß man notwendigerweise Verzicht übt, nein sagt aus dem Ja zu sich selbst. Deswegen leidet man Schmerzen aus, nimmt auf sich, was mehr ins Heil führt. So gesehen ist Opfer etwas ganz und gar Positives. Mit masochistischem Gehabe hat es nichts zu tun. Das Ich, das da zwischen einem gewaltigen Über-Ich und einem nicht-integrierten Es dahinkümmert, gewinnt Substanz und Selbststand. Ein schmerzhaftes Tun. Auf viele schlechte Gewohnheiten, überholte Muster des Reagierens, infantiles Gehabe etc. ist radikal zu verzichten. Es heißt Abschied nehmen vom eigenen Egoismus, bei dem man sich im Grunde doch unwohl gefühlt hat. Wer in rechter Weise opfert, tritt in ein freieres Verhältnis zu sich selbst.

Opfer ist Näherkommen zu anderen. Der andere in seiner Freiheit wird maßgebend für die Weise von Nähe und Ferne, die man selbst ihm gegenüber in Freiheit leben kann. Und dies tut oft weh - sei es, weil man mehr Nähe und weniger Ferne möchte bzw. weil man die Wünsche des anderen nach weniger Nähe und mehr Ferne nur schmerzhaft aushalten kann. Doch die Freiheit des anderen ist zu achten, koste es, was es wolle. Allerdings ist dabei genau zu unterscheiden, ob der andere aus Freiheit handelt und so letztlich auch auf die Mehrung der Freiheit des anderen aus ist, oder ob dies nicht der Fall ist. Entsprechend ist ja oder nein zu sagen. Es gehört zur Beziehung von Freiheit zu Freiheit, die sich partiell wohl immer wieder unfrei verhält, daß man verzichten kann, etwa indem man schweigt, um dem anderen Raum zum Reden zu schenken; indem man sich nicht zurückhält, um einem Übel, das den anderen treffen würde, zu wehren; indem man ihm

Zeit schenkt und so auf eigene "Freizeit" verzichtet. Opfer also, liebendes Tun, durch das man einander näher kommt und andere näher kommen läßt. Es ist die konkrete Weise, in Freiheit miteinander zu leben.

Korban vor Gott: Es ist einsichtig, daß lebendige Beziehung zu Gott, d.h. in seiner Nähe zu leben, den Verzicht erfordert auszuschließen, was dies erschweren würde. Das Einräumen der Nähe Gottes ist das Ausräumen von Götzen und Idolen. In diesem Sinn soll jeder Mensch opfern. Mag dies auch oft Härten und Schnitte mit sich bringen, die durch Mark und Bein gehen. Opfer ist die Weise, Gott näherzukommen, zur Liebe selbst in Beziehung zu treten. Welche Kühnheit des endlichen Wesens, sich an den Ewigen zu wenden, ihm näherzukommen! Durch welchen Prozeß hindurch gelangte Jesus Christus, in dessen Menschsein wir mit ihm übereinkommen in die innigste Nähe Gottes? Wie starb er in die Hände des Vaters? Durch Leid und Kreuz kehrte er zum lebendigen Gott zurück, setzte sich zur Rechten Gottes (vgl. Mt 26,64). Im Blick auf Jesus dürfen wir seinem Wort glauben:

> Wenn das Weizenkorn nicht in die Erde fällt und stirbt, bleibt es allein; wenn es aber stirbt, bringt es reiche Frucht. Wer an seinem Leben hängt, verliert es; wer aber sein Leben in dieser Welt geringachtet, wird es bewahren bis ins ewige Leben. Wenn einer mir dienen will, folge er mir nach; und wo ich bin, dort wird auch mein Diener sein. Wenn einer mir dient, wird der Vater ihn ehren. (Joh 12,24-26)

Wohin führt die Nachfolge? Die Höchstform ist das Opfer am Kreuz, der Tod an jenem Geviert der Welt, an dem der eine hing, der die Dimensionen einte, den heiligen Tausch von Schuld und Unschuld, von Nähe und Ferne Gottes, von Menschwerdung Gottes und Vergöttlichung des Menschen vollzog. Er, das Herz der Welt, mittete die Welt aufs neue.

Das Zeichen des Kreuzes ist das Taw, der letzte Buchstabe im hebräischen Alphabet. Das Taw (= 400) steht für die höchste Form der linearen Zeit. In dem, der sein Kreuz auf sich nahm, brach die letzte Stunde an.

Vor ihm, der den Weg durch Getsemani bis hinaus nach Golgota ging, stellten sich im Laufe der Jahrhunderte viele Menschen der Frage: Was ist der Sinn der eigenen Schmerzen und Tränen? Im Gespräch mit Christus ergab sich oft eine Antwort. Aus Liebe zu ihm trafen große Heilige in mystischem Trost ihre Entscheidungen. Die Art der Tränen [1] galt dabei als ein Kriterium für die Echtheit und Wahrheit eines Weges. Wie soll das eigene Leben sinnvoll weitergehen? [2] Was ist der Wille Gottes? Die Antwort darauf ist oft anders, als man es sich in bloßer Schulweisheit austräumen möchte. Im Grunde kann man sich der Frage nach dem Willen Gottes, dem überwesentlichen Sinn im Leben, dem Heilscharakter von Schmerz und Leid nicht abstrakt, abgezogen vom eigenen Empfinden und Erleben widmen. (Viel akademisches Gefrage muß man daher lassen). In der wahren Wirklichkeit stellt sich die Frage neu. Die Antwort muß konkret sein. Sie findet überall dort statt, wo liebendes Näherkommen gelebt wird, wo in rechter Weise geopfert wird. Nicht um utopische Ideale, um fromme Wünsche, um moralische Überforderung geht es, sondern um die Erfüllung des Willens der Liebe. Gerade dann wird erlebt: Tränen gehören zum Weg des Menschen. In den Schmerztränen aus Mitleid, in den Feuertränen der Liebe, in den Freudentränen aus Glaube und Hoffnung entbirgt und verbirgt sich der Sinn der Welt. Spuren solcher Tränen können zu Wegzeichen eines Lebens

---

[1] Ignatius von Loyola, Das Geistliche Tagebuch, hrsg. von Adolf Haas und Peter Knauer, Freiburg 1961. Dieses Geistliche Tagebuch, vom 2.2.-21.12.1544, ist ein "Buch der Tränen". In ihm finden wir Formen des Trostes bei Ignatius während der Abfassung der Konstitutionen der Gesellschaft Jesu. - Zum Stichwort "Tränengabe" vgl. Raphael Schulte, in: LThK Bd.10, Freiburg 1965, 305. Vgl. auch Pierre Adnès, in: Dictionnaire de Spiritualité Bd.IX, Paris 1976, 287f.

[2] Vgl. Julius Pokorny, Indogermanisches Etymologisches Wörterbuch Bd. I, Bern 1959, 908. Indog. *sent-* eine Richtung nehmen, gehen; empfinden, wahrnehmen; lat. *sentire* fühlen; althochdtsch. *sin* Sinn; *senten* senden; altisl. *sinni* Reisegefährte; *sinna* reisen, sich kümmern, beachten; *senda* opfern; mittelhochdtsch. *sinde* Gesinde, Reise-gefolge; neuhochdtsch. sinnen, Sinn.

aus dem Geist Jesu werden. Tränen des Trostes machen kund, daß der Weg des Sinnes in der Zeit der Weg Jesu war. Ihr Salz verändert die Schalheit von Trostlosigkeit und Verbitterung, läßt den Weg gehen, der notwendig ist.

Getsemani gehört zum Weg des Messias und zu allen, die ihm nachfolgen wollen. Wie die Olive gekeltert wird, damit uns das Öl zukommt, so wurde der Gesalbte des Herrn uns durch sein Leiden offenbar.

15. JESUS VOR PILATUS

Die Evangelien berichten von Pilatus, daß er Jesus vorführen ließ. Der Evangelist Johannes schreibt uns, daß Jesus nach der Geißelung und Dornenkrönung weder freigelassen noch gleich zur Kreuzigung verurteilt wurde (vgl. Joh 19). Pilatus versuchte um eine Entscheidung herumzukommen. Vielleicht hätte er am liebsten mit dem Ganzen gar nichts mehr zu tun gehabt. Vielleicht wollte er es allen recht machen, ohne dabei *sich* preiszugeben, ohne sich einzulassen auf das, was für ihn persönlich anstand.
Der Evangelist Johannes schreibt:

> Pilatus sagte zu Jesus: 'Was ist Wahrheit? ... Woher stammst du?' Jesus aber gab ihm keine Antwort. Da sagte Pilatus zu ihm: 'Du sprichst nicht mit mir? Weißt du nicht, daß ich Macht habe, dich freizulassen, und Macht, dich zu kreuzigen?'
>
> (Joh 18,38)

> Pilatus ließ ein Schild anfertigen und oben am Kreuz befestigen; die Inschrift lautete: Jesus von Nazaret, der König der Juden ... .
>
> (Joh 19,9f)

> 'Was ich geschrieben habe, habe ich geschrieben.'
>
> (Joh 19,22)

Zur Situation der Verhandlung

Die tragische Bühne, auf der die Verhandlung des Pilatus gegen Jesus stattfand, wurde bevölkert durch Anhänger verschiedener Gruppierungen der damaligen Zeit. Insoweit sie typisch sind, finden sie sich als Gestaltkräfte auch noch in der Psyche des heutigen Menschen. Wer war dort versammelt? Was waren das für Leute?

Abb. 29: Der ausgelieferte Menschensohn

Abb. 30: Jesu Weg nach Golgotha

Richten wir unser Augenmerk auf die gewiß recht vielschichtige Volksmenge [1]. Da gab es vermutlich Leute, die mit den *Essenern* sympathisierten, den besonders "Reinen", religiös Radikalen, die auf den Weltuntergang warteten. Sie lebten in Ordensgemeinschaften und beschäftigten sich hauptsächlich mit Schriftforschung, Gebet und Handarbeit. Ihrer Weise zu glauben lag weithin ein dualistisches Weltbild zugrunde. Die Hauptgruppe beim Volksauflauf vor Pilatus bildeten wahrscheinlich die Anhänger der *Pharisäer*, deren Gruppe neben Weisheitslehrern und Schriftgelehrten hauptsächlich aus Handwerkern, Bauern und Kaufleuten bestand. Ihr oberstes Prinzip war die kultische Reinheit; als grundlegende Rechtsnorm galten die biblischen Bücher, vor allem aber die Halacha, das von den Schriftgelehrten für die Gegenwart gültig ausgelegte traditionelle Gesetz. Für sie war das Gesetz in seiner "Starrheit" leitend. Konkrete Menschen und ihr Schicksal rücken bei dieser Art von Religiosität oft in den Hintergrund. Auch Parteigänger der *Sadduzäer* mit ihrer prinzipiell innerweltlichen Einstellung hatten sich wohl unter das "Volk" gemischt. Sie stammten vor allem aus dem Priester- und Laienadel. Oberste Rechtsnorm war für sie das geschriebene Gesetz, die Torah. Auferstehungsgedanken waren ihnen fremd; dafür hatten sie um so mehr Interesse, sich politisch und religiös zu arrangieren. Es mag sein, daß auch Sympathisanten der *Zeloten* zur Masse vor Pilatus gehörten, Mitglieder einer priesterlichen Aufstandsbewegung, die mittels terroristischer Gewalt sich dem Befreiungskampf gegen die Römer verschrieben hatten. Auch *Sicarier*, Leute, die mit dem Dolch unterwegs waren, gehörten zur antirömischen Bewegung; sozialrevolutionär eingestellt strebten sie die Alleinherrschaft Jahwes an. Barabbas etwa ist einer solchen Gruppierung zuzurechnen. Was es wohl bedeutet, daß gerade er von der Verurteilung Jesu den greifbarsten Nutzen hatte? Denn aufgrund des - im direktesten Sinn des Wortes - *stellvertretenden* Kreuzestodes Jesu kam er ja frei, lebte vorerst weiter [2].

---

[1] Vgl. zum folgenden: Werner Dommershausen, Die Umwelt Jesu. Politik und Kultur in neutestamentlicher Zeit, Freiburg ⁴1987, 54-63.

[2] Vgl. Pär Lagerkvist, Barabbas, Berlin 1956.

Nicht nur solche, die sich leicht in damals gängige politisch-religiöse Richtungen einordnen lassen, sondern auch manche, die einfach gerne mitschreien, wenn irgendwo etwas los ist, strömten zur Menge vor Pilatus zusammen. Vielleicht darunter ein paar Straßenhändler und der eine oder andere Fremde, der zum Fest nach Jerusalem gekommen war.

Es spricht gar nichts dagegen zu vermuten, daß auch einige einfache Leute, die für das Wirken Jesu offen waren, sich in besagter Volksmenge befanden. Manche aus dem Kreis um Johannes den Täufer und einige, die Jesus von Nazaret als dem Messias anhingen, wollten die Masse vielleicht umstimmen. Doch sie konnten sich nicht durchsetzen.

Pilatus

Wer war Pilatus? [1] Er setzte sich auf seinen Richterstuhl - ein Mensch also, der über andere den Stab bricht. Jemand, der sich uns gegenüber wie Pilatus verhält, paßt uns nicht - aber gefällt man sich selber nicht zuweilen in dieser Rolle? Zur Zeit Jesu war er Vertreter der höchsten politischen Instanz. Möchte in uns nicht auch eine Dynamik von politischer Gewalt agieren, gegen die Jesus keine Chance mehr hat? Meldet sich nicht zuweilen in uns der

---

[1] Vgl. Joachim Gnilka, Der Prozeß Jesu nach den Berichten des Markus und Matthäus mit einer Rekonstruktion des historischen Verlaufs, in: Der Prozeß gegen Jesus. Historische Rückfrage und theologische Deutung, hrsg. von Karl Kertelge (Quaestiones Disputatae 112), Freiburg 1988, 26: "Pilatus, 5. Statthalter von Judäa (26-36 n.Chr.), wird in der zeitgenössischen Literatur negativ beurteilt. Philo sagt ihm Bestechlichkeit, Gewalttätigkeit, Räubereien, Mißhandlungen, Beleidigungen, fortgesetzte Hinrichtungen ohne Gerichtsverfahren usw. nach. Er galt als Günstling des Seianus, der als mächtigster Mann nach dem Kaiser und als Judenfeind angesehen wurde. Die Judenfeindschaft kann auch für Pilatus in Anspruch genommen werden, wie manche Episoden aus seinem Wirken erhärten. Dies wird vielleicht auch durch seine Münzprägung bestätigt, bei der er polytheistische Opfersymbole, die religiöse Empfindungen der Juden verletzt haben könnten, verwendete."

"Römer", der so auf Ordnung und Macht und Recht pocht, als hätte er noch nie etwas von Freiheit und Gnade und Wunder gehört? Pilatus ist ein Mensch, der seine Hände gern in Unschuld wäscht. Ein gewisses Talent zu merken, was für die eigene Karriere förderlich ist, kann man ihm nicht absprechen. Er war bereit, dafür einen anderen zu opfern. Als Vertreter der römischen "Welt-Macht" setzt er alles daran, den anderen fix und fertig zu machen.

Was ist Wahrheit?

Pilatus stellt die Frage: "Was ist Wahrheit?" Von vornherein ist seine Fragestellung eingeengt: *Was* ist Wahrheit? [1] Gleichsam unkritisch erkundigt er sich nach der Wahrheit wie nach einem Gegenstand, anstatt die Frage vorzulassen: *Wer* ist die Wahrheit? Man könnte sagen: Wie Pilatus auf seine Weise "danebenfragt", wird auch heute die Wahrheitsfrage oft unangemessen gestellt. Man reduziert das mögliche Antwortfeld auf Strukturelles, Programmatisches, Philosophisches, Psychologisches etc. Die Wahrheitsfrage wird im Gegenständlichen, Relationalen, Transzendentalen etc. situiert. Diese Form der Fragestellung verhindert aber geradezu die ganze Wahrheit der Antwort - steht doch die Wahrheit als *jemand*, personal vor Pilatus.

Pilatus bricht nicht durch zur wahren Frage: *Wer* bist du? Die Wahrheit in Person, die sich vor ihm verschweigt, kann im Horizont seines bloß allgemeinen Interesses nicht zum Vorschein kommen. Ob Pilatus seine Frage nach der Wahrheit ehrlich gemeint

---

[1] Es gibt allerdings auch einen positiv-sachlichen Aspekt der Frage nach der Wahrheit: vgl. dazu Romano Guardini, Wahrheit des Denkens und Wahrheit des Tuns, hrsg. von Felix Messerschmid, Paderborn 1980, 12: "Die Wahrheit des Denkens besteht darin, einen Gedanken nach seiner ganzen Tiefe, Höhe und Breite durchzuführen und vor keiner Konsequenz zurückzuscheuen. Die Wahrheit des Tuns ist anders. Sie besteht darin, die schmale Stelle der Möglichkeit zu suchen und die eigene Kraft in das rechte Maß zu bescheiden, wissend, daß der vollzogene Ansatz durch die innere Logik des Lebens selber weitergeführt wird."

hat? Klingt sie im Blick auf seine Gesamtpersönlichkeit nicht so, als ob er im Grunde gar keine Antwort erwarte? Ist es zu viel interpretiert zu meinen, daß Pilatus gar nicht wirklich fragt, sondern nur intellektuell-überheblich, etwas sarkastisch, die grammatikalische Form der Frage anwendet: Was ist Wahrheit? Der andere hat ihm im Grunde ja ohnehin nichts zu sagen. - Und Jesus schweigt. Keine Antwort auf eine "falsche" Frage.

Was ich geschrieben habe, habe ich geschrieben

Pilatus beläßt es nicht dabei, sich hinter seiner Fragestellung zu verstecken, sondern er wendet Gewalt an gegen den sich in seinem Schweigen verbergenden Messias. Die Selbstaussage des johanneischen Christus: "Ich bin der Weg, die Wahrheit und das Leben" (Joh 14,6) bleibt Pilatus unzugänglich. Denn mit den Mitteln des kausalen, strukturellen, eshaften Gesetzes, der Sprache der Was-Welt, eröffnet sich kein angemessener Zugang zur Wer-Welt mit ihrem personalen Logos von Freiheit und Würde. Das Gesetz bleibt dem Vordergründig-Organisatorischen verhaftet. Die Schuldfrage ist nur unter gesellschaftlicher Rücksicht relevant. Die Normen als solche zählen für das Urteil, nicht wer jemand im ontologischen Sinne ist.

Wie geht Pilatus mit dem Wort der Wahrheit in Fleisch und Blut um? Er will es hinter sich bringen. Das Diktum des Pilatus: "Was ich geschrieben *habe*, habe ich geschrieben", ist nur eine Form seiner Sucht, den anderen ins Perfekt (!), ins Abgelegte, in die Vergangenheit also, zu transportieren. Dem ewigen *Wort* Gottes, dem *Logos*, von dem uns der Evangelist Johannes verkündet, daß es Mensch geworden ist, soll keine Gegenwart und Zukunft eingeräumt werden. Seine Geschichte in Raum und Zeit soll in die Form der Gewesenheit gebracht werden. Wie geschieht dies? Pilatus geht fixierend mit dem lebendigen Wort Gottes, mit Jesus von Nazaret, um. Er entscheidet, den Logos in seiner Lebendigkeit auf Aufschreibbares hin zu reduzieren. Pilatus fixiert ihn gleichsam in Buchstäblichkeit hinein und nimmt ihm so alles, was sein Leben ausmacht: "Was ich geschrieben habe, habe ich geschrieben" (Joh 19,22). Dies ist im Grunde alles, was vom anderen Du übrigzubleiben hat. Und die Weise, den Logos zu *fixieren*, ist nur der Beginn eines Prozesses, der bei der *Kruzi-fixation* endet. Der "Fixierungswahn" des Pilatus wirkt sich tödlich aus; er bringt den anderen ans Kruzifix. (Durch das Schild am Kreuz wird dieser Vorgang dokumentiert.) Ein Mensch wie Pilatus mit seinem Perfekt-Wahn (was ich geschrieben *habe, habe* ich geschrieben) treibt den im wahren Sinn "Perfekten", den vollkommenen Menschen, ans Kreuz. Pilatus macht auf seine Weise "perfekt", was der andere freiwillig tun wird: die Ganzhingabe an Gott. "Es ist vollbracht" (Joh 19,30).

Politik und Spiritualität

Fragen wir gegen Ende unserer meditativen Überlegungen nun noch einmal nach der Bedeutung der biblischen Gestalten im eigenen persönlichen Leben. Loten wir in uns hinein. Wie wirkt sich "Pilatus" in uns aus? Pilatus ist Römer, der Soldat mit der Lanze ein römisches Vollzugsorgan. Leben wir als Menschen der *Heiligen* Römischen Kirche oder einer "Römischen Welt", die unbekehrt die Geschäfte des Pilatus betreibt? Spüren wir einmal den eigenen Verführungskünsten nach, ob wir nicht andere zum Sprechen bringen wollen à la Pilatus! Wo ist man selbst geneigt, mit Gewalt und eigener Macht zu drohen? Wann ist man geneigt, den anderen mit egoistischer "Kompromißbereitschaft" zu verführen? Wo wird versucht, die Gegenwart und die Zukunft der Sucht nach Vergangenheit, der Form des Perfekts, zu opfern? Wie steht es um den "Perfektionswahn?" Von wem fühle ich mich fixiert, wen fixiere ich? Welch tödlicher Zweikampf auf Leben und Tod kann daraus werden! Was ist das für ein Sieg, seinen Gegner aufs Kreuz gelegt zu haben? Wieso renne ich mit Problemen von Pontius zu Pilatus, anstatt sie in das Gespräch mit Jesus einzubringen?
Doch nicht nur die unmittelbare, persönliche Lebenswelt, sondern auch der Bereich der Öffentlichkeit ist die Bühne, auf der politisch-fixierend agiert werden kann. Wie verhält man sich als Teil des "Volkes"? Was besagt der Aspekt des Pharisäers, Sadduzäers, Esseners, Zeloten ... in einem selbst? Wohin gehen die eigenen Sympathieanteile? Welcher Platz bietet sich vielleicht in einer mehr oder minder haßerfüllten Masse an? Wie reagiert man selbst? Wie leicht geschieht es, jemand anderen auf die eigenen

Gedankengebäude hin zurechtzubiegen, ihn nach einem eigenen System endgültig zu be-(ver-)urteilen, ihn auf seine Lieblingsrolle festzulegen, sei es, daß erwartet wird, er müsse sich permanent kritisch oder skeptisch äußern, sei es, daß man insinuiert, ihm sei ein klagloses Hinnehmen allen Unrechts zuzumuten. Wie verhält man sich als Teil des "Volkes" mit seinem Glauben an Jesus Christus, in der Verantwortung für seine Sache?

Solche Fragen können dazu führen, die eigene politische Aktivität auch einmal kritisch in Blick zu nehmen, damit man nicht unbewußt einer *schlechten* politischen Theologie zuarbeitet. Als Christen sind wir immer wieder aufgefordert, das notwendige politische und gesellschaftliche Engagement anhand der Geschichte Jesu zu überprüfen, so daß wir nicht Handlanger einer politischen "Spiritualität" à la Pilatus werden. Gewiß ist Politik die Kunst des gesellschaftlich Möglichen. Aber als Christen, die auch politische Menschen sein sollen, haben wir uns nicht nur um die Welt zu kümmern, sondern immer wieder nach Gott und seiner Wahrheit zu fragen. Gerade so können wir für die Welt am meisten tun. Je spiritueller wir im Sinne Jesu werden, um so gesellschaftlich wirksamer - zumindest langfristig - breitet sich die Herrschaft Gottes auf Erden aus. Oder allgemeiner gesagt: Je transzendenter eine Religion ist, um so politisch wirksamer ist sie [1]. Je mystischer, um so politischer! Denn jegliches kann es selbst sein. Die "Entfremdung" wird aufgehoben.

---

[1] Vgl. Shmuel Noah Eisenstadt, Die protestantische Ethik und der Geist des Kapitalismus. Eine analytische und vergleichende Darstellung, Opladen 1971.

16. DAS KREUZ JESU

Das Leben Jesu war Vorübergang des Herrn, das Ereignis des neuen Pascha. Schon im Abendmahlssaal hatte Jesus im Zeichen seine Ganzhingabe angekündigt, den Bund mit Gott erneuert. Durch sein Heilshandeln überholte er jede Dialektik von Herr und Knecht, da er den Sklavendienst an Petrus verrichtete (vgl. Joh 13,1-20). [1] Doch nicht nur an seiner Geschichte mit Petrus, auch am Schicksal des Judas, eines Jüngers des Herrn [2], enthüllt sich das Wesen Jesu.

Judas und Jesus

An der Parallelität, die zwischen Judas und Jesus besteht, wird zugleich die radikale Verschiedenheit beider offensichtlich. Jesus wie Judas "sorgte" für die Armen, die einfachen Leute. Sie sind die Erstadressaten der Frohbotschaft Jesu (Lk 4,18,21). Von Judas heißt es: "Weil Judas die Kasse hatte, meinten einige, ... Jesus trage ihm auf, den Armen etwas zu geben" (Joh 13,29). Wohl nur

---

[1] In der frühen Kirche zählte die liturgische Wiederholung als Sakrament. Denn in Deutewort und Zeichenhandlung verdichtete sich das Heilshandeln Jesu, der sich am Kreuz aufopferte.

[2] Vgl. Hans-Josef Klauck, Judas - ein Jünger des Herrn (= Quaestiones Disputatae 111, hrsg. von Heinrich Fries und Rudolf Schnackenburg), Freiburg 1987. Judas war ein Jünger des Herrn, "nicht weniger berufen und nicht weniger begeistert als die anderen Jünger und übrigen Zwölf" (139). "Wenn wir an Judas als vorösterlichem Jesusjünger festhalten, erscheint die Erklärung des Namens als 'Mann aus Kerijot' die plausibelste Lösung zu sein." (44) Wie beurteilte ihn die nachösterliche Gemeinde? Sein Bruch mit der Jesusbewegung war endgültig; für die Gemeinde war er "gestorben". Judas ist nach Ostern nicht mehr zurückgekehrt.

zum Schein war Judas den Armen zugetan, was nicht zuletzt durch die Deutung des Evangelisten zum Ausdruck kommt: "Doch einer von seinen Jüngern, Judas Iskariot, der ihn später verriet, sagte: 'Warum hat man dieses Öl nicht für dreihundert Denare verkauft und den Erlös den Armen gegeben?' Das sagte er aber nicht, weil er ein Herz für die Armen gehabt hätte, sondern weil er ein Dieb war; er hatte nämlich die Kasse und veruntreute die Einkünfte" (Joh 12,4-6). Die Tendenz zu verkaufen (vgl. Mk 14,11) gipfelt im Verrat von Getsemani. Judas "veräußerte" Jesus.

Den Mann aus Kerijot interessierte wohl mehr die Welt hier, das messianische Reich auf Erden als Jesus und sein Reich der Himmel, das er, der Rabbi aus Nazaret, verkündete, die Herrschaft Gottes, die auf Erden mit ihm neu begann. Judas nahm nur den Bissen (Brot), nicht auch den Wein, das Zeichen des Himmels (vgl. Joh 13,30). Auf seine Weise ging Jesus den Weg der Veräußerung und Veräußerlichung mit, jedoch ohne seine innere Beziehung an Gott zu verraten. So kehrte er zurück in die Herrlichkeit des Himmels. Das "Hohepriesterliche Gebet" Jesu (vgl. Joh 17), das Abschiedsgebet des johanneischen Christus tut kund, daß er die andere Seite, die Welt des Himmels ersehnte. "Mein Königtum ist nicht von dieser Welt. ..." (Joh 18,36).

Beide, Judas und Jesus, verlieren den Boden unter den Füßen. Die Beziehung zum Weg ist verloren, die Welt wird weg- und sinnlos. Erst von der Ewigkeit des Himmels her wird wieder Licht auf den Weg, den Weg Jesu, ihn selbst fallen. Der Weg des Judas bricht ab.

Judas hängt sich am Holz des Baumes auf - eine mörderische Form der Selbsterhöhung kommt so an ihr Ende (Mt 27,5). Der Tod Jesu am Holz des Kreuzes hingegen wird in der Erhöhungschristologie des Philipperbriefs als die Erscheinungsweise des Gottesknechtes gerühmt (Phil 2,5-11). Während Mose eine kupferne Schlange zum Aufblick an eine Signalstange heftete, so daß das Volk nicht mehr auf die Welt der giftigen Schlangen fixiert blieb (Num 21,9), wird Jesus, der neue Mose, sich selbst erhöhen lassen, so daß die Menschen zu ihm aufschauen können. Er hat die Welt des Todes und der Lüge auf sich genommen, wird dargestellt als

Schlange am Kreuz [1], dem Heilszeichen des Neuen Bundes. Jesus neigt sein Haupt, bringt gleichsam bis zum letzten Atemzug seine Zuneigung zu den Menschen zum Ausdruck. Judas läßt mit dem Strick um den Hals den Kopf hängen; er stirbt allein. Auch Jesus ist im Tod einsam, doch er betet (Mk 15,34).

Von der Entselbstungssucht des Judas restlos verschieden, aber in einem ersten Blick auf das vorläufige Resultat ihres Lebens anscheinend gleich ist die Konsequenz, zu der die Selbst-losigkeit Jesu ihn gebracht hat: Beide sterben draußen vor der Stadt (Joh 19,20; Apg 1,19).

Ihr Inneres ist ganz nach außen getreten: Dem Judas stülpt es die Eingeweide heraus (vgl. Apg 1,18), eine Metapher für ihn selbst, sein Innenleben, das er mehr und mehr "veräußerlicht" hat. Was er an sich selbst tut, das hat er dem, den er "veräußert" hat, gleichfalls grausam zugemutet (Sündenbock!). Jesus gibt seinen Geist auf, Blut und Wasser strömen aus seiner Seite (Joh 19,28. 34). Das Herz der Welt hat sich restlos verschenkt.

Judas und Jesus fahren zur "Hölle". Es ist die Gehennna [2], in der Judas seine Selbsttötung durchführt (vgl. Apg 1,19). Jesus steigt hinab in das Reich des Todes, die Vorhölle, vollzieht den Descensus ad inferos. Beide sind in einem gewissen Sinn selbst "schuld" an ihrem Tod. Ihr gemeinsamer Freundeskreis ist zerstreut.

Bei unserem Vergleich ging es nicht darum, ein Urteil über den geschichtlichen Judas vorzubereiten, der den Kuß, das Zeichen der Zuneigung, zum Verrat mißbrauchte, sondern es sollte aufmerksam gemacht werden auf das Gestalttypische, das sich an ihm exemplifizieren bzw. auf ihn projizieren läßt. Denn die Gestalt des Ju-

---

[1] Vgl. etwa das Altarbild im rechten Seitenschiff des Domes in Brixen/Südtirol.

[2] Dieses Tal liegt am Rand von Jerusalem. "Über dem Hinnontal liegt ein Schleier des Grauens und des Unheils, es schwebt gleichsam Blutgeruch darüber. Hier waren die Stätten alter Menschenopfer, hier hat man die Abfälle der blutigen Tempelopfer deponiert, hier legte man Begräbnisstätten an, darunter ein Massengrab für Arme oder für hingerichtete Verbrecher" (Hans-Josef Klauck, aaO., 97).

das soll uns zum Heil gereichen, so daß wir an ihm die Grenzen mißlingenden Menschseins erkennen.

Der Tod Jesu

Nach der Theologie des Johannesevangeliums starb Jesus zu der Zeit, in der die Lämmer für das Paschafest im Tempel geschlachtet wurden [1]: Jesus als *das* Lamm Gottes. Mit dem Zerreißen des Vorhangs im Tempel wird offenbar: Das Allerheiligste ist in die Welt entäußert. Gott hat nichts für sich zurückbehalten, sich selbst gegeben. So liebt die Liebe.

Jesus hielt keine schönen Predigten vom Kreuz herab; er lieferte keinen Beitrag zur intellektuellen Debatte über das Problem des Kreuzes. Jeder spekulative Karfreitag bleibt angesichts seines Lebens abstrakt, ja ist im Grunde absurd, weil das Entscheidende fehlt: das konkrete Ereignis.

Die Erfüllung des Alten Bundes ist kein Gedankengebäude, sondern die Leibtat Jesu. Das alte Zeichen der Beschneidung ist durch das ganzheitliche, blutige Opfer am Kreuz überboten. Alles Verhüllende wurde schmerzhaft weggenommen, der Wesenskern ist restlos nach außen gekommen. Der Raub der Kleider Jesu (vgl. Joh 19,23.24) bringt zum Ausdruck, daß er sich all seiner Herrlichkeit entkleiden ließ. Als nackter, bloßgestellter Mensch ist er allen zugänglich geworden. Allen Außenseitern der Gesellschaft, allen, die entblößt werden, ist er gleich geworden. Nackt erblickt er das Licht der Welt mit einem Schrei in einem Stall und verläßt sie mit einem Schrei am Holz des Kreuzes: hinüber in die Nacht der Ewigkeit, vor seinem letzten "Wort", dem Schrei (vgl. Mk 15,37), betet er; vielleicht nur einen Teil von Psalm 22, den er gewiß ganz kannte.

---

[1] Vgl. Joachim Gnilka, Johannesevangelium (= Die Neue Echter-Bibel, hrsg. von Joachim Gnilka und Rudolf Schnackenburg), Würzburg 1983, 142: "Die sechste Stunde (Mittag) ruft möglicherweise den Beginn der Schlachtung der Paschalämmer in Erinnerung, denn am Rüsttag (vor dem Pascha) geschah diese."

Mein Gott, mein Gott, warum hast du mich
verlassen, bist fern meinem Schreien, den
Worten meiner Klage?
Mein Gott, ich rufe bei Tag, doch du gibst
keine Antwort; ich rufe bei Nacht und finde
doch keine Ruhe.

Aber du bist heilig, du thronst über dem Lobpreis Israels.
Dir haben unsre Väter vertraut, sie haben
vertraut, und du hast sie gerettet.
Zu dir riefen sie und wurden befreit, dir
vertrauten sie und wurden nicht zuschan-
den.

Ich aber bin ein Wurm und kein Mensch, der
Leute Spott, vom Volk verachtet.
Alle, die mich sehen, verlachen mich, ver-
ziehen die Lippen, schütteln den Kopf:
"Er wälze die Last auf den Herrn, der soll
ihn befreien!
Der reiße ihn heraus, wenn er an ihm Gefal-
len hat."
Du bist es, der mich aus dem Schoß meiner
Mutter zog, mich barg an der Brust der
Mutter.
Von Geburt an bin ich geworfen auf dich, vom
Mutterleib an bist du mein Gott.
Sei mir nicht fern, denn die Not ist nahe,
und niemand ist da, der hilft.

Viele Stiere umgeben mich, Büffel von Baschan
umringen mich.
Sie sperren gegen mich ihren Rachen auf, rei-
ßende, brüllende Löwen.
Ich bin hingeschüttet wie Wasser, gelöst haben
sich all meine Glieder. Mein Herz ist in meinem Leib wie Wachs zerflossen.

Meine Kehle ist trocken wie eine Scherbe, die
Zunge klebt mir am Gaumen, du legst mich
in den Staub des Todes.
Viele Hunde umlagern mich, eine Rotte von
Bösen umkreist mich. Sie durchbohren mir
Hände und Füße.
Man kann all meine Knochen zählen; sie gaf-
fen und weiden sich an mir.
Sie verteilen unter sich meine Kleider und
werfen das Los um mein Gewand.

Du aber, Herr, halte dich nicht fern! Du,
meine Stärke, eil mir zu Hilfe!
Entreiße mein Leben dem Schwert, mein einziges Gut aus der Gewalt der Hunde!
Rette mich vor dem Rachen des Löwen, vor
den Hörnern der Büffel rette mich Armen!

Ich will deinen Namen meinen Brüdern verkünden, inmitten der Gemeinde dich preisen.
Die ihr den Herrn fürchtet, preist ihn, ihr
alle vom Stamm Jakobs rühmt ihn; erschauert
alle vor ihm, ihr Nachkommen Israels!
Denn er hat nicht verachtet, nicht verabscheut
das Elend des Armen.
Er verbirgt sein Gesicht nicht vor ihm; er hat
auf sein Schreien gehört.

Deine Treue preise ich in großer Gemeinde;
ich erfülle meine Gelübde vor denen, die Gott
fürchten.
Die Armen sollen essen und sich sättigen; den
Herrn sollen preisen, die ihn suchen. Aufleben
soll euer Herz für immer.
Alle Enden der Erde sollen daran denken und
werden umkehren zum Herrn: Vor ihm werfen sich alle Stämme der Völker nieder.
Denn der Herr regiert als König; er herrscht
über die Völker.

Vor ihm allein sollen niederfallen die Mächti-
gen der Erde, vor ihm sich alle niederwerfen,
die in der Erde ruhen.
(Meine Seele, sie lebt für ihn; mein Stamm
wird ihm dienen.)
Vom Herrn wird man dem künftigen Geschlecht erzählen, seine Heilstat verkündet
man dem kommenden Volk; denn er hat das
Werk getan.

Mitten im Gebet kommt die Wende. Jesus vertraut in allem auf
Gott [1]. Selbst im Tod am Kreuz.
Das Kreuz war der Höhepunkt des liebenden Lebens Jesu, der
endgültige Ernstfall seiner Liebe zu uns. Wie sehr muß man jemanden mögen, ja lieben, um mit ihm und für ihn, ja anstatt seiner zu leiden! Jesus tat dies für die Menschen. An ihm wurde für
die Augen der Gläubigen offenbar, daß auch der schlimmste "Verbrechertod", der Tod am Kreuz, nicht das Letzte in der Geschichte
eines Menschen ist, sondern die Herrlichkeit der Auferstehung.
Selbst Gott "weiß" keine andere Antwort auf die Frage nach dem
Leid und Kreuz der Unschuldigen, als selbst diesen Weg zu gehen.

---

[1] Vgl. Ottmar Fuchs, Die Klage als Gebet, München 1982, 248:
"Ps 22 geht das Wagnis ein, in der Situation der Not den Tod
beim Namen zu nennen. Darin zeigt der Beter deutlich, daß es
weder in seiner Macht liegt, sich selber aus dem Tod herauszu-
holen, noch daß er die Gefahr befürchtet, durch die Nennung
des Todes auf magische Weise dessen Macht sich gegenüber zu
vergrößern. Sein Mut ist in seinem grundsätzlichen Glauben begründet, daß Gott allein die Kompetenz gegenüber dem Tod
besitzt. In Hinsicht auf die alttestamentliche Todesanthropologie
mutet es schließlich geradezu revolutionär an, daß Gott in der
Erfahrung der Todesbedrängnis dennoch seine Nähe und le-
bensspendende Hilfe zugetraut wird. In der erhörungsgewissen
Bitte V.22b geschieht dieser 'qualitative Sprung'. Der Weg ist
frei zur Anerkennung Gottes in der Lobbegegnung mit den
Brüdern." Jesus, der Lobpreis Gottes, kehrt als Auferstandener
in die Gemeinde der Gläubigen zurück.

So geht es der Liebe in der Welt. Und doch ist die Welt nicht die ganze Wirklichkeit. Ihr Sinn siegt über die Mächte des Todes.

Ob nicht unser Mitleid mit den Unschuldigen, die leiden, eine Weise sein kann, mit dem unschuldigen Christus mitzuleiden? Und gilt nicht: "Was ihr für den geringsten meiner Brüder getan habt, das habt ihr mir getan" (Mt 25,40)?

Die Botschaft vom Kreuz

Die Kirche verkündet Christus als den Gekreuzigten (vgl. 1 Kor 1,23f). Das Ereignis des Kreuzes überbietet alle christologischen Entwürfe. Es erweist alle Hypothesen über die Bedeutung des Kreuzes als Makulatur. Jede noch so fromme Anmutung wird durch die Realität des Schandpfahles ernüchtert. Aber um es klar und deutlich zu sagen: Erst in dem Maße, in dem wir uns auf den Gekreuzigten einlassen, können wir die Botschaft von der Auferstehung verstehen. Denn Gott hat die Pläne derer durchkreuzt, die meinten, Jesus am Kreuz endgültig festnageln zu können. Die Unbegreiflichkeit seines Kreuzes ist Zeichen der Unbegreiflichkeit der Liebe, die greifbar Mensch wurde: Jesus Christus. In der Herrlichkeit dessen, der alles Begreifen übersteigt, fand er seinen endgültigen Ort. Das Kreuz war seine vorletzte Station [1].

Das Gespräch mit dem Gekreuzigten

Es ist heilsam, sich der Botschaft vom Kreuz auszusetzen - und zwar im Bereich der eigenen Frömmigkeit. Man kann sich ganz schlicht unter ein Kreuz stellen oder einfach wieder einmal ein Kreuz in die Hand nehmen. Je realistischer, je materieller, je sinnenhafter dies geschieht, um so mehr kann sich auch ein spiritueller Zugang zum Geheimnis des Kreuzes eröffnen.

---

[1] Vgl. Karl Rahner, Warum läßt Gott uns leiden?, in: Schriften zur Theologie Bd. XIV: In Sorge um die Kirche, Einsiedeln 1980, 450f.

Abb. 31: Der gekreuzigte Christus

Das Kreuz Jesu ist dem Christen das Heilszeichen. Im Gespräch mit dem Gekreuzigten - in kniender Gebetshaltung - können wir unser Heil suchen [1]. Angesichts des Gekreuzigten - es gibt auch eine falsche "Leidensmystik" - werden wir frei von masochistischen und sadistischen Regungen, wird uns geschenkt, liebend in der Welt dasein zu können. Die Quälsucht vergeht. Die Gier nach Bemächtigung und Vergewaltigung, nach Zerstörung und Vernichtung des Lebens, der Wahn, die wahre Liebe an die Gewalt verraten zu sollen, brennt aus. Die Realität des Gekreuzigten durchkreuzt alle utopischen Lebensentwürfe, die im Ichpunkt unserer Begierden und Sehnsüchte ihren Anfang nehmen. Unsere Egozentrik fällt in den Abgrund seines Todes. Vom geliebten Du her soll das eigene Leben seine Zukunft finden. Dies ist der Weg Jesu zu Gott.

Das Kreuz. Wer es wagt, vor dem Gekreuzigten mit seinem Leid, seinen Schmerzen und Wunden dazusein, dem wird aufgehen, wie sehr die Gewalt der Sünde den Weg in die Zukunft zu verstellen versucht. Das Kreuz ist ein Gerichtsurteil: Am Schicksal Jesu werden die Mächte der Lüge und das Böse der Gewalt entlarvt. Es wird offenbar, wie pervers religiöse und politische Instanzen handeln können (vgl. Joh 12,37-42). Die Tötungsmaschinerie wurde bloßgelegt durch den, der den Schuldschein ans Kreuz geheftet hat (vgl. Kol 2,14).

Das Kreuz ist die härteste aller "Institutionen" - an einem konkreten Ort in den Boden gerammt, "eingerichtet". Institution als Heilsort! Im Blick auf das Kreuz kann man die Härte des Institutionellen erwägen: Wie kommt man selbst damit zurecht? Versuche ich, jegliche institutionelle Härte zu verdrängen? Wo werde ich selbst zu einer Institution, die andere nicht entlastet, sondern ungerecht deren Leid vermehrt? Wie kann ich anderen dadurch, daß ich *mein* Kreuz auf mich nehme, auf *ihrem* Weg helfen? Der gekreuzigte Jesus, das liebende Leben, zwischen zwei anderen Gekreuzigten hängend, fragt uns: Wie erleidet ihr die Kreuze, die euch treffen? Könnt ihr ja dazu sagen, daß sich in eurer Schwachheit die Kraft Gottes vollendet? Sprecht ihr mit dem rechten Schä-

---

[1] Vgl. das "Zwiegespräch mit dem Gekreuzigten" zu Beginn der zweiten Woche von Großen Exerzitien (EB Nr. 53f).

cher: "Jesus, denk an mich, wenn Du in Dein Reich kommst" (Lk 23,42). Wird die dunkle Macht des Kreuzes zum geheimnisvollen Urgrund des Lichtes je größerer Liebe, die von sich her aufstrahlt und Versöhnung anbietet?

Die gekreuzigte Liebe Jesu ist Tathandlung seiner Freiheit. Im Glauben erkennen wir, daß die schlimmste Niederlage der Freiheit - ihr Tod am Kreuz - der Anfang ihres österlichen Triumphes ist. Der größte Sieg der Mächte der Finsternis und der Unfreiheit erweist sich im nachhinein sowohl heils- wie weltgeschichtlich als sinnloses Aufbäumen eines alten, vergehenden Äons. Paulus schreibt:

> Wißt ihr denn nicht, daß wir alle, die wir auf Christus Jesus getauft wurden, auf seinen Tod getauft worden sind? Wir wurden mit ihm begraben durch die Taufe auf den Tod; und wie Christus durch die Herrlichkeit des Vaters von den Toten auferweckt wurde, so sollen auch wir als neue Menschen leben. Wenn wir nämlich ihm gleich geworden sind in seinem Tod, dann werden wir mit ihm in seiner Auferstehung vereinigt sein. (Röm 6,3-5)

Abb. 32: Der auferstandene Kyrios

17. AUFERSTEHUNG DER TOTEN

Mit großer Wahrscheinlichkeit wurde nach dem "Verbrechertod" Jesu im Kreis seiner Anhänger die Frage nach der Auferstehung der Gerechten besprochen. Vielleicht erinnerte man sich seiner Streitgespräche mit den Sadduzäern? Für einen gläubigen Juden, der nicht zur Richtung der Sadduzäer gehörte, sondern etwa zu den Pharisäern, war der Glaube an eine neue Zukunft in Gottes Nähe selbstverständlich. Wir brauchen uns nur an die Rede des Paulus vor dem Hohen Rat zu erinnern, wie sie in der Apostelgeschichte steht:

> "Brüder, ich bin Pharisäer und ein Sohn von Pharisäern; wegen der Hoffnung und wegen der Auferstehung der Toten stehe ich vor Gericht." Als er das sagte, brach ein Streit zwischen den Pharisäern und den Sadduzäern aus, und die Versammlung spaltete sich. Die Sadduzäer behaupten nämlich, es gebe weder eine Auferstehung noch Engel noch Geister, die Pharisäer dagegen bekennen sich zu all dem. Es erhob sich ein lautes Geschrei, und einige Schriftgelehrte aus dem Kreis der Pharisäer standen auf und verfochten ihre Ansicht. Sie sagten: "Wir finden nichts Schlimmes an diesem Menschen. Vielleicht hat doch ein Geist oder ein Engel zu ihm gesprochen."
>
> (Apg 23,6-9)

Lassen wir uns ein auf die Frage nach der Auferstehung von den Toten. Gibt es eine Antwort auf die Frage nach einem Weiterleben, nach einem ewigen Leben? Wie kann man vernünftig darüber nachdenken? Was folgt daraus für unser jetziges Leben?

Natürlich denken viele nicht über das Leben nach, wie jene Sadduzäer, von denen im Evangeliumstext Lk 20,27-38 die Rede ist. Es war deren Spezialität, möglichst verzwickte Fälle, wie den der Frau mit ihren sieben Männern, zu konstruieren, um so Antworten zu bekommen. Viele sind aber auch heute auf ihre Weise "Sadduzäer", recht spitzfindige, anscheinend intelligente und erfahrene Leute. Hören wir uns einige moderne sadduzäische Lebensphilosophien an, die so bei uns auf dem Markt sind.

Moderne Sadduzäer

Mit dem Tod ist alles aus. Eine - psychologisch gesehen - zwar durchaus verständliche Reaktion, aber mit diesem Satz wird zuviel behauptet. Wer weiß, was "*alles*" ist? Der Satz: "Mit dem Tod ist 'alles' aus", stimmt in der vorgebrachten Form nicht. Er ist letztlich nicht mehr als eine bloße "Meinung". Als ontologisches Urteil ist er Ausdruck einer Vermessenheit. Eine begrenzte und begrenzende Sichtweise wird zum Maßstab der Deutung der Wirklichkeit erhoben. Wer kennt die Tiefen der Wirklichkeit? Keiner weiß, was das "ganze" Leben des Menschen ausmacht. Das Leben ist immer mehr, als man wissen und sagen kann. Es ist kein abgeschlossenes, wißbares System, sondern *es selbst* als *offener* Vollzug. Von sich selbst her entbirgt und verhüllt es sich, existiert im Wachstum und atmet in der Metamorphose: seine Selbigkeit in die Ewigkeit hineinzeitigend. Eine Hoffnung, die nicht irrational ist.

Es gibt Leute, die sich *das Leben ausrechnen* wollen, es fortwährend auszukalkulieren versuchen. Über die Tatsache hinaus, daß dies sowieso nie gelingt, vergißt man in diesem Unternehmen gegenwärtig zu leben. "Lieber" verbringt man die Zeit damit, sich nur Sorgen um die *Berechnungen* des Daseins zu machen, anstatt sich um das konkrete, wirkliche Leben zu kümmern. Solche Menschen halten ihr egoistisch-berechnendes Sorgen für das "ganze" Leben. Doch sie werden oft als sogenannte Lebenskünstler hochgepriesen, als hätten sie und nur sie das große Los gezogen. Aber ist das, was sie fälschlicherweise für "Leben" halten, nicht eine leere und hohle Traumexistenz, die Praxis einer kleinkarierten Theorie? Bald stehen die von scheinbarer Lebensdynamik umkleideten Körpermaschinen still. Im *Grunde* taucht ein hoffnungsloses Leben *gegen* das Sterben auf. Die "Lebenskünstler" mitsamt ihrer das Leben ausbeutenden Mentalität sinken dahin. Sie müssen in die Grube, genauso wie die "Prediger des Todes", die das Leben nicht für lebenswert halten, und dazu noch der Tatsache spotten, daß sie an diesem Leben hängen.

Andere wollen *mit dem Leben abrechnen*. Aber rechnen sie dann mit ihrem Leben oder mit ihrem *nicht* gelebten Leben ab? Solche Abrechnungen sind letztlich Bilanzen von vertanen, vergeudeten Lebenschancen. Das Leben ist nie auf einen Nenner zu bringen. Es ist doch nicht abbildbar auf ein Geflecht von Zahlenwerten, Maßstäben und Parametern. Wer versucht, Leben "fertig"-zu-machen, macht sich und andere nur in einer schlechten Weise "fertig", d.h. er verfällt der Herrschaft des Gewesenen und der Verwesung. Hier wird eine teuflische Perfektion (Perfekt: Form der Vergangenheit!) praktiziert. Die Sucht nach solcher Perfektion ist die Kehrseite des Mißtrauens in die Zukunft.

Andere *setzen auf Ruhm und Ehre*, auf *Macht und Reichtum*, auf *Geld und Einfluß*, auf *Wissen und Glück*. Doch sind dies die Fundamente, auf denen sich das Leben aufbaut? Gilt von ihnen nicht, was Kohelet sagt: "Windhauch, Windhauch, das ist alles Windhauch und Luftgespinst" (1,2.14; 2,1.11.17.19.23.26; 4,4.16; 12,8) [1]. Der moderne Sadduzäer macht sich nur Probleme um diese Welt, kümmert sich leidenschaftlich um gesellschaftliche Anerkennung, um eigenes Wohlfühlen und Wohlstand. Oder er klagt, wie schlimm alles ist, wie böse die Welt doch sei. Die Wirklichkeit Gottes interessiert nicht allzusehr. Und wo sind solche Leute in hundert Jahren? Fragen werden verdrängt.

Wieder andere huldigen *Ideologien* mitsamt ihrem Pseudoheroismus. Manchmal handelt es sich dabei um existentialistische Lebensentwürfe, die mit großem Pathos von der Tapferkeit des Sterben-Könnens, von der intimen Einmaligkeit des Abschiednehmens, vom Ergreifen des Todes in Würde etc. *reden* (!). Weitverbreitet sind auch kollektivistische Überzeugungen, gemäß denen die Überwindung des Todes in über-lebenden, über-individuellen *Strukturen* von Menschlichkeit, in der Vermehrung der *Summe* gegenständlicher Hoffnungen der Menschheit, im Weiterleben in *Volk* und *Gesellschaft*, in *Werk* und *Gattungsleben* angezielt wird. Die Welt ist

---

[1] Alttestamentlich wird dies schon reflektiert in Ps 103,15f: "Des Menschen Tage sind wie Gras, er blüht wie die Blume des Feldes. Fährt der Wind darüber, ist sie dahin; der Ort, wo sie stand, weiß von ihr nichts mehr."

voll von Götzen. Zahlreich sind die "baalschen" Versuche [1], das Sterben zu verharmlosen, zu vernatürlichen, zu verritualisieren, zu neutralisieren, zu idolisieren, zu tabuisieren, zu fixieren, zu isolieren, zu verdrängen usw.

Wenn unser Leben nicht *mehr* ist als das, was in Ideologien von ihm behauptet wird, und sich in ihm nicht mehr anzeigt an Hoffnung und Zukunft, als die "Sadduzäer" erwarten, dann taugt es wahrhaft nicht allzuviel.

Das Leben - ein Programm. Wer sein Leben nur interpretiert als kompliziertes Programm, das möglichst störungsfrei abzuspulen ist, wer seine Psyche für ein höchst differenziertes Potential von "Microchips" hält, - auch der spürt in Stunden der Stille oder in Zeiten der Erschöpfung den Ekel der Langeweile seiner Theorie und Praxis. Inmitten von Prozessen unterhaltsamer Betäubung faßt ein solcher vielleicht dennoch den Entschluß, sich seinen Mitmenschen zuzuwenden, "unprogrammiert" Gutes zu tun, Zeit zu schenken, sich mögen zu lassen. Denn auch sein Leben ist nicht identisch mit den Aktionen von Input und Output, die Struktur des Lebens nicht reduzierbar auf "hardware" und "software". Vielleicht wollen die Sadduzäer unserer Zeit menschliches Leben nach den Modellen künstlicher Intelligenz organisieren, um so der persönlichen Verantwortung ihres Lebens vor Gott in der Ewigkeit zu entkommen?

Leben als Figur des Ich-Ideals? Von den Kümmernissen um Seele und Körper sind die Zeitschriften voll. In Sport, Medizin, Psychologie, Theologie, Philosophie und manchen anderen Wissenschaften macht man sich Gedanken, was man am besten dafür tun kann. Dies muß nicht schlecht sein. Aber oft läßt man sich auf den Körper und die Psyche geradezu *fixieren*. Die *übertriebene* Sorge für den Körper oder - als Pendant - das ständige Kreisen um den eigenen psychischen Haushalt sind jedoch nur zwei Seiten der gleichen Verfallenheit an ein Ich-Ideal, das sich gegen die ganzheitliche, liebende Zeitigung des eigenen Lebens in der Einheit von Leben und Sterben sperrt. Egoistische Selbstliebe zerstört die lebendigen und positiven Beziehungen zu den Mitmenschen.

---

[1] "Baal" ist im altpalästinensischen Umfeld das personifizierte Wissen um innerweltliche Verläufe, ein binnentranszendentes Idol.

Die Frage, in welchem Verhältnis Körper und Seele zueinander stehen, ist kein abstraktes Theoretisieren. Mit welchen Methoden kann man über beide etwas in Erfahrung bringen? Vom naivsten *Materialismus* und *Behaviorismus* bis hin zu nur *mythologisch* konzipierten *Seelenwanderungslehren* wird vieles spekulativ durchprobiert, was in der Praxis zu zahlreichen Weltanschauungen, "Dogmen" und spleenigen Reaktionen führt. Bestimmte praktische Verhaltensweisen sind die Basis für den entsprechenden ideologischen Überbau. Darauf kann hier und jetzt nicht im einzelnen eingegangen werden [1]. Vielleicht hilft [2] - theoretisch wie praktisch - ein

---

[1] Vgl. Ferdinand Ulrich, Leben in der Einheit von Leben und Tod, Frankfurt 1973; hier bes. 35-40: Der Tod und die versuchte Selbsterlösung durch die unsterbliche Seele; 63-70: Der Tod in der Verleiblichung: Leib-Sein.

[2] Zur Problematik der Seelenwanderungslehre und der Lehre vom Fegfeuer sei besonders verwiesen auf Karl Rahner, Fegfeuer, in: Schriften zur Theologie Bd.XIV: In Sorge um die Kirche, Zürich 1980, 447-449: "Ich habe selber wahrhaftig nichts übrig für 'Seelenwanderung' und ähnliche Vorstellungen. Aber wenn man die ungeheure Verbreitung dieser Vorstellung in Raum und Zeit erwägt, die heute ja keinem engeren Kulturkreis allein angehört, wenn man unser abendländisches Empfinden nicht gar zu schnell und selbstverständlich als das allein richtige einschätzt, dann kann man sich fragen, ob an dieser Lehre von der Seelenwanderung nicht doch etwas Richtiges sein könnte. Dann könnte man, gleichgültig wie man diese Lehre vom Standpunkt einer metaphysischen und nüchternen Anthropologie qualifizieren will, sich fragen, ob für eine solche gemäßigte Seelenwanderungslehre nicht doch auch innerhalb der christlichen Dogmatik von der Fegfeuerlehre her ein Platz frei wäre. Ich sage: gemäßigt, weil von der Fegfeuerlehre her ein solcher Platz für *die* als denkbar eingeräumt werden könnte, die in diesem irdischen (oder ersten) Leben nicht zu einer letzten personalen Entscheidung gekommen sind, und natürlich nicht für andere. Das Christentum präsumiert zwar mit Recht, daß eine solche endgültige personale Entscheidung im Normalfall *eines* menschlichen Lebens durchaus getroffen werde, auch wenn dieses Leben in sehr primitiver Weise gelebt werden müsse, und umgekehrt setzt eine erträgliche Seelenwanderungs-

persönliches Gespräch mit einem Seelsorger, das Meditieren alter - Gebete weiter, in denen von Leib und Seele die Rede ist.

Das Leben - ein Produkt? Manche sind schuldig geworden und resignieren deshalb am Leben. Sie sagen: "Man kann halt nichts *machen*". Und sie schließen sich deshalb ein oder ziehen andere Schlußstriche. Aber das Leben ist *mehr* als das, was man daraus macht. Es ist letztlich *Gabe* [1], nicht selbstgemachtes oder zu machendes Gemächte. Keiner hat sein Leben selbst gemacht; jeder hat schon erfahren, daß er mehr ist als das gemachte Produkt anderer. Daher ist der Versuch, Leben *machen* zu wollen, oft nur eine Form von Verzweiflung, von Nicht-Leben. Wirkliches Leben wird geschenkt, trägt die Physiognomie der Gabe, ist umsonst, wird lesbar als Spur von Gnade.

Viele "sadduzäische" Lebenslügen gälte es noch aufzudecken. Sie sind weit verbreitet, und nicht wenige laufen Lebenslügen nach oder vermehren sie gar.

Was ist Leben, was ist Tod? Keiner, der lebt, kennt den Tod - nur die Leichen der anderen sieht man daliegen und weiß sie von den lebenden Menschen zu unterscheiden.

Das Leben des Menschen ist nicht identisch mit seinem Körper. Der Mensch ist mehr. Wer das nicht begreift, wird wie die Sadduzäer fragen, die meinten, eine Frau sei nicht mehr als ein Körper, ein Gegenstand, der sieben Männern gehört hat und gehören konnte. Und das wäre alles, was man über eine Frau, über den Menschen sagen könne. Aber eine solche Weltsicht, die den Men-

---

lehre doch auch voraus, daß das ewige Rad von Geburt und Tod von einem Menschen einmal angehalten werden könne, es also jene Entscheidung gibt, die das Christentum als normalerweise in jedem Leben geschehend annimmt. ... Nochmals: Gemäßigt müßte diese Lehre für einen Christen gedacht werden, weil dieser auf jeden Fall die Möglichkeit, ja Präsumption einer endgültigen Entscheidung für oder gegen Gott hat und somit das Ende der zeitlichen Geschichte nicht in Zweifel ziehen dürfte und natürlich auch eine Reinkarnation in untermenschlichen Wesen ablehnen müßte."

[1] Vgl. Ferdinand Ulrich, aaO., 71-78: Die "Einheit von Leben und Tod" in der Gabe des Seins als Liebe.

schen nur als Gegenstand, als Objekt eines anderen interpretiert, ist nicht stimmig. Der Mensch ist mehr als eine Funktion, mehr als ein Rädchen, das sich für das Wohlbefinden eines anderen oder den Bestand der Gesellschaft zu drehen bzw. zu opfern hat. Man kann den Menschen nicht nach Denkmustern und Kategorien von Haben und Nicht-Haben, von Besitz und Nicht-Besitz, von Gewinn und Verlust, von Eigentum und Nicht-Eigentum interpretieren. Wer so denkt und existiert, ist noch nicht zu sich selbst gekommen und lebt am wirklich lebendig anderen *Du* vorbei; denn die Tiefe der *Freiheit* des anderen, die auf Endgültigkeit zielt, geriet anscheinend noch nicht in das eigene Blickfeld. Der andere ist doch *Person*, die da *sein* darf um ihrer selbst willen.

Sterben im Leben

Sterben gehört ins Leben; im Sterben geschieht das Leben. Wir sind mitten im Leben Sterbende. Wir sterben auch schon im Heute. Wer dieses sein Leben nicht freiwillig lebt, *dieses* Leben nicht lebendig tun will, dem wird es "am Ende" bloß passiv genommen. Die letzte Stunde ist dann die Zeit, in der die Lebenslinie ihren Schlußpunkt erreicht. Wer sein Leben unverwundbar, unausgesetzt, an-sich-haltend, d.h. eingemauert und "lebendig begraben" organisiert, der hat im Grunde vergessen, daß es Leben nur in Einheit mit Sterben gibt. Wer meint, es gäbe auf der Erde Leben ohne Sterben, "lebt" unwirklich, am Leben vorbei.

Leben und Sterben ereignet sich in der Zeit. Es zeitigt sich in Vergangenheit, Gegenwart und Zukunft. Wer Zukunft nur als eine Instanz betrachtet, die fremd, verschlossen und entzogen vor ihm liegt, wer sie nur als etwas erwartet, das noch nicht bewältigt, gehabt und gewußt ist, der sieht meist auch die Vergangenheit nur als ein Arsenal des Toten, Erstarrten, Gleichgültigen, Erschlagenen, Hinter-sich-Gebrachten, Verzehrten, von dem man sich durch Flucht nach vorne absetzen muß. Er lebt sein Hier und Jetzt ver-*zwei*felt in gespaltener Existenz, als leere Gegenwart zwischen der toten Vergangenheit und der noch nicht bewältigten Zukunft, gejagt und gehetzt von einer anonymen Zukunft und belastet durch eine Vergangenheit, der er doch nie entkommen kann, die ihn fortwährend nach rückwärts zu erschlagen droht.

Aber, so müssen wir fragen, gibt es keine andere Weise von Vergangenheit, Gegenwart und Zukunft? Kann in der eigenen Vergangenheit, Gegenwart und Zukunft nichts anderes entdeckt werden?

Im menschlichen Erkennen finden wir einen Wink, eine Anzeige dafür, daß jede wirkliche und mögliche Vergangenheit, Gegenwart und Zukunft immer schon im lebendigen, dem Menschen geschenkten *Sein* übereinkommen - daß also in der Tiefe des *Freiseins* ein Ende als negativer Abbruch schlechthin nicht denkbar ist. Ja, darüber hinaus: Eine Bruchstelle ist der bevorzugte Ort, an dem Neues beginnen kann! (Denn selbst zu einem Abbruch gehört sein Abbruchsein; insoweit hat er teil am *Sein*, das nicht nur die Bedingung der Möglichkeit eines jeden kategorialen Seienden ist, sondern sogar als "ontologischer Grund" interpretiert werden kann.) Ein Beispiel könnte verdeutlichen, worum es geht, wenn wir von der ontologischen Einheit von Vergangenheit, Gegenwart und Zukunft sprechen. Eine wahre Aussage, in der der Erkennende sich immer *an sich selbst*, von sich her ausspricht und insofern enthüllt, wer und was er ist, impliziert, daß in keiner Vergangenheit, Gegenwart und Zukunft jemand mit Recht sagen kann, dies stimme nicht. Der Erkennende durchmißt schon Raum und Zeit in ihrer Dissoziation. Wir leben im Horizont des *Seins*. Im geistigen Akt eines ontologischen Urteils wird dies transparent. (Man denke z.B. an die Einsichtigkeit des Nichtwiderspruchsprinzips.) Wahrheit ist zugänglich. Der von sich sagt: "ICH bin die Wahrheit" (Joh 14,6), ist nicht nur in der Ferne. Wer in der Wahrheit ist, ist Seines Lebens teil-haftig. So gesehen fängt in unserem jetzigen Leben eine Gestalt von ewigem Leben an.

Fragen wir also nach den positiven Weisen des Lebens in der Einheit von Leben und Sterben. Macht man nicht die Erfahrung, daß Sich-weg-geben, Positiv-auf-etwas-verzichten, Einsatz für Gerechtigkeit usw. Weisen des Sterbens sind, die ein Leben erst als ein menschliches qualifizieren?

Es gibt dieses *andere Lebensgesetz*, das im Alltag sichtbar wird. Je mehr man z.B. bereit ist, den anderen nicht auf Vorstellungen, die man sich von ihm gemacht hat, zu reduzieren und festzunageln, desto mehr kann man erfahren, wie lebendig der andere (und man selbst) ist. In dem Maße, in dem wir den anderen *sein* lassen können und nicht wie einen Gegenstand verwalten, geht uns auf, daß er und wir in Freiheit aufblühen. Kommt nicht viel Angst vor dem Sterben daher, daß man meint, immer mehr *machen* zu müssen - anstatt lebendig in aktive Weisen des Sein-Lassens hineinzusterben und so zu leben? (Mit "Sein-Lassen" ist natürlich keine Mentalität des Laissez-faire gemeint, sondern ein zutiefst schöpferisches Grundverhalten.) Es gibt Weisen des Miteinander-Sprechens, in dem jeder - der Redende und der Hörende - die Worte sterben lassen kann, vergessen darf und soll. Gerade dann kann er sich und den anderen je neu, lebendig erfahren. Schweigen und Reden verwenden sich selbig füreinander. Solche Gespräche sind lebendige Gespräche: Kommunikation in der Einheit von Leben und Tod [1].

Je mehr man sich in der eigenen Selbstlosigkeit bejaht, desto weniger muß man sein "Ende" fürchten: *Selbstlosigkeit* als lebendige, liebende *Weise von Selbst-sein*. Der letzte Augenblick des Lebens in der Einheit von Leben und Sterben ist in dieser Perspektive das Tor, durch das hindurch jemand sein Selbst so los werden kann, so selbstlos werden kann, daß er in radikal neuer Weise er selbst zu werden vermag. Ende bedeutet dann nicht mehr ein bloßes Abschneiden des Lebensfadens, sondern höchste Weise des Sich-sein-lassen-Könnens in das Geheimnis der Selbstlosigkeit, der Liebe, der Einheit von Leben und Tod, von Tod und Auferstehung hinein.

Gott unsere Zukunft

Das Evangelium gibt uns auf die Frage nach Leben und Tod das Angebot einer Antwort. Ein Angebot, das sich nicht durch *zwingende* Logik empfiehlt, sondern das sich durch eine Logik wahrer Liebe auszeichnet. Ein Angebot, das freisetzt, auch jetzt schon *lebendiger* zu sein und zu werden. Es heißt da im Evangelium: "Gott ist nicht ein Gott von Toten, sondern von Lebendigen, denn

---

[1] Ders., ebd., 121-131: Leben und Tod in der Sprache des Menschen.

alle leben in ihm" (Lk 20,38). Und in der Apostelgeschichte heißt es: "In ihm leben wir, bewegen wir uns und sind wir" (17,28). In der Liturgie wird bekannt: "Wir heißen Kinder Gottes und sind es." Soll daher nicht in uns die *Lebendigkeit* Gottes transparent werden? Sein Leben ist immer mehr, so unendlich mehr, daß er es verlieren konnte, ohne im Tod zu bleiben - "ICH bin ... das Leben" (Joh 11,25). Gott ist un-bedingte Liebe. Die Bedingungen der Zeit sind angesichts liebenden Lebens unterbrochen.

Wer allerdings nur noch einen toten Gott hat und vielleicht an einen solchen "glaubt", der ist mit seinem toten Gott selbst schon anfänglich in schlechter Weise tot. Einen Gott, der nur der Projektion nichtgelebten Lebens entspringt, einen solchen Gott gibt es nur als hohlen Götzen. Und es lohnt nicht einmal die Mühe, dieses Idol abzuschaffen, denn die Negation der Negation ist noch einmal eine Form der Abhängigkeit von einer Chimäre.

Im Glauben wird bekannt: Wir sind Gemeinde des lebendigen Gottes. Wir sind Seine Erben, wir sind uns durch Ihn gegeben. - Wie Er dieses Leben zu geben vermochte, so vermag Er anderes, je neues Leben zu schenken. Ein Leben, das der Annahme unserer Freiheit, unserem bewußten Jasagen anvertraut ist, ein Leben in der Einheit von Leben und Sterben, ein Leben, dem das Mitsterben mit Christus innerlich ist.

Die Gemeinde Jesu Christi bilden diejenigen, die zu Recht und mit Vollmacht sagen: "Deinen Tod, o Herr, verkünden wir, und deine Auferstehung preisen wir". Eine Mächtigkeit, die dem Demütigen geschenkt ist; eine Sendung, die uns beansprucht; ein Auftrag, der uns einfordert.

Jesus Christus ist die *Antwort* Gottes auf die Frage nach dem wahren Wesen Gottes, nach dem wahren Wesen des lebendigen Menschen, die Antwort Gottes auf die Frage nach Leben und Tod, eine Antwort, die alle Antwortversuche des Menschen übersteigt. In der Erinnerung an Jesus von Nazaret können und dürfen wir glauben, daß menschliches Leben mehr ist, mehr ist als etwas, das der Mensch durch Egoismus und Vernichtungswahn auslöschen kann. Aufgrund des Lebens und Sterbens, des Todes und der Auferstehung Jesu Christi besteht Hoffnung, Hoffnung für jeden von uns: *Hoffnung auf Auferstehung*. Im Blick auf den zu neuer Lebendigkeit Auferstandenen schreibt Paulus auch uns: "Denn ihr seid gestorben, und euer Leben ist mit Christus verborgen in Gott"

(Kol 3,3). An diesen Gott, den Paulus verkündet, gilt es zu glauben: "Wenn aber Christus nicht auferweckt worden ist, dann ist euer Glaube nutzlos, und ihr seid immer noch in euren Sünden; und auch die in Christus Entschlafenen sind dann verloren. Wenn wir unsere Hoffnung in diesem Leben nur auf Christus gesetzt haben, sind wir erbärmlicher dran als alle anderen Menschen. Nun aber *ist* Christus von den Toten auferweckt worden als der Erste der Entschlafenen" (1 Kor 15,17-20). Aus der Nacht des Grabes ging der Auferstandene hervor.

Abb. 33: Der Altartisch mit Wein und Brot

18. Die Emmaus-Jünger

Nicht nur in den Tagen der Osterzeit verkündet uns die Kirche die Auferstehung Jesu Christi (vgl. Lk 24,13-35). Anhand des Wortes Gottes, das uns der hl. Lukas aufgezeichnet hat, lohnt es sich, über diese Heilstat Gottes nachzusinnen.

Wortgottesdienst

Wir hören von zwei Jüngern, die unterwegs waren, von Menschen auf dem Weg, ähnlich unterwegs wie wir. Sie unterhielten sich über ihre enttäuschten Hoffnungen. Sie waren enttäuscht, weil das Christusgeschehen ihrem Sinnhorizont, ihren Sinnerwartungen nicht entsprach. Sie erkannten noch nicht die befreiende Kraft der Enttäuschung, die darin liegt, den engen, egoistischen Charakter von Sinnentwürfen so *hinter* sich zu lassen, daß ein neuer, der wahre Sinn erscheinen kann. Positiv gelebte Ent-täuschung ist eine Weise des Durchbruchs zur Wahrheit. Der Mensch erkennt dabei, daß er *sich* getäuscht hat. Er hatte nicht genügend im Blick auf die Wahrheit gelebt.

Unterwegs tauschten die Emmausjünger ihre Meinungen aus, ohne den wahren Sinn ihres Weges und das, was *so* und nicht anders geschehen mußte, zu verstehen. Es wurden Wörter und Sätze "gehandelt", aber in der Weise, daß im Sprechen der tiefe Sinn des alles deutenden Wortes verborgen blieb. *Ihre* Deutungen und Überlegungen, ihre Worte zerbrachen *nicht* so, daß in ihnen der Sinn des *ganzen* Geschehens transparent wurde.

Das zerbrechende Wort

Ein anderer mußte ihnen das *Brot des Wortes* brechen, so daß sie nährende Worte empfangen konnten, Worte, die Verstehen, gläubiges Erkennen gewähren. Dieses Brot des Wortes, das Wort Gottes in der Menschensprache konnten sie aufnehmen, da sie bereit waren, auf ihn zu hören. Als Hörende, die offen sind für das Wort des Anderen, der sich selbst in seiner Weise mit-teilt, dessen Wort leibhaftig ausgeteilte Liebe ist, empfingen sie seine sinnstiftenden Worte als ein Geschenk, dessen Annahme sie nicht entwürdigt, als würde nun ihr Nichtverstehen bloßgelegt und von dem, der "mehr" weiß, ausgekostet. Nein, sie vernehmen das lebendige, von den Toten auferstandene Wort als die Mitte ihres Gesprächs, als eine Gabe, die vermehrt und erhellt. Der Sinn der Worte, der jenseits der Beliebigkeit von Meinungen herrscht, ist ihnen nahe, ist als Herz des Gesprächs aufgebrochen. Es ging mit ihnen.

Die Gemeinde Jesu Christi

Die beiden Jünger waren gastfreundliche Menschen, bereit zum Teilen. Offen für den Fremden, den sie in ihr Haus einluden, indem sie sagten: "Bleibe doch bei uns; denn es wird bald Abend, der Tag hat sich schon geneigt" (Lk 24,29). - Der Auferstandene kehrt bei Menschen ein, die ihn einladen. Er wird der Gast derer, mit denen er unterwegs ist. Er ist nahe, wenn die Schatten wachsen, die Dunkelheit einbricht und die Nacht kommt. Er offenbart sich in der Zeit, in der Zeit der Bleibe, des ruhigen Verweilens, dort, wo man nicht mehr meint, alles selber *machen* zu müssen - sondern Gott handeln läßt. Er wird in der Zeit erfahren, in der das Leben sich neigt, wie die reife Ähre des Weizens sich zur Erde senkt. Die Erfüllung zeigt sich in der Neige der Demut, wo alle Weglinien ins Geheimnis des Kreises einmünden, die Wege sich nicht mehr selbst durchsetzen, sondern in gelassener Ruhe selbst Weisen des Zieles sind. Der (demütig) Geneigte ist wie die reife Ähre, fruchtbar und nicht hohl. Neigung, Zu-neigung als Phänomen der Fülle! Der Geneigte trägt seine Nase nicht arrogant nach oben. Nur ein Strohkopf kennt die Neige der Demut nicht. Der Geneigte "steilt" sich nicht selbst auf "seinem" Weg auf, sondern ist frei, dem anderen dessen je eigenes, unverfügbares Leben einzuräumen, ihm Mitteilung zu gewähren, so daß er von sich aus handeln kann. Der Gast kann dann Neues und Überraschendes mit sich bringen: sich selbst.

Er handelt, indem er das Brot nimmt, den Segen spricht, es bricht und sich verschenkt. "Da gingen ihnen die Augen auf, und sie erkannten ihn" (Lk 24,31). Die Eucharistie ist für sie der Ort der Selbst-Erfahrung des Auferstandenen.

Das gebrochene Brot

Erkennen wir den *Sinn* des Brotes, damit wir je mehr teilhaben können an der Erkenntnis des Auferstandenen! Der Sinn des Brotes liegt darin, *Gabe* zu sein für den Menschen. Deshalb wird gesät, geerntet, gemahlen, zerbrochen, damit wir *leben* können. Ein noch so schönes, herrliches Brot, das nicht gebrochen und gegessen wird, hat seinen ursprünglichen Sinn verfehlt. Das Brot "will" Gabe sein, die Leben mehrt. Und so heißt es: Mußte nicht der Messias, das Brot des ewigen Lebens, dies alles erleiden, um so in seine Herrlichkeit zu gelangen (vgl. Lk 24,26)? Er ist lebenspendend da für alle Menschen als ihr wahres, ewiges *Leben*. Er ist das wahre Brot, das vom Himmel herabkommt. Sein Sich-Mitteilen im Zerbrochen-Werden ist Offenbarung des Sinnes seines Daseins. Sein Gabe-Sein, sein liebendes Sich-Hingeben für die Menschen birgt einen unendlich tiefen Sinn. Dieser Sinn endet nicht in Scheitern und Tod, in der bloßen Vernichtung - er stirbt, ja, aber so, daß sich der Sinn von Leben und Tod in seiner Auferstehung von den Toten vollendet und er als ewig Vollendeter offenbar wird. Er ist endlich-unendlicher Sinn, Liebe, die sich in den Bedingungen der Zeit unbedingt entäußert. Die Bedingung der Zeit ist nur das vorletzte Schicksalsgefüge des unbedingten, sinnvollen, liebenden Lebens.

Die Kirche Jesu Christi

Der Auferstandene ist in seinem Leib *da*, in der Kirche, in dem *Brot*, das wir bei der Eucharistiefeier brechen, - damals und heute. Denn im letzten ist er es, der das Brot bricht, der es brechen läßt. Wir handeln in seiner Vollmacht. Dadurch sind es aber gerade auch wir selbst, die endlich-unendlich sinnvoll handeln können: im Blick auf ihn, der das ermächtigende und weihende Handlungszentrum ist.

Nehmen wir dankbar teil am Geheimnis der Eucharistie, an der Erfahrung der Jünger: "Brannte uns nicht das Herz in der Brust, als er unterwegs mit uns redete und uns den Sinn der Schrift erschloß" (Lk 24,32)? Der Sinn der Schrift ist Gottes Liebe zu uns und in uns sündigen Menschen, die Liebesgeschichte Gottes mit uns Menschen, der seinen eigenen Sohn hingab für unser Heil. Wir Christen stehen in derselben Sendung der Emmausjünger [1], die noch am selben Abend aufbrachen und nach Jerusalem zurückgingen, um das Brot des lebendigen Wortes in der Danksagung mit der ganzen Gemeinde, der Kirche, zu brechen.

Durch die Jahrhunderte hindurch wird das Geheimnis der Teilung gefeiert. Die christliche Individualität besteht nicht darin - ungeteilt in sich und getrennt von allem anderen -, das eigene Leben zu retten, sondern es handelt sich zutiefst um eine Individualität, die als *Selbst-mit-teilung* lebt. Sie existiert in der Communio, nicht als individualistische Monade. Dies wird gegenständlich dargestellt durch Zachäus, der sein Vermögen zur Hälfte teilt (Lk 19,8) und ebenso durch eine Gestalt wie Martin, der seinen Mantel teilt. [2] So leuchtet das Licht in der Finsternis.

Das Weitergeben des Wortes Gottes, das Teilen des eucharistischen Brotes, das Verteilen all dessen, was zum Leben gehört, ist der Auftrag Christi, Spiegel seines Lebens. Aus der Dynamik dieser Sendung soll das eigene Leben gestaltet werden, individuell gelebt werden ohne einem Aristotelismus aufzusitzen, der nahelegt, ein Individuum wäre nur "indivisum in se et divisum ab omne alio" (ungeteilt in sich und getrennt von allem anderen).

---

[1] Nach chassidischer Überlieferung läßt sich Emmaus mit "die Wahrheit im Kreuz" übersetzen, nämlich *"ämet"* und *"taw"* , wobei das Schluß-S als th gehört wird.

[2] Erwägenswert ist auch, ob bei der Teilung des Mantels nicht gemeint ist, daß er *alles* gibt. Denn nur die Hälfte gehörte ihm als römischem Offizier, die andere Hälfte war im Besitz des Kaisers. Wie dem auch sei, es geht um ein Zeichen, der konkreten *Selbst-mit-teilung*, dargestellt anhand der Welt der Dinge.

19. DER FRIEDE DES THOMAS

Mit dem Schrifttext Joh 20,19-31 hört ursprünglich das Johannesevangelium auf [1]. Was uns in der Sprache des Glaubens überliefert wird, sind lebendige Worte, Weisungen zu einem Leben aus dem Geiste Christi, - Worte des lebendigen Gottes. Sie sind zugleich die Weise, in der sich Johannes von seiner Gemeinde verabschiedet. Daher besitzen sie damals wie heute in besonderem Maße die Qualität eines Vermächtnisses. So gesehen sind sie gleichsam ein Testament im Neuen Testament.

Ein Grundthema im Zeugnis des Evangelisten ist der *Friede*, der die Menschen in ihrem Dasein in der Welt verwandelt. In der Erfahrung des Friedens wird ihr Gottesverhältnis neu und lebendig. Im eigenen Selbstverhältnis wächst der Friede; der Mensch gelangt in den Zustand eines ursprünglichen Zufrieden-Seins [2]. Die Beziehungen zu anderen Menschen glücken wieder.

---

[1] In Joh 21 folgt dazu noch ein "Nachtrag".

[2] Vgl. die indogermanischen Sprachwurzeln: a) *pak-(pag-)* 'festmachen'; avest. *pas-* 'aneinanderbefestigen, zusammenfügen'; griech. *hápax* 'einfach'; *pegé* 'Quelle'; lat. *pax* 'Friede, freundliche Gesinnung'; mittelir. *age* 'Pfeiler'; althochdt. *fuoga* 'Fuge'; althochdt. *fang* 'Fang, Beute'; altsächs. *fogian* 'fügen'; *fac* 'Umfassung, Umzäunung'.

b) *prai- (pri-, pri-)* 'gern haben, schonen'; indogerm. *priia-* 'Gattin'; *priio-ta* 'Liebe'; altind. *priti-* 'Freude'; avest. *friti-* 'Gebet'; got. *freis*, cymr. *rhydd* 'frei'; angels. *friogan* 'lieben, befreien'; *friond* 'Freund, Geliebter'; althochdt. *vriten* 'hegen'; *fridu* 'Friede'; altisl. *friδa* 'versöhnen'; neuhochdt. *Freithof*, volksetym. Friedhof: althochdt. *fridu* 'Friede' (Julius Pokorny, Indogermanisches etymologisches Wörterbuch Bd.I, Bern 1959, 787-788 u. 844.)

Mit dem Ostergruß: *"Der Friede sei mit Euch"* beginnt jeweils der Dialog des Auferstandenen mit seinen Jüngern, der jungen Kirche. Dreimal spricht er ihnen Frieden zu. Was sind das für Menschen, denen dieser Gruß gilt? Es sind Menschen, die sich einhausen hinter verschlossenen Türen, und sie fühlen sich wie eingekerkert. Es sind Menschen, mit deren Offenheit es gar nicht so weit her ist; Menschen in Furcht und Angst; Menschen zugleich, denen auch viel Erfahrung mit Jesus geschenkt worden ist, ohne daß sie deshalb schon die Tiefe seiner Sendung verstanden hätten; Menschen, die wohl weithin nicht zu dem Glauben gekommen waren, daß Jesus der Messias, der Sohn Gottes ist und bleibt. Diesen Menschen, die sich jedoch prinzipiell freuen konnten über die Nähe des von sich her erscheinenden, anwesenden Herrn, gilt der Gruß: "Der Friede sei mit Euch." Ihnen schenkt er als erste Gabe *seinen Frieden*, der nicht Produkt der "Welt" und ihrer Berechnungs-, Befriedigungs- und Beglückungskünste ist. Sein Friede ist nicht die Leitidee zu einem utopischen Glück und auch nicht das Träumen von den goldenen Zeiten der Vergangenheit. Er ist nicht das mehr oder minder manipulierbare Resultat des labilen Gleichgewichts der Mächte und Gewalten, das vor allem durch die Steigerung von Furcht und Angst erzwungen wird.

Was ist das für ein Friede? Es ist der Friede, der die Versöhnung mit Gott mit sich bringt. Der biblische Friede [1] ist das Siegel

---

[1] Frieden heißt Schalom. Vgl. dazu Pinchas Lapide/Carl Friedrich von Weizsäcker, Die Seligpreisungen, Stuttgart 1981, 87: "Schalom bedeutet vor allem ein integrales Ganzsein, rein etymologisch, als Antithese aller Schizophrenie und Entzweiung. Ein dreidimensionales Ganzsein, das sowohl nach innen, als Herzenseinheit (Klgl 3,17), nach oben als mit-Gott-eins-Sein (Ri 6,24), und nach allen Seiten hin, als Menscheneinheit (1 Kön 5,4), eine gottgewollte Harmonie zum Ausdruck bringt (Ps 85,9). Dem biblischen Ganzheitsdenken gemäß ist hier Politisches, Soziales und Religiöses genausowenig voneinander zu scheiden wie Leib von Seele oder Natur von Kultur. So sind also Wohl und Heil, Wohlbefinden, Wohlwollen und Seelenruhe, Wohlfahrt, Glück und Sozialharmonie die einander ergän-

der Annahme des Menschen durch Gott selbst, der für den Menschen Sorge trägt wie ein guter Vater für seinen Sohn. Diese Versöhnung birgt die Erlösung von den Sünden in sich. Aufgrund dieses geschenkten Friedens geschieht in der Welt wirkliche Versöhnung, bricht Freude auf, sterben Haß und Neid. Friede ist der Tod aller Feindschaft, er überwindet zerstörerische Trennungen. Von all diesen Übeln frei zu werden, ist eine Frucht der Erlösung von der Sünde, der Schuld angesichts der Liebe Gottes. Der Friede Christi heilt die vom Menschen verschuldete und ihn zersetzende Abspaltung von seinem Schöpfer.

Gott läßt im Einverständnis mit dem erlöst sein wollenden Menschen die entfremdete Gestalt von Eigenmächtigkeit des Menschen vergangen sein. Der Mensch erfährt die wirkliche Freiheit, die Freiheit der Kinder Gottes. Diese Erlösung kommt dem Menschen von woandersher zu. Denn "Selbsterlösung" von Sünde durch eigenmächtiges "Aufarbeiten" von nicht gelebter, aber möglich gewesener Liebe ist dem sündigen, dem schuldig gewordenen Menschen schlechthin unmöglich. Während er nämlich über seine nicht ganzmenschlich, nicht liebend gelebte Vergangenheit klagt, während er Geschehenes ungeschehen machen möchte, während er sich Entschuldigungen ausdenkt und sich seiner Schuld durch ungeheure Entschuldigungs- und Beschuldigungsmechanismen zu entziehen sucht, während er seinen Unschuldswahn züchtet und eher "grundsätzlich" Freiheit und Verantwortung leugnet als zu akzeptieren bereit ist, am Freisein schuldig geworden zu sein, während der Mensch all dies versucht, anstatt *hier und jetzt* ihn selbst und andere mehrende Beziehungen zu *leben*, mag er wohl wieder schuldig werden, weil er nur mit sich und seiner Sucht heil-zu-werden, umgeht, - sündigt er vielleicht gerade jetzt, obwohl er doch mit seiner Schuld zu Rande kommen will. Es führt kein Weg aus diesem Teufelskreis, wenn nicht entdeckt und geglaubt werden kann,

---

zenden Bestandteile ein und desselben schalom, der so unteilbar ist wie die biblischen Bereiche von Politik, Gesellschaft, Natur und Theologie - alles Teile einer einzigen Weltordnung unter dem einen Gott." (Vgl. auch Hans Urs von Balthasar, Herrlichkeit. Eine theologische Ästhetik Bd.III/2,1: Theologie - Alter Bund, Einsiedeln 1967, 162-164.)

daß Verzeihung, Vergebung, Versöhnung - *Friede* - dem Menschen woandersher, umsonst, mit Mächtigkeit zukommt: anfänglich schon jetzt, in der Gegenwart.

Friede ist die messianische Alternative, ein Geschenk, eine Gabe der Liebe, eine Gnade Gottes. (Nicht nur Jesaja sehnt sich nach einem Friedenskönig, vgl. Jes 11,1-3.) Sie wird dem Menschen von dem geschenkt, den wir den göttlichen Erlöser nennen: Friede ist das endzeitliche Geschenk Jesu. Er gibt die Versöhnungsvollmacht, von den Sünden zu erlösen, weiter, wobei er immer der bleibt, der die Vollmacht gewährt. Daher können seine Jünger nicht in ihrem Namen als einem von seinem Namen abgespaltenen Namen, sondern nur *in seinem Namen* (d.h. in Einheit mit ihm und der Kirche, deren Haupt er ist) die Vergebung der Sünden ins Wort bringen, das bewirkt, was es bezeichnet.

Gott liebt un-bedingt

Denn: Gott liebt uns unbedingt - mitten in den Bedingungen der Zeit, die gleichsam das Gerüst der Realität sind, in denen sich seine unbedingte Liebe auswirkt. Liebe vergibt 7 mal 70mal, - immer wieder. Daher kann die Bedingung der Zeit nur ein vorletztes Hindernis für die unbedingte, ewige Liebe sein. Er selbst ist diese Liebe, aus der, in der und durch die er uns liebt. Aus der Kraft dieser Liebe empfangen die Jünger das Geschenk der Sündenvergebung, eine Freiheit, die die Macht besitzt über die bloße Alternative von Gut oder Böse, Leben oder Tod, Schuld oder Unschuld. Diese Alternative ist im Tausch von Recht und Unrecht am Kreuz im Opfer des Lammes überwunden. Diese Überwindung jedoch geschieht nicht in eine indifferente Gleichgültigkeit hinein, so, daß Gnade und Sünde beliebig würden. Im Gegenteil. Gerade die freiwillige Solidarität der Liebe mit der Sünde am Kreuz enthüllt im Tausch die radikalste Scheidung von Sünde und Liebe. Der geopferten Liebe wird mitten in ihrem Einsatz die Alternative des Vergebens oder Behaltens der Schuld in die Hand gelegt. Aber diese Liebe ist nicht ein Weiteres jenseits von Vergeben und Behalten der Schuld, sondern im Tausch (im commercium sacrum, wie die Väter sagen) ganz in die Solidarität mit dem sündigen Menschen hineinverschwunden und begraben. Alle Mauern der

Trennung, alle Grenzen sind niedergerissen und überwunden. Und dies geschieht im geopferten Leib der einen Liebe, die die Schuld der ganzen Welt trägt. Daher kann man sagen, daß von diesem Quellgrund der überwundenen Alternative her die Lebensströme des Friedens schlechthin ausströmen. In diesem Frieden, den der sterbende und auferstandene Herr aushaucht, sind alle Todestrennungen im gegenseitigen Sich-Abschließen, alle Abschiede und Spaltungen Weisen erlöster Gegenwart geworden. Sie sind nicht mehr bloß Grenzen der Iche gegeneinander, Instrumente des Abschließens, der Verweigerung der Liebessolidarität, sondern Zeichensprache der Einheit, in deren Wesen die Trennung, die Scheidung, das Opfer der Hingabe liegt: In seinem Tod ist unser Tod überwunden.

In diesem Leben können die Jünger Verzeihung, Versöhnung als Geschenk der göttlichen Liebe symbolisch und sakramental austeilen, eine Versöhnung, in der Gott alles in allem ist, jedoch nicht im Sinne eines universellen Sich-Durchsetzens, sondern in der Form absoluter Freiwilligkeit einer unendlichen Gabe, die die Freiheit des bejahenden Empfangens voraussetzt, ein Versöhntsein-können, in welchem die Sünde ein für allemal gerichtet ist.

Daß die Jünger auch die Sünde behalten können, hat seinen Grund in jener Scheidung, die das Gericht der Liebe in der Welt vollzieht, eine Scheidung, in der jedoch gerade auf seiten derer, denen die Sünde behalten wird, die Liebe ebenso radikal gegenwärtig ist, wie auf seiten derer, denen sie vergeben wird: Die Alternative von "Gut" oder "Böse" ist tot, und die Scheidung beider entspringt der auferstandenen Liebe, die im Tod der Alternative selbst stirbt.

Dies heißt: Mitten in Recht und Unrecht kommt eine letztgültige Deutung des Menschen in bloßen Rechtskategorien an ihr Ende, und dies in dem Maß, wie er durch den Tod und die Auferstehung der fleischgewordenen Liebe gerechtfertigt ist. Das Gerechtfertigtsein ist also nicht innerhalb der Alternative von Gut und Böse im Pol des Guten zu lokalisieren, sondern es durchstößt die Alternative, übersteigt sie unendlich und vollzieht eben dadurch eine Scheidung von Gut und Böse, hinter welcher die alternative Trennung beider unendlich zurückbleibt. Der "neue Mensch" braucht die Alternative von Recht und Unrecht nicht von sich her zu versöhnen; er ist nicht gezwungen, den Standpunkt eines Dritten einzunehmen, der noch einmal rechtet und in Rechtskategorien Frieden stiftet. Er lebt einen lebendigen, gegenwärtigen Frieden aus dem gnadenhaft geschenkten Recht-Sein [1]. Und was immer daraus folgt mitten in Welt und Geschichte und deren Zerrissenheit und Spaltung, mag es auch in neues Rechten und Scheiden zerfallen, ist im Mitausleiden des schon Ausgelittenen ein Acker der unerschöpflichen Fruchtbarkeit der Liebe selbst, auf dem alles Scheiden und ausgeschiedene Tote in den Kreislauf der Liebessolidarität von Schuld und Unschuld am Kreuz eingeborgen ist. In dieser Perspektive sind es nicht der Zweifel und das Nicht-Verstehen, sondern der fanatische Haß gegen die Liebe am Kreuz, der die höllische Verzweiflung der Dialektik der ichhaften Selbsterlösung in Gang hält. Dieses negative Nein erzeugt weiter Unheil für die Menschheit. Der realistisch hoffende Mensch dagegen ist frei von der Sucht nach Heil ohne gekreuzigte Liebe. Der neue Mensch ist der Anfang von erlöster Endlichkeit, die den Frieden Gottes inmitten des Leidens annimmt und ihm Raum gibt.

Thomas genannt Didymus

Die Gestalt des hl. Thomas ist in der Neuzeit für viele der beliebteste Zeuge der Auferstehung geworden. Er ist der Zweifler; die Skepsis ist ihm nicht fremd. Wie erfährt er den Frieden, von dem er anscheinend getrennt ist? Gehört er doch in einem gewissen Sinn nicht zur gläubigen Gemeinde. Thomas ist der Nicht-Geeinte, der an Frieden Arme, der von der Gemeinschaft der Bekennenkönnenden Abgespaltene. Bei ihm sind Frage und Antwort dialektisch auseinandergerissen. Er lebt in Zweiheit, weshalb er auch "Zwilling" genannt wird. Er kommt schwerer zu seiner Einheit, ist er doch als Zwilling, als *Einer von Zweien* geboren. Er ist der, der wohl auch an den Auferstandenen glauben möchte, und zwar nicht an ein Leben, das weitergeht, sondern an *Ihn*, wie er leibt und

---

[1] Im Morgenlob der byzantinischen Liturgie hören wir zur Frage nach dem Rechtsein bzw. Gutsein: "Du bist uns kein neuer Gott, sondern du, der Ewige und Unsterbliche, hast uns durch Christus das Sein gegeben und das Gutsein geschenkt".

lebt; daher sein Interesse, sich hineinbergen zu können in die Wundmale des Herrn.

Doch er "muß" zweifeln. Vielleicht deshalb, weil sich die anderen, die das Bekenntnis an den auferstandenen Herrn ablegen, nicht allezeit als glaubwürdig und vertrauenswürdig erwiesen haben? Einem Petrus gegenüber, der vor kurzem noch öffentlich gelogen hat, darf man schon Vorbehalte haben. Vielleicht zweifelt er, um ursprünglich glauben zu können, um an sich selbst authentische Glaubenserfahrung geschehen zu lassen? Ist ihm eine Rede wie: "Die Sache Jesu geht schon weiter!" nicht - zu Recht - zu banal? Vielleicht will er sich nicht unkritisch Unglaubliches - Jesus selbst lebt! - einreden lassen? Vielleicht, weil er sich noch nicht fähig fühlt, sich auf die Radikalität der Wahrheit und den Ernst des Glaubens einlassen zu können? Vielleicht auch aus eigener Schuld, die im Versagen, im Sich-anderen-Versagen, im Nicht-lieben-Wollen seine Wurzeln hat? Wir wissen es nicht. Wie findet Thomas den Frieden?

Er kommt nicht zum Glauben an den Auferstandenen, indem er eine subtile Auferstehungstheologie, Weiterlebensphilosophie oder Zukunftsideologien entwickelt und *dann* seinen Begriffsapparat mehr oder weniger modifiziert seinen eigenen, bisherigen Erfahrungen anpaßt, sondern er macht eine neue unbedingte Erfahrung, aus der heraus er bekennt: *"Mein Herr und mein Gott!"*. Thomas, bei dem Frage und Antwort auseinanderklaffen, erfährt den Frieden jenseits von *seiner* Alternative aus Frage und Nicht-Antwort: vom Du des Auferstandenen her.

Der Auferstandene bietet den Fernen und Nahen seinen Frieden an (vgl. Jes 57,19). Er durchbricht die Grenzen und läßt sich berühren von dem, der auf dem Weg zu ihm ist. Zu ihm gelangt man nicht aufgrund von - auch nicht von transzendental-philosophischen - Extrapolationen, die nur im Innenort des Menschen ihren Sitz haben. Das Durchbrechen in die Tiefe des Erkennens geschieht von außen. So wird auch der "Durchbruch" des Thomas von der anderen Seite her gestiftet. Man denke dabei etwa auch

an die Befreiung des Petrus aus dem Kerker, die in der Apostelgeschichte erzählt wird (Apg 12,6-11) [1].

Am Verhältnis des Thomas zum Herrn und zu den Mitbrüdern
wird das, was wir vorhin über die Versöhnung von Recht und Unrecht sagten, ganz deutlich. Denn der Ursprung, von dem her der
neue Mensch gezeugt wird, liegt jenseits des horizontalen Bezie-
hungsfeldes der Jünger, die glaubend den Auferstandenen bekennen und damit "Recht" haben, und Thomas, der an der Gegenwart
des Auferstandenen zweifelt, d.h. "Unrecht" hat. Mitten in diesem
sicher zerrissenen, zerfallenen, in Ja und Nein zerworfenen Bezie-
hungsfeld erscheint der Auferstandene, und sein erstes Wort ist
nicht Anklage, sondern *Der Friede sei mit Euch*. Der Geist des
Friedens versöhnt die Rechthabenden und die Unrechthabenden.
Mitten in ihnen bejaht und befreit er sie rechtfertigend in ihrer je
eigenen Erfahrung und läßt sie kraft der Einheit der zerbrochenen,
gestorbenen und auferstandenen Liebe miteinander dasein.

Der Herr nimmt in seinem Verhalten zu Thomas den Zweifelnden ganz ernst. Er läßt ihn gewähren. Er tadelt nicht zuerst seinen
Unglauben, um ihn dann zu überzeugen, sondern stimmt ihm zu,
indem er sich auf dem zu Ende gegangenen Weg und in der Weise des Zweifelnden finden läßt. Der geschenkte Friede läßt Thomas "Thomas" sein: "Tu das, was du willst - Setze keine Grenze, so
wie ich dir keine setze und dir keinen Vorwurf mache." Der Auferstandene fängt im Ja des Friedens, im Zweifelnden mit dem
Zweifelnden an - nicht im Streit des Ausschließens und der Ver-
neinung. Indem Thomas bekennt "mein Herr und mein Gott", bekennt er nicht einen unter anderen, hat keine Tatsache im Auge,
macht er Jesus nicht zum Objekt buchstäblicher Reflexion. In
diesem Bekenntnis hat er ihn nicht für sich und steht eben so
schon auf der Seite der anderen, obgleich er sagt: "Mein" Herr
und "mein" Gott! So sagt auch der Herr nicht: "Du Ungläubiger,
warum hast du deinen Mitbrüdern nicht geglaubt, sie hatten doch
recht!" Und zu den anderen gewendet sagt er nicht: "Seht, ich gehe
auf Thomas ein und erfülle ihm seinen Wunsch; Euer Rechten war

---

[1] Vgl. Predigt 3, in: Meister Eckharts Predigten. Die Deutschen
Werke Bd. 1, hrsg. u. übers. von Josef Quint, Stuttgart 1958,
439-441.

Abb. 34: Christusruh

sinnlos, und ihr hattet Unrecht mit eurem Streit, eurer Behauptung, daß das stimme, was 'wir' beurteilen und besser kennen als der Zweifelnde." Es geht nicht mehr um Recht oder Unrecht, der Geist des Friedens herrscht jenseits der Spaltung beider.

Der Ort, an dem der Friede im Miteinander und Gegeneinander durchbricht, ist die *Anbetung*, das Sich-Überlassen gerade des Zweifelnden, der in der Anbetung den Quellgrund der Gemeinschaft im Frieden Christi findet. So schauen nun beide - voneinander weg - auf den, dessen Leib sie sind, der sich an ihnen austeilt, zerteilt im Opfer der Hingabe als der eine Leib des Auferstandenen, der alle versöhnt. Seinem Frieden dürfen wir trauen.

20. DER ABSTIEG IN DAS REICH DES TODES

Nach einer Reihe von Ostergeschichten, die Ignatius von Loyola zur Betrachtung im Kurs der Großen Exerzitien vorschlägt, findet sich im Exerzitienbuch unter der Überschrift "Dreizehnte Erscheinung" als dritter und letzter Unterpunkt die Anweisung:

> Er erschien dem heiligen Paulus nach der Himmelfahrt: (Schließlich erschien er mir wie einer Fehlgeburt.) Er erschien in der Seele auch den heiligen Vätern in der Vorhölle; und nachdem er sie herausgeholt und den Leib wieder angenommen hatte, erschien er viele Male den Jüngern und verkehrte mit ihnen.
>
> (EB Nr.311)

Schon lange bevor die Auferstehungsikone geschaffen wurde, die den Messias auf den Pforten der Unterwelt stehend zeigt, gehörte es zum Glaubensgut der Kirche, den Abstieg Jesu in das Reich des Todes zu bekennen [1]. Ignatius von Loyola steht in der patristi-

---

[1] Vgl. dazu grundsätzlich Alois Grillmeier, Mit ihm und in ihm. Christologische Forschungen und Perspektiven, Freiburg ²1978, bes. 173f: "An den Kappadokiern, an Ps.-Athanasios und Kyrill von Alexandrien sieht man, wie ihnen die Eigenart des Verhältnisses, welches zwischen Logos und Menschennatur besteht, gerade daran aufgegangen ist, daß es unverändert weiterdauert, mögen auch Leib und Seele voneinander getrennt sein. Sie fassen die Einheit in Christus als ein 'Verhältnis', ein 'Verhalten' des Logos zur Menschheit Christi, das nicht mehr nach den Kategorien der Berührung, der Vermischung, gleichsam des örtlichen Naheseins zu begreifen und darum von jedem konkreten Zustand der Menschheit unabhängig ist. Sie sehen schließlich immer mehr, daß dieses Verhältnis keine Analogie, keinen Vorgang in der Natur hat und darum ein einzigartiger Ausdruck der Seinsmacht Gottes ist, der im Logos eine menschliche Natur sich so aneignen konnte, daß diese zu seiner Existenz in unserer Welt, in unserer Mitte wurde, in einem wahren Descensus in alle Tiefen unseres Daseins. Dem Glaubensartikel

schen Tradition des Glaubens, wenn er den Exerzitanden das Mysterium des Descensus ad inferos nach innen nehmen läßt.

Der Weg in die Tiefen

In Träumen, die für einen einzelnen oft sehr bedeutsam sind, kommt das Motiv der Unterwelt vor. "Der Schlaf ist der Bruder des Todes", heißt es bei den Griechen. Im Einstiegsbild einer entsprechenden Betrachtung mag es sich dabei um einen Gang handeln, der in einer Grotte tiefer führt, oder um einen halbverschütteten Bergwerksstollen, der in das Innere eines Gebirges weist, oder um einen Brunnenschacht, der den Abstieg nach unten ermöglicht, usw. Will man anhand der Traumwelt bewußt seine Geschichte mit sich, den anderen und Gott in Blick nehmen, dann kann dies in Form eines intensiven Wachtraums geschehen, in dem die Tiefen des Unbewußten und dessen Bilderwelt mit ins Spiel kommen. Dabei geht es keineswegs darum, die Welt der Schatten zu erforschen, um nachher besser darüber mitreden zu können. Die Sache ist viel zu ernst [1]. So kann etwa eine Depression, die sich während eines "Abstiegs" einstellt, nicht nur etwas sein, das man möglichst rasch hinter sich bringen sollte, sondern sie ist vielleicht der angemessene Zustand der Seele, ein in ichhafte Zwecke verstricktes Bewußtsein weiter in die Tiefe hinabzunötigen. Trotz der Gefühle von Traurigkeit, Niedergeschlagenheit und Beklemmung lohnt es sich, den Weg in die Tiefe zu wagen - es muß ja nicht gerade in jener Ausführlichkeit geschehen, in der Dante mit Vergil unterwegs war. Allerdings gehört es zur Ehrlichkeit eines solchen Gehens, sich auch auf innere Bereiche einzulassen, in denen Qualen und Torturen stattfinden, die uns an die Bilderwelt eines Hieronymus Bosch erinnern. Welches Inferno ist in einem selbst?

---

vom Abstieg zu den Toten kommt dabei eine eigene soteriologische und christologische Bedeutung zu."

[1] Man denke an König Saul, der zur Totenbeschwörerin nach En-Dor ging, um Samuel zu befragen (1 Sam 28,3-25).

Die eigene Seele wird nicht nur durch das Wahrnehmen der Welt der Melancholia gereinigt, sondern oft erst durch das authentische Widerfahrnis innerer Begegnungen und Erlebnisse. Und dazu ist das eigene, internalisierte Totenreich, die Unterwelt, der Hades, die Scheol - oder wie immer man je nach Kontext sagen muß - ein bevorzugter Ort. Diese Dimensison der Schatten und Figuren, der Beziehungslosigkeit und Entmächtigung (vgl. Ps 88,11-13) muß nicht als ein mythischer Bereich interpretiert werden, in dem nur die Tragik des Orpheus spielt, dem Eurydike wieder in die Unterwelt entschwindet.

Im Reich der Schatten

Für den Fortgang eines radikalen inneren Prozesses kann es nötig werden, sich darauf einzulassen, eine Szene in der Bilderwelt des Totenreiches zu weiten, d.h. andere auftreten zu lassen, so daß man sich nicht nur selbst in seinem Tun vor Augen kommt, sondern auch Menschen sieht, die im realen Alltag vorkommen bzw. eigentlich mehr beachtet werden sollten. Die eigenen Emotionen sind dabei nicht zu unterdrücken. Gerade wenn die ständigen heimlichen Vorwürfe an die Adresse anderer sich abbilden können, wenn die Phantasie ihrer Bösartigkeit inne wird, wenn ein Enthusiasmus sich als eine Ergreifung durch üble geistige Mächte enthüllt, wenn die eigene brutale Aggressivität in einem selbst aufscheinen kann, so daß man davor erschrickt, dann wird zugleich oder bald danach auch Platz werden für gute Freunde; ja selbst lichte Engelsgestalten oder eine Erscheinungsfigur des Messias, die sich heilend auswirkt, kann sich zeigen. Der Betrachtende ist ermächtigt, während der "Abstiegsbetrachtung" mit dem Messias als der Gestalt des ewigen Erlösers in einen inneren Dialog zu treten. Dazu eignet sich etwa das Gebet, das im Exerzitienbuch des Ignatius von Loyola zu finden ist (EB S.159):

Seele Christi, heilige mich.
Leib Christ, rette mich.
Blut Christi, berausche mich.
Wasser der Seite Christi, wasche mich.
Leiden Christi, stärke mich.

Gütiger Jesus, erhöre mich.
In deinen Wunden berge mich.
Von dir laß nimmer scheiden mich.
Vor dem bösen Feind verteidige mich.

In meiner Todesstunde rufe mich
und heiße zu dir kommen mich,
mit deinen Heiligen zu loben dich
in Ewigkeiten ewiglich. Amen.

Doch nicht ein *geprägtes* Gebet muß die Weise der Kommunikation mit der Gestalt Jesu sein. Vor allem dies ist wichtig: Ein *emotional ehrliches* Sprechen mit ihm, der selbst am Ort der Finsternis und der Beziehungslosigkeit erscheint. An seiner Hand, seinem Licht folgend, kann man durch dunkle Grüfte und Gänge gehen, um dann wie neu belebt, neu durchgeistigt und durchseelt nach oben in die Welt der Lebenden zurückzukehren.

Die Solidarität Jesu

Zur Hoffnung sind wir gemahnt. Denn Jesus ging in *seiner* Liebessolidarität mit der Menschheit so weit, daß er vor dem Totsein nicht Halt machte, sondern hinabstieg in die Abgründe der Welt, um in den letzten Winkeln der Wirklichkeit, dort, wo es dem Menschen am schlimmsten geht, so gegenwärtig zu sein, daß sich der Mensch von ihm herausführen lassen kann. Wir vermögen gar nicht so tief zu fallen, daß uns nicht noch ein heller Lichtfunke der Barmherzigkeit und Güte Jesu erreichen könnte. Denn er ist freiwillig bis ins Äußerste gegangen, um uns aus den vielen Weisen des dunklen Todes zu befreien. Überall kann er als gegenwärtig Lebendiger angetroffen werden. Ob dies der Tod ist, den der Haß mit sich bringt, der Tod der Sünde und Verzweiflung oder der Tod, den die Natur erleidet, immer ist durch den Auferstandenen eine Pforte zur lichten und lebendigen Wirklichkeit Gottes eröffnet. Denn unverbrüchlich ist die Zusage Jesu, uns an seiner Gottesbeziehung und seinem Leben Anteil zu geben. Er stiftet ja Gemeinschaft mit dem ewigen Gott, dem Schöpfer des Himmels und

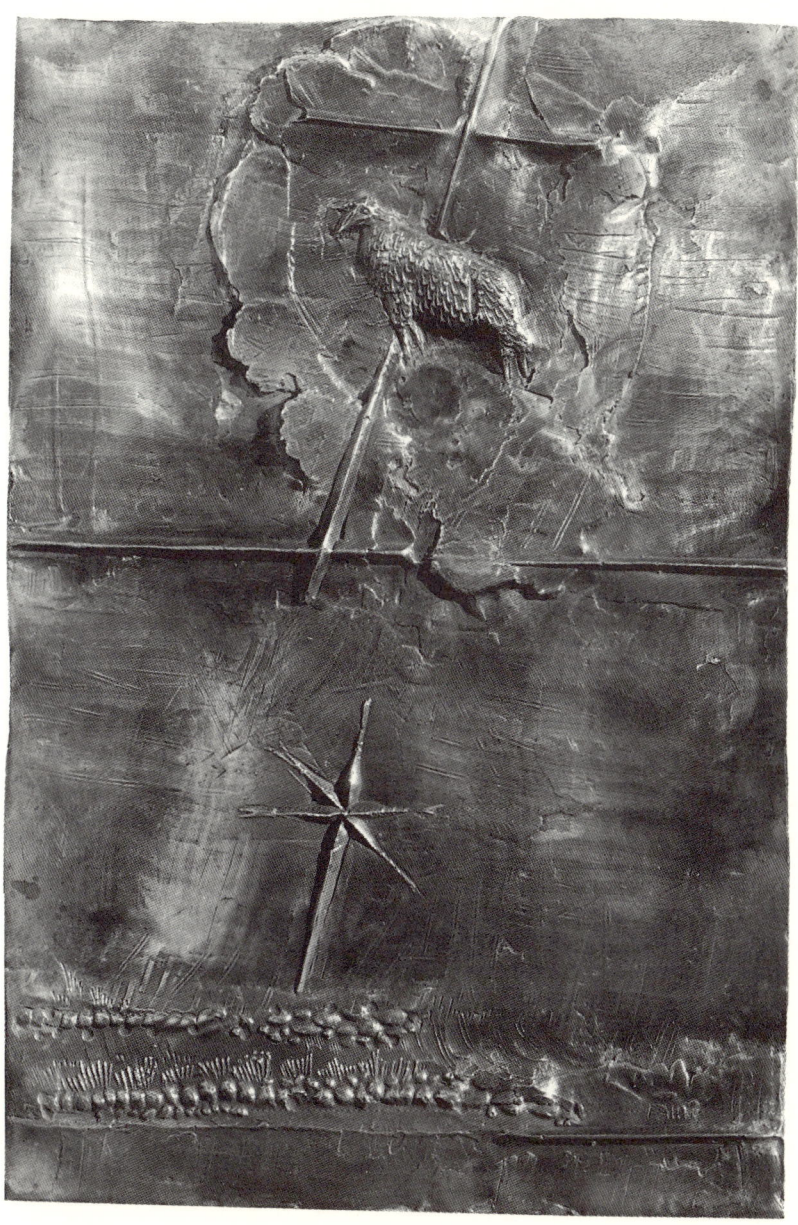

Abb. 35: Das siegreiche Lamm

der Erde, dem Gott des Lebens und des ewigen Lebens [1]. Er schafft das Sein, die Zeit und die Ewigkeit. Durch jeden Tod und in jedem Tod vermag Gott - dies ist sein Wesen - neues, ja ewiges Leben zu spenden.

Gottes Treue

Daran müssen wir festhalten: Das Leben, das Gott gewährt, ist ein unverdientes *Gnadengeschenk*. Nur aufgrund seiner Gnade ist ewige Gemeinschaft mit ihm erreichbar.

Schon alttestamentlich wird die Hoffnung auf die Treue und ewige Huld Gottes verkündet. Die Psalmen sprechen von der Fülle der Freude in Gottes neuer Gegenwart (vgl. Ps 16,10), vom Entrücken in Gottes Herrlichkeit (vgl. Ps 73,23). Der Prophet Jesaja verheißt: "Deine Toten werden leben" (26,19), und im Buch Daniel lesen wir: "Von denen, die im Land des Staubes schlafen, werden viele erwachen" (12,2); "Die Gerechten werden im Reich ihres Vaters wie die Sonne leuchten" (Mt 13,43). Dies sind nur wenige Zeugnisse, die von der Treue Gottes als Grund und Quelle der Hoffnung auf Unsterblichkeit, auf ewiges Leben künden.

Jesus Christus hat sich restlos dem treuen Gott anvertraut. So ist er an und für sich in die Hände des Vaters hineingestorben. Und an und für sich auferweckt worden. Dies nennen wir die *vertikale* Dimension seiner Existenz.

Wie die Hingabe an Gott und das Gebet die Aktualisierung des Gottesbezugs sind - dem Menschen kommt von seiten Gottes eine jeweils entsprechende Antwort der Gnade zu -, so sind der Dialog in seinen vielfältigen Formen und das Sein für die anderen die Realisierung der zwischenmenschlichen Beziehungen, die nur dann zutiefst human sind, wenn sie freiwillig gezeitigt werden. Sie müssen den Grundcharakter eines Geschenkes tragen.

---

[1] In der Vision des Ezechiel wird die Auferweckung Israels verkündet. Das Fragment des 37. Kapitels, in dem diese Auferweckung geschildert wird, blieb in der Synagoge von Masada erhalten, das 73 n.Chr. von den Römern erobert wurde.

Der Gottesbezug Jesu spiegelt sein Verhältnis zu den Menschen. Er hat sich restlos hingegeben für die Seinen und ist so auferstanden in die Wirgestalt seiner Gemeinde. Sie ist sein fortlebender Leib [1]. Dies läßt sich unter der *horizontalen* Dimension seiner Existenz verstehen, die auf das Geschehen von Kreuz und Auferstehung gegründet ist. Sie erstreckt sich durch die Zeiten.

Den Frieden finden

Im Glauben erkennen wir die Wahrheit, die uns in der Auferstehungsikone vor Augen gestellt wird. Der Auferstandene ist der Friedensfürst. Durch ihn sind die in der Unterwelt Vereinsamten in das Reich seines Friedens gerufen. Er führt sie herauf. Je mehr sich die Menschheit auch heute aus ihrer schlechten Tiefe befreien läßt, um so mehr kann das Reich des Friedens, das aus der Höhe gegeben wird, in unserer Weltwirklichkeit Gestalt annehmen.

Jesus schenkte seinen Frieden denen, die ihn im Stich gelassen hatten. Verrat wurde verziehen. Denn die Botschaft vom Frieden bringt die radikale Vergebung mit sich. Sie ist ein freies Angebot, das den Menschen so ernst nimmt, daß er selbst an sich selbst jeweils ein Ja oder ein Nein vollbringen muß.

Neinsagen aus Liebe zum Frieden

Fast überall ist der mehr oder minder drohende Zeigefinger zu sehen. Hat man nicht recht, wenn man sagt: Man muß den Gürtel enger schnallen; die Ansprüche sind zurückzuschrauben bzw. *ich* aber *muß* auf jeden Fall *haben* ...? Nur leider: Die Form des Appells zersetzt die Atmosphäre von Freiheit, in der wir uns wie von selbst wandeln und - gleichsam nebenbei - gut handeln. Von manchen "denen da oben", von manchen "denen da unten" und manchmal auch von uns sind wir es gewohnt - aber gerade eine Gewohnheit ist oft das Gewöhnliche, das allzu Gewöhnliche -, daß etwa

---

[1] Vgl. die Enzyklika Mystici Corporis Christi von Papst Pius XII. (29.6.1943).

das Poetische eines Gedichtes in platte Moralanweisungen umge-
münzt wird. Kennen wir aber nicht - jenseits von moralischer oder
machtbesetzter Indoktrination - den echten, befreienden Verzicht,
der Überflüssiges beiseite räumt, uns die Augen öffnet und uns
neu sehen läßt? Es gibt doch ein authentisches, zutiefst menschliches Nein-sagen zu einem Zuviel: aus dem Ja zu größerer Frucht.
   In einem Gedicht von R. Kunze wird dies transparent. Und nicht
nur dies. Wir lesen bei ihm zum "Beschneiden der Apfelbäume im
Winter" [1]:

Mit den ihren
knappe ich alle zweige in mir die
hoch hinauswollen

Von neuem
auf die augen setzend

Und auf die äste nach außen

Durch die krone eines apfelbaumes
muß ein mann mit korb hindurchgehn können, sagen
die alten gärtner

Und übergroßes leid und übergroße freude
müssen hindurchgehn können
durch uns

Die Einsicht, die ein frischgeschnittener Apfelbaum mit sich bringt,
tut gut. Wer wagt, mit neuen Augen sich und die Welt zu sehen,
der sagt ja zu den Konsequenzen, auch zum Schmerz und zur
Härte des Verlustes von Zweigen. Das Wachstum im Frühjahr
kann beginnen. Der Baum wird seine Frucht bringen zur rechten
Zeit.
   Wer das Gedicht vom "Apfelbaum im Winter" meditiert, ins
Freie tritt, steht vor dem Baum und sagt: Und übergroßes Leid

---

[1] Reiner Kunze, Auf eigene Hoffnung. Gedichte, Frankfurt 1981,
    54.

und übergroße Freude müssen hindurchgehen können - durch mich. Ich will tragen ein Nein aus einem Nein zu mir. Ungerechtigkeit gegen mich ertragen; ich will gleichmütig bleiben bei einem Nein, das gesagt wird aus einem Ja, das im Grunde reines Wohlwollen ist (warum sollte man sich denn wehren gegen ein Nein, das doch *gut* ist für einen selbst?); ich will ein Ja aus dem Ja zu mir freudig annehmen, ohne dabei euphorisch zu werden. Meine bleibende Grundgelassenheit schätze ich deswegen nicht gering. - Ich lasse mich durch ein solches Ja, das an und für sich und für mich gut ist, niemals zu einer Weise von Abhängigkeit verführen, so daß ich nach der Erfahrung des Ja aus dem Ja süchtig werden könnte.

Zweige werden beschnitten. Wer durch Leiden gelassen wurde, bringt Frucht; er schenkt Raum dem, der nimmt und weitergeht. Der Gärtner ist willkommen. Da ist kein Wehren, sondern ein Geben. Ein Bild des Friedens: Die Frucht wird weggeschenkt.

Freude. In der Krone eines Baumes, dessen tragende Äste nach außen wachsen, gibt es für Freude viel Freiraum. - Die Freiheit ist frei genug, auch übergroße Freude wieder gehen zu lassen. Da ist kein Halten, keine Gier nach Habe. Friede *herrscht*, ein Friede, der zutiefst menschlich ist: Er weiß um den Sinn des Opfers und glaubt an die Frucht im Herbst der Zeit.

Wo ist ein Ort dieses Friedens? Zumindest auf den ersten Blick hin kann man vermuten, daß jemand, der sich wehrt, sich seine Zweige beschneiden zu lassen, dabei sofort aggressiv reagiert, als Bereich des Friedens nicht sehr glaubwürdig ist - ob er sich nun als "Friedenskämpfer" bezeichnet oder ein Soldat ist, der mit Waffen den Frieden sichern will. Die persönliche Reaktionsweise erleichtert es, jemandem die Ernsthaftigkeit seines Engagements für den Frieden zu glauben. "Wer sich um einen anderen Frieden bemüht, ehe er in sich selbst Frieden hat, der spielt noch nicht auf seiner Harfe. Er ist wie einer, der auf einer fremden Harfe spielen will. Aber wen kann ein solcher stimmen, wenn er noch selbst verstimmt ist? Wenn einer mit sich selbst uneins und zerstritten ist und ständig Dissonanzen in sich weckt und sich selbst im Weg steht: wie kann der sich auf einen anderen einstimmen? Wer ständig aufgewühlt und ruhelos ist wie das wogende Meer, das es niemals fertigbringt, ganz still dazuliegen, auf wen kann der als Friedensstifter wirken?"[1]

Darum geht es: tiefen Frieden in sich tragen; einen Frieden, der umsonst weitergegeben wird, der Gabe ist.

Gott, die Liebe selbst, will Frieden schenken in das Herz des Menschen. Von dorther wächst dann der Friede in die Welt hinein. Wenn im Menschen mehr Friede wohnt, kann in der Welt mehr Frieden werden.

---

[1] Balduin, Traktat 4, zitiert nach: Ein Lied, das nur die Liebe lehrt. Texte der frühen Zisterzienser, ausgew., übers. und eingel. von Bernardin Schellenberger (= Texte zum Nachdenken, hrsg. von Gertrude und Thomas Sartory), Freiburg 1981, 137.

21. SAULUS VOR DAMASKUS

Das Neue Testament kennt mehrere Texte, in denen von der Bekehrung des Saulus die Rede ist (vgl. Apg 9,1-9; 22,4-16; 26,12-18; Gal 1,15; 1 Kor 15,8). Nach dem liturgischen Kalender wird seine Bekehrung am 25. Januar gefeiert.

Vorphase: Zeit, sich über Inhalt und Struktur der Betrachtung zu informieren

Im Blick auf jenes Ereignis, das in einem innerlichen Prozeß imaginativ wiederholt werden kann, geht normalerweise dem, der dies ernsthaft versucht, das eine oder andere bezüglich der eigenen Existenzweise neu auf. Der im folgenden skizzierte Betrachtungsvorgang soll dem Übenden helfen, am Begegnungserlebnis des Saulus mit dem Auferstandenen ein wenig teilhaben zu können.

Die Übung ist so aufgebaut, daß drei Phasen aufeinanderfolgen, nämlich: *erstens* eine Zeit der Sammlung, *zweitens* eine Zeit der eigentlichen Betrachtung und *drittens* eine Zeit der Reflexion. Da es sich bei dieser Übung um die Repräsentation eines dramatischen Geschehens handelt, besteht die zweite Phase aus der Abfolge *mehrerer* Bildszenen. Nach dem Eröffnungsbild des Saulus, das zeigt, wie er auf seinem Pferd dahinjagt, kommt das Mittelbild, in dem vorgestellt wird, daß Saulus plötzlich Jesus in einem neuen Licht sieht. Begegnung ereignet sich. Als letztes Bild in der Szenenfolge: Der Gestürzte liegt erschöpft am Boden.

Saulus, der Mensch mit zusammengebissenen Zähnen [1], reitet

---

[1] Die Zeichen des hebräischen Alphabets sind nicht nur Buchstaben, sondern auch Zahlen. Darüber hinaus besitzt jedes Zeichen einen *Bildwert*. - Saulus. Der Buchstabe *schin* eröffnet ein breites Spektrum von Auslegungsvarianten. Wir beschränken uns auf einen Aspekt, der in *spirituell-allegorischer* Hinsicht den Sinn der Namensänderung nach Paulus verdeutlicht. Denn in der Namensänderung spiegelt sich die Metamorphose, die für die Geschichte des Saulus/Paulus charakteristisch ist. Vgl. dazu: Buchstaben des Lebens. Nach jüdischer Überlieferung, erzählt

leidenschaftlich nach Damaskus. Dies liegt im Norden. Nach mündlicher jüdischer Überlieferung handelt es sich dabei nicht vorrangig um eine geographische Ortsangabe, sondern der Norden steht für eine Dimension der Wirklichkeit. Dem Norden wird die Farbe Rot zugeordnet - und das bedeutet: der Bereich, in dem geboren und gelitten wird. Es ist die Welt, die wir kennen, unsere sichtbare Realität. Im Leben hier fließt Blut. In dieser Welt möchte Saulus mit Zwang und Gewalt das Gesetz, so wie er es versteht, durchsetzen, ein für allemal Ordnung schaffen. Zu diesem Zweck reitet er in Richtung Damaskus. Ganz engagiert. "Recht" muß "Recht" bleiben - und Christen muß man deswegen "leider" manchmal töten; Leichen spielen dann keine Rolle.

Es empfiehlt sich, vor der Übung zumindest *einen* der Texte aus dem Neuen Testament zu lesen, in denen von der Bekehrung des Saulus berichtet wird. Nun einige Anregungen zu den drei Phasen der Übung im einzelnen.

1. Phase: Zeit der Sammlung

Die Zeit der Sammlung ist dafür da, leibhaftig gegenwärtig zu werden. Einfache Beobachtungen helfen, so dasein zu können. Jeder lebt im Offenen. Die Grenzen zwischen mir und der Wirklichkeit um mich sind nicht starr und fest. Durch meine Sinne kommt die Außenwelt in mich. Und umgekehrt. Nehme ich Luft von außen nach innen, so daß sie mein Atem wird, dann spüre ich, daß innen in meinem Leib, bis in die äußersten Spitzen der Lungenflügel hinein ein ständiger Prozeß der Einung von mir und anderer Wirklichkeit stattfindet. Und auch der Trennung. Beides gehört zu meiner Lebendigkeit. Im permanenten Austausch bin ich lebendig. Mein Atem wird eins mit der Luft, die mich umgibt. Ich

---

von Friedrich Weinreb (= Texte zum Nachdenken, hrsg. von Gertrude und Thomas Sartory), Freiburg 1979, 143-145: "*Schin* bedeutet doch 'Zahn'... Das Zeichen *Schin* besteht aus zwei *Sajin* und einem *Waw* ... Man nennt die Zeichen *Waw* und *Sajin* in dem Buchstaben *Schin* - wie schon erwähnt - die 'Zähne'."

Abb. 36: Die Torah und Paulus

Abb. 37: Die Menorah

241

lausche und entdecke, wie ich atme: ein und aus und ein und aus und ...

Meine Haut bildet die schützende Grenze meines Körpers und ist zugleich der Bereich, in dem fremde Wirklichkeit und mein eigenes Selbst sich berühren. Ich bin meine Haut, atme durch sie, spüre mich in trockenen und verschwitzten Partien - bin ein Zehntausend-Poren-Wesen. Mein Tastsinn erstreckt sich über die gesamte Außenfläche meines Leibes, ja, ein Stück weit sogar nach innen. Die Haut ist eins mit der Gestalt des Leibes. Ohne Wirklichkeitsverlust, ganz realistisch nehme ich mich immer mehr ganzheitlich wahr. Umhüllt von Kleidung.

Scheingründe, trügerische Verlockungen, Anfechtungen, fruchtlose innere Debatten oder Spitzfindigkeiten, die in mir auftauchen und mir suggerieren, die Betrachtung nicht zu halten, schiebe ich beiseite. Auch Skrupel verdienen keine Aufmerksamkeit. Ich möchte mir nicht einreden lassen, die Übung, die ich mir vorgenommen habe, sei für mich unbedeutend und unwichtig. Durch nichtige Gedanken sich nicht hindern lassen! Dagegen sich mühen, nicht lässig, gleichgültig oder resigniert dazusein, sondern hellhörig, bereit zu hören, offen für Licht.

Ich ermutige mich mit dem Gedanken, wie groß erst der Zeit- und Energieaufwand wäre, etwa ein neues Instrument oder eine weitere Sprache zu lernen. Vielleicht wird dadurch meine Ungeduld und mein Ärger darüber, daß ich mich nicht rascher sammeln kann, so relativiert, daß sie vergehen. Ich lasse mich nicht umtreiben, durch allerlei Ablenkungs- und Fluchtmöglichkeiten; atme langsam und rhythmisch.

Es geht darum, sich wahrzunehmen, und zwar so, daß man dabei auch seine eigenen Verfolgungstendenzen verspürt, die individuellen Potenzen psychischer Aggressivität, seine persönliche "Gesetzesgläubigkeit", die zur Rechtfertigung benutzt wird, um das Leben mit Gewalt in den Griff zu bekommen. Ich lasse meine Lust zu Angriff und Streit in mir aufsteigen. Die Zeit der Sammlung hat für das Gesamt der Übung denselben Zweck wie die Zeit der Vorbereitung, die nötig ist, um sich für einen recht anstrengenden und lange dauernden Ritt fertig zu machen. Dies besagt, daß man erst dann aufs Pferd steigt bzw. das Bild vom "Wilden Reiter" kommen läßt, wenn man entsprechend konzentriert und emotionalisiert ist. Da die zweite Phase der Übung oft sehr intensiv erlebt wird, ist es wichtig, vorher - also in der Phase der Sammlung - viel psychische Energie zu sammeln. Man sollte also nicht ziemlich zerstreut mit der Bild-Erzeugung beginnen, sondern sich Zeit lassen und Zeit nehmen, bis man sich psychisch stark fühlt. Das Gefühl der Vitalität ist wichtig; sich körperlich kräftig empfinden. Anstelle von Müdigkeit und Schläfrigkeit ist Wachheit und Konzentration nötig. So durchstoße ich die Oberfläche meines Alltagsbewußtseins und gelange in tiefere Schichten meiner Psyche - ohne dabei die Grenzen meiner inneren Belastbarkeit gewaltsam zu durchbrechen. Alles geschehe in Schweigen und Ruhe, im Raum der Stille. Aus dem schweigenden Vernehmen sollen die Bilder geboren werden.

2. Phase: Zeit der Betrachtung

Entscheidend für diese Phase der Betrachtung ist, daß es gelingt, die Bildszenen sinnenhaft zu *sehen*.

I. Bild: Saulus auf dem hohen Roß

Es geht nicht darum, reflektierend zu überlegen, ob etwa Reiter und Pferd eine Chiffre für Seele und Körper sind, mittels der das wechselseitige Verhältnis von Anima und dem Animalischen analysiert werden kann. Solche Wissensinhalte sollten während der Betrachtung nicht thematisiert werden. Sondern: dem Übenden ist die Aufgabe gestellt, mit dem inneren Auge ursprünglich wahrzunehmen, wie der Schweiß von Mensch und Tier ineinanderfließen. Saulus und sein Pferd bilden eine Einheit. Eine sich anbietende Deutung - nämlich daß das Animalische nach dem Muster einer zwanghaften Verschmelzung "integriert" wird, weil man das leitende Prinzip des Animalischen nicht Freiheit nennen kann, sondern als zwingendes Gesetz bezeichnen muß - ist höchst sekundär. Mag es auch stimmen, daß das Animalische ausgebeutet wird, weil es unter dem Diktat des Gesetzes funktionieren muß.

Worum es in dieser Phase der Betrachtung geht, ist das mitfühlende Schauen, das die eigene Psyche beeindruckt, und nicht die Erzeugung eines kognitiven Überbaus über ein noch nicht gesehenes und psychisch erlebtes Geschehen. Also: Saulus auf seinem

Roß [1]. Die Fäuste um die Zügel geballt. Keuchender Atem. Verbissen reitend, fanatisch, fast besessen, wie ein Rasender. In seinem Kopf hämmert das Kommando: weiter... weiter... weiter. Hektik. Aggressivität. Begleiter sind nur Randfiguren. - Ich sehe das Bild, bin mit hineingenommen in seine Atmosphäre, erlebe leidenschaftlich die körperliche und psychische Impulsivität dieses Saulus. Er ist ein Mensch, der nie lächelt. Er schaut unerlöst aus.

II. Bild: Der Auferstandene erscheint Saulus

Dem Saulus erscheint nicht nur *etwas*, sondern *jemand*. Die Wirklichkeit Christi in ihrer lebendigen Tiefe wird ihm transparent. Die Welt ist auf Licht gebaut. Saulus hat eine Vision. Im Osterlicht erscheint ihm der Auferstandene. Gestifteter Dialog. Nicht nur, weil sich Saulus so mit seinem Gegner auseinandergesetzt hat, so daß - psychologisch gesehen - eine gegenwendige Identifizierung stattfand, sondern es kommt zu einer Begegnung. Den Visionär Saulus überschwemmen nicht nur eigene psychische Inhalte mit dem Ziel einer positiven Wandlung seiner Persönlichkeit, sondern der andere als Gegner erscheint ihm als Er selbst neu. Der "Feind" des Saulus erscheint als befreiendes *Gegen-über*! Von oben her, gleichsam aus der Herrlichkeit des Himmels, erfährt er den Auferstandenen. Von Du zu Du, nicht bloß von Ich zu Nicht-Ich. Der Herr der Kirche selbst trifft ihn. Er spricht ihn an. Plötzlich, unerwartet und unableitbar wird Saulus von seinem Verfolgungswahn, den er gegen die Christen und den Christus entwickelt hatte, befreit. Der rote Faden einer gewalttätigen und zwanghaften Lebensform wird abgeschnitten. Halt ein! Die Linearität dieser Existenzform kommt an ein Ende. Wie vom Blitz getroffen, stürzt Saulus von seinem hohen Roß. Nur langsam kann er sich an das neue Licht der Wahrheit gewöhnen, so daß er vorerst noch wie geblendet am Boden liegt. Das Irrlicht seines Fanatismus verlöscht; seine Verblendung vergeht, das gewalttätige und bestrafungssüchtige

---

[1] Das Bild stammt aus der Kunstgeschichte und ist nicht neutestamentlich belegt.

Flackern seiner Augen wird vom Glanz und der Herrlichkeit des Osterlichtes durchstrahlt.

III. Bild: Saulus wird zum Paulus

Saulus kommt auf den Boden der Wirklichkeit. Dabei vergeht ihm erst einmal Hören und Sehen. Er ist wie benommen. Das Gesetz, für das er sich ereiferte, ist nicht so durchzusetzen, wie *er* meinte, daß es geschehen müsse. In der Begegnung ist ihm aufgegangen, daß das Gesetz als bloß ausstehende, mit Gewalt durchzusetzende Norm nicht mit dem wirklichen Wort Gottes identisch ist. Denn das wahre Gesetz ist letztlich das *lebendige* Wort Gottes. Zu Saulus sprach das lebendige Wort Gottes: Jesus Christus. Von Ihm her versteht er das Gesetz neu: Denn Er hat das Gesetz erfüllt (Mt 5,17), auf daß wir nach dem Geist leben (Röm 8,4), gemäß dem Logos, dem ewigen Wort Gottes, das in Fleisch und Blut in dieser Welt erschienen ist. Sein Bote wird er werden, das Evangelium Jesu Christi verkünden: nicht mit zusammengebissenen Zähnen, sondern mit einem Mund, der erzählt. In der Veränderung des Namens wird zum Ausdruck gebracht, daß eine neue Phase im Leben des *S*aulus beginnt. Von jetzt an wird er *P*aulus sein [1]. Mit neuer Leidenschaftlichkeit und einem neuen Namen, als eine Neuschöpfung in Christus (2 Kor 5,17) wird Paulus von nun an den Gekreuzigten und Auferstandenen, dessen Selbigkeit ihm aufging, predigen. Zur Freiheit befreit (Gal 5,1), mit Gott, der lebendigen Liebe selbst, versöhnt (Röm 5,10), gerechtfertigt (Röm 5,8f; 10,4) wird er christliche Gemeinden gründen. Doch vorher bringen ihn seine Gefährten nach Damaskus zu Hananias, in die Stadt, von der

---

[1] *Pe* bedeutet: der Mund. " Das Zeichen *Pe* ist wie folgt: Man sieht also das *Kaf* und in ihm das umgekehrte, also das untere *Jod*. Um Kindern das Zeichen einzuprägen, sagt man ihnen, das *Kaf* sei der Mund und das umgekehrte *Jod* die Zunge. Schließlich ist doch der Mund das Offenbare und die Zunge das Verborgene. Und das hebräische Wort für Zunge, *laschon*, bedeutet auch Sprache. Die Sprache ist im Mund verborgen wie das *Jod* im *Kaf*." (Ders., ebd., 125).

aus es nicht weit ist nach Antiochien, wo die Anhänger des neuen Weges zum erstenmal Christen genannt wurden (Apg 11,26).

3. Phase: Zeit der Reflexion

In dieser Zeit der Übung können die Früchte recht unterschiedlich sein, die der Betrachtende ernten kann. Vielleicht gehen ihm neue Zusammenhänge auf zwischen dem neutestamentlichen Geschehen und der liturgischen Wiederholung in der Kirche. So bekennt etwa in der Liturgie die Gemeinde erst *nach* der Wandlung dankbar: *Deinen Tod, o Herr, verkünden wir, und Deine Auferstehung preisen wir, bis Du kommst in Herrlichkeit*, und so kann auch oft erst *nach* einer bestimmten Phase von Metamorphose ein Mensch wieder neu und echt beten: Gott sei Dank. Saulus/Paulus ist es erst *nach* seiner Begegnung möglich geworden, in neuer, christlicher Weise in der Welt dazusein. Aufgrund einer neuen und lebendigen Beziehung zu dem, den er verfolgte, wurde aus dem Pharisäer Saulus der Apostel Paulus.

Gebet und Meditation sind eine Zeit, während der der einzelne sich neu für die Sache Jesu und ihn selbst begeistern kann. Was kann ich mir konkret vornehmen? Was sollte mein Beitrag dazu sein? Was kann ich tun? Für solche Fragen ist die Zeit der Reflexio da, die als dritte Phase der Übung vorgesehen ist. Mit den Mitteln des Verstandes soll im Bedenken der vorher gemachten spirituellen Erfahrungen das eigene Leben geordnet werden. Vorsätze sind zu fassen, die vernünftig und durchführbar sind, so daß sie in die Tat umgesetzt werden können. Man kann sich fragen: Besitze ich einen zwanghaften Eifer für "meine Wahrheiten"? Wie steht es mit unausstehlicher Belehrungssucht, mit anankastischem Gehabe bei mir? Sage ich entschieden genug nein zu allen - auch psychischen und geistigen - Formen von Indoktrination und Vergewaltigung? Wie steht es um meine Identifizierung mit dem kollektiven "Geist" der Gewalt und Unterdrückung? Sich die eigenen Schuldanteile bewußt machen! Unterlaufe ich die Mechanismen von actio und reactio? Bleibt es bei einem bloßen Reagieren auf fremde Initiative, die ihrerseits mehr oder minder wie automatisch zustande kommt? Versuche ich die zerstörerische Aggressivität in mir wegzulügen, oder lasse ich sie mir in der Begegnung mit dem

Auferstandenen verwandeln? Wovon nähren sich die Wurzeln meiner Sucht nach Gewalt? Was lese ich, was schaue ich an, wo höre ich hin? Wann verschließe ich absichtlich meine Augen, obwohl ich weiß: Hier soll ich hinschauen? Bin ich ein "Pharisäer"? Bewundere ich klammheimlich "Paragraphenreiter", "Bürohengste" und "Amtsschimmel"?

Beziehungen zu Menschen, die ins eigene Leben gehören, sind vielleicht mit etwas Phantasie und gutem Willen neu und lebendig zu gestalten. Wiederholung wird möglich. Wo Liebe wieder herrscht, ist Wiederholung nicht langweilig. Sie ist nicht das fade Gleiche, dessen man schon lange überdrüssig ist, sondern dasselbe ist je neu, schenkt Freude, Hoffnung und Zuversicht. "Wer die Wiederholung will, der ist im Ernst gereift." [1]

---

[1] Sören Kierkegaard, Die Wiederholung, in: Ges. Werke Bd. 5, Düsseldorf 1955, 5: "Wer die Wiederholung will, der ist ein Mann, und je gründlicher er es verstanden hat, sie sich klar zu machen, ein um so tieferer Mensch ist er" (ebd., 4). "Wenn man die Kategorie der Erinnerung oder der Wiederholung nicht besitzt, so löst das ganze Leben sich auf in leeren und inhaltlosen Lärm" (ebd., 22).

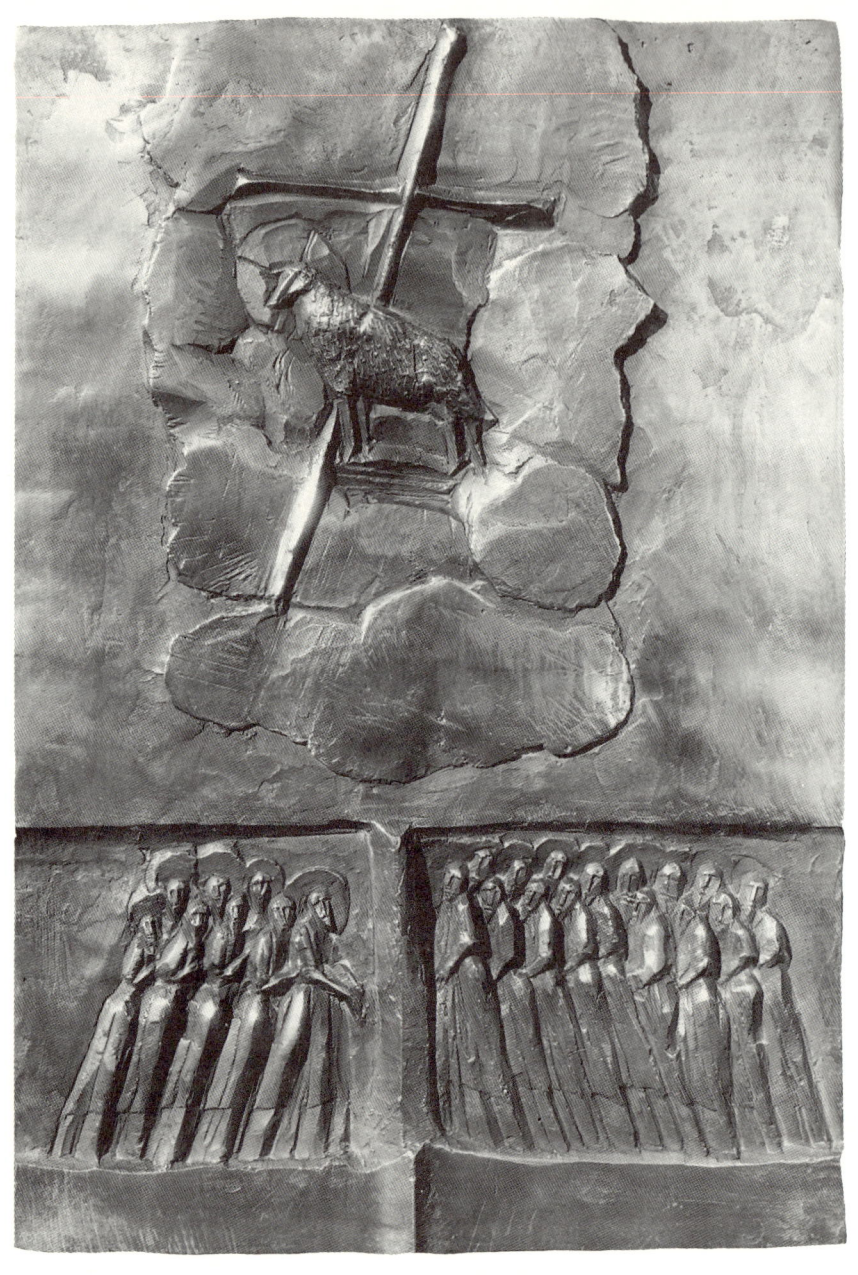

Abb. 38: Das Lamm und Gottes Volk

22. DER AUFTRAG DES AUFERSTANDENEN

Die bei Matthäus im 10. Kapitel berichtete Sendung der Jünger durch den irdischen Jesus erhält nachträglich eine weltweite Dimension: Der Auftrag des Auferstandenen lautet:

> Da trat Jesus auf sie zu und sagte zu ihnen: Mir ist alle Macht gegeben im Himmel und auf der Erde. Darum geht zu allen Völkern, und macht alle Menschen zu meinen Jüngern; tauft sie auf den Namen des Vaters und des Sohnes und des Heiligen Geistes, und lehrt sie, alles zu befolgen, was ich euch geboten habe. Seid gewiß: Ich bin bei euch alle Tage bis zum Ende der Welt. (Mt 28,18-20)

Bei Lukas heißt es:

> Er sagte zu ihnen: So steht es in der Schrift: Der Messias wird leiden und am dritten Tag von den Toten auferstehen, und in seinem Namen wird man allen Völkern, angefangen in Jerusalem, verkünden, sie sollen umkehren, damit ihre Sünden vergeben werden. Ihr seid Zeugen dafür. Und ich werde die Gabe, die mein Vater verheißen hat, zu euch herabsenden. Bleibt in der Stadt, bis ihr mit der Kraft aus der Höhe erfüllt werdet. (Lk 24,46-49)

Und Johannes schreibt:

> Jesus sagte noch einmal zu ihnen: Friede sei mit euch! Wie mich der Vater gesandt hat, so sende ich euch. (Joh 20,21)

"Christliche Mission versteht sich vom Neuen Testament her als Verwirklichung der messianischen Heilssendung des historischen Jesus und seines Auftrags an die Jünger. Die Jesusbewegung war von Haus aus eine Missionsbewegung." [1] Die Sendung durch Christus bestimmt die Weise des missionarischen Vorangehens, die Wahl der apostolischen Mittel. Jedes missionarische Wirken zielt sowohl nach außen wie nach innen. Was heißt das? Der Weg nach innen, das Wachsen in die je größere Nähe Gottes besteht darin, daß einzelne oder Gemeinschaften an sich selbst in ihrer Gottesbeziehung reifen und so immer mehr ein inneres, geistliches Leben entwickeln, aus dem heraus es ihnen gelingt, gut mit sich umzugehen [2]. Im Glauben an ihre Erlösung gründet ihre Menschlichkeit.

---

[1] Christian Schütz, Theologie der Mission am Ende?, in: Zukunft aus empfangenem Erbe, hrsg. von Siegfried Hertlein und Remigius Rudmann, St. Ottilien 1983, 11. "Überblickt man die verschiedenen Motive für die Begründung und das Verständnis von Mission, dann bietet das Neue Testament dafür eine äußerst reichhaltige Palette an. Neben dem Gedanken der Sendung steht die Berufung zum Zeugen und Menschenfischer, das Evangelium oder die Botschaft vom Kommen des Reiches Gottes, die angesagt werden müssen, der Hinweis auf die Verherrlichung Gottes und die Verwirklichung des göttlichen Heilsratschlusses durch die Kirche, der Missionsbefehl, die Herrschaft Christi, die Verlängerung der messianischen Wirksamkeit Jesu, die Fortsetzung seines universalen Friedens-, Wahrheits- und Lebensdienstes, der Anbruch des messianischen Zeitalters usw. Die Geschichte der missionierenden Kirche und deren Reflexion über ihre Missionstätigkeit zeigen, daß diese Fülle von Impulsen bei weitem nicht ausgeschöpft wurde. Unter neutestamentlicher Perspektive ist der Missionsauftrag alles andere als erfüllt" (12/13).

[2] Hermann Stenger, Kompetenz und Identität. Ein pastoralanthropologischer Entwurf, in: Eignung für die Berufe der Kirche. Klärung - Beratung - Begleitung, hrsg. von Hermann Stenger u.a. Freiburg 1988, 117/118: "Weder eine 'Kirche von unten' noch eine 'Kirche von oben', sondern nur eine 'Kirche von innen' wird imstande sein, Zustimmung und Übereinstimmung hervorzurufen. An der Bewegung 'Kirche von unten', die sich in den letzten Jahren formiert hat, sind kompetenzbewußte Christen mit einem ernsten Interesse an der Kirche beteiligt. Was mir Schwierigkeiten bereitet, ist nicht die Bewegung als solche, sondern die Bewegungsrichtung, die durch die Raumsymbolik

Dem Weg nach innen entspricht im Außen ihrer Weltbeziehung entweder eine mehr öffentlich-apostolische Tätigkeit oder ein mehr verborgenes Wirken: durch Gebet und freiwillig gewählte Einsamkeit [1]. Der missionarische Charakter eines solchen Lebens gründet

---

'unten' und 'oben' angezeigt wird. Ich fürchte, daß ungewollt einer defizienten Ekklesiologie Vorschub geleistet wird: Das Pochen auf eine 'Kirche von unten' verstärkt das Pochen auf eine 'Kirche von oben'. Die Positionen verfestigen sich wechselseitig. Es werden auf beiden Seiten Feindbilder produziert, die einen konstruktiven Veränderungsprozeß im Sinne der 'ecclesia semper reformanda' behindern. Es besteht die Gefahr, daß das Fundament des Vertrauens brüchig wird und gegenseitiges Mißtrauen überhand nimmt. ... 'Kirche von innen' ist eine Bezeichnung für die Kirche als Ort geistgewirkter Ebenbürtigkeit aller zum Glauben Erwählten. Diese Ebenbürtigkeit erleichtert es dem einzelnen, seine Identitätsbalance in der Kirche zu finden, vorhandene Konflikte im Milieu der Kirche fair auszutragen, Rollenfixierungen und Egoismen auf die Spur zu kommen und sich am Aufbau der Gemeinde (der Kirche) nach Kräften zu beteiligen. Zur recht verstandenen Ebenbürtigkeit gehört auch die Anerkennung von Amtsautorität; sie ist jedoch mit der Erwartung verbunden, daß Macht und Einfluß in einer Weise ausgeübt werden, die der Überzeugung entspricht, daß der Geist Gottes auf dem ganzen priesterlichen und königlichen Geschlecht des wandernden Gottesvolkes ruht."

[1] Ders., ebd., 118, 119: "Der 'Kirche von innen' entspricht die *Kirche nach außen*. Diese zweite Devise ist nicht eine Ermunterung zu erhöhter Präsenz der Kirche in den Massenmedien, sondern eine Aufforderung an alle, die sich zu ihr rechnen, dafür zu sorgen, daß Kirche als das wahrnehmbar wird, was sie ihrem Wesen nach ist: 'in Christus gleichsam das Sakrament, das heißt Zeichen und Werkzeug für die innigste Vereinigung mit Gott wie für die Einheit der ganzen Menschheit'. Alle Glieder der Kirche tragen gemeinsam die Verantwortung 'für eine Kirche, die sich sehen lassen kann'. ... Die kritische Position von Christen wird aber nur dann für die Gesellschaft überzeugend sein, wenn in der Kirche und ihren Gemeinden *Alternativen vorgelebt* und nicht nur vorgesprochen werden. In einer Gesellschaft, die den Menschen zahlreiche Entfremdungserfah-

darin, daß im Hinblick auf die Sendung durch Christus gehandelt wird. Im Gespräch mit ihm soll ergründet werden, was ansteht.

Im Weinberg Gottes arbeiten

Voll bester Absicht wollen viele im Weinberg Gottes arbeiten. Um nicht unvernünftig irgend etwas zu tun, sollte man sich vorher einige Fragen stellen. So ist gründlich zu klären, ob einzelne oder eine Gemeinschaft mit einer neuen apostolischen Tätigkeit beginnen sollen. Welche Zielgruppe wird angestrebt? Möchte man einer sehr allgemeinen und offenen Zielgruppe dienen oder für Menschen arbeiten, die in einer bestimmten Spiritualität zu Hause sind? Entscheidet man sich für einen konkret nennbaren Personenkreis, dann ist zu fragen, ob man noch weiter differenzieren soll - etwa nach Multiplikatoren innerhalb dieser Personengruppe -, oder ob man sich für alle gleichmäßig zur Verfügung stellt. Es ist genau zu prüfen, ob man im Sinne eines "Schneeballsystems" tätig werden will, oder ob es darum geht, unmittelbare Hilfe für Menschen zu leisten, die in einer katastrophalen Notsituation stecken. Ist es nötig, für Menschen dazusein, die bereit sind, Verantwortung für ihr Leben zu übernehmen, oder steht an, sich um kreativ schwache und entwicklungsgehemmte Mitmenschen zu bemühen? Sprechen die eigenen Charismen und Talente dafür, Menschen in akuten Krisen und Entscheidungssituationen zu begleiten, oder sind langfristig angelegte Unternehmen vorzuziehen? Konkret gefragt: Soll der punktuellen Einzelseelsorge oder der institutionellen Mitarbeit in Ausbildungsprozessen der Vorrang gegeben werden? Auf welche Weise soll gedient werden: mehr abwartend-begleitend oder mehr innovatorisch-leitend? Solche Fragen können helfen, sich der eigenen Motive und Kriterien bewußt zu werden, die eine Entscheidung für ein konkretes missionarisches Wirken bestimmen.

Fragen wir weiter: Entspricht es mehr dem Willen Gottes, eine Einzelaktivität zu beginnen, oder legt es sich nahe, mit anderen

---

rungen zumutet, wird das erlösende Handeln Gottes am ehesten dann kundgetan, wenn Kirche als Ort der Subjektwerdung erlebbar ist."

gemeinsam an einem Projekt zu arbeiten? Gewendet auf die Zielgruppe: Sollen Vereinzelte besonders angesprochen werden, oder
gilt es, vor allem für Menschen aufmerksam zu sein, die sehr be-
ziehungsfähig sind? Man sollte sich dessen bewußt werden, ob der
eigenen, weithin unveränderlichen Charakterstruktur eine mehr
reaktive Verhaltensweise entspricht, oder ob es typisch ist, initiativ
voranzugehen. Denn je nachdem sollte man eher nach Aufgaben
streben, die viel Routinearbeit mit sich bringen, oder nach solchen,
die eine starke Herausforderung darstellen. Wie auch immer, die
eigenen emotionalen Bedürfnisse, Befürchtungen und Erwartungen
sollen vor einer Entscheidung vorgelassen, wahrgenommen und
erwogen werden. Dabei zeigt sich, daß es sich auf der Gefühls-
und Argumentationsebene weithin meist um ein "Einerseits-ande-
rerseits", um ein "Mehr-oder-weniger", um ein "Sowohl-als-auch"
handelt. Die Praxis aber zielt auf ein "Entweder-oder". Nach einer
Zeit der Klärung und Prüfung muß es dann zu einem Ja oder
Nein kommen, eine bestimmte missionarische Arbeit anzufangen
oder sie zu lassen.

Die gesamtkirchliche Situation ist so, daß fast überall ein beson-
derer Einsatz nötig ist: in schon bestehenden Gemeinden, bei
geistlichen Gemeinschaften, in katholischen Verbänden usw. Inwieweit - so muß man jedoch fragen - ist dort eine Bereitschaft zur
Veränderung, ein authentisches Interesse, mehr nach dem Evangelium zu leben, vorhanden? Sind die Betroffenen frei genug zu
fragen, was Gott jetzt von ihnen will, oder sollen bisherige Tätig-
keiten im Grunde nur administrativ weitergeführt werden? Im
Konfliktfeld zwischen restaurativen Tendenzen und emotional über-
zogenen Alternativen muß ein Weg in eine Zukunft gefunden werden, die auf einem soliden geistlichen Fundament gründet. Dabei
darf bei der Auswahl von Arbeiten nicht wie in alten und toten
Schichten herumgewühlt werden, sondern es muß so um das Lebendige gehen, daß einzelne Argumente ihr Gewicht von geistlichen Prozessen her bekommen, in denen "Trost" und "Mißtrost"
berücksichtigt werden [1]. Die Liebe Gottes muß es letztlich sein,
die entscheidet und sendet. Weder konzeptionelles Denken noch
eine strategische Grundeinstellung zur eigenen Wirksamkeit - so

---

[1] Vgl. EB, Nr.169-189; 316-324.

wichtig dies ist - reichen hin. Es kann sein, daß es zunächst nicht um große Dinge geht, sondern daß man sich vor allem im kleinen um das Gute bemühen muß. So schreibt Ignatius von Loyola den Studenten in Alcalá: "Niemals ein gutes Werk verschieben, weil es nur unbedeutend sei, im Gedanken, zu gelegener Zeit größere Werke zu tun. Das ist nämlich eine gar gewöhnliche Versuchung des Bösen Feindes, uns immer die Vollkommenheit kommender Großtaten vorzuspiegeln und uns so dazu zu verleiten, daß wir verachten, was vor der Hand liegt." [1]

Im Geist und in der Wahrheit soll angebetet werden (vgl. Joh 4,23), also überall. Dies heißt für das Feld möglicher Arbeiten: Kein Bezirk des Lebens darf a priori ausgegrenzt werden. Es gilt, den je eigenen Ort im Weinberg zu suchen, um dort sein Heil zu finden. Wo will Christus *mich* hinsenden, heißt die entsprechende Frage. Die Ortsfindung in der Schöpfung ist eine zutiefst persönliche Angelegenheit zwischen dem Herrn des Weinbergs und seinem Arbeiter. Der Weinberg ist die ganze Erde und im ekklesiologischen Sinn: die Weltkirche.

Ein Christ, dessen Spiritualität ignatianisch geprägt ist, muß sich mit jenem Teil der Konstitutionen der Gesellschaft Jesu konfrontieren lassen, der lautet: "Um bei der Sendung hierhin oder dorthin besser das Rechte zu treffen, indem man als Leitregel den größeren göttlichen Dienst und das größere allgemeine Wohl vor Augen hat, scheint es, man solle in dem so weiträumigen Weinberg Christi unseres Herrn ceteris paribus (bei sonst gleichen Bedingungen) - was von allem Folgenden zu verstehen ist - den Teil auswählen, der am meisten in der Not ist, sowohl wegen des Fehlens anderer Arbeiter wie wegen der Armseligkeit und Krankheit der Nächsten in ihm und der Gefahr ihrer völligen Verdammnis." [2] Je mehr auf dem Spiel steht, um so mehr sollte man sich mühen, seine Sache *gut* zu tun.

---

[1] Ignatius von Loyola, Trost und Weisung. Geistliche Briefe, hrsg. von Hugo Rahner, neu bearb. von Paul Imhof, Zürich [2]1989, 77.

[2] Ignatius von Loyola, Satzungen der Gesellschaft Jesu, hrsg. von Peter Knauer, Frankfurt [2]1975, 204 (Nr.622).

Nach diesen mehr innerkirchlich orientierten Überlegungen gilt es, den Blick nun verstärkt auf die Welt als Ganzes zu richten.

Die Welt als Ganzes

Wie noch zu keiner Zeit der Weltgeschichte ist das Netz der Kommunikation zwischen den einzelnen Erdteilen so dicht geknüpft wie heutzutage. Der interkulturelle Austausch bringt die Voraussetzungen mit sich, daß die Weltreligionen neu miteinander ins Gespräch kommen können. Ihre gegenseitige Verwiesenheit ist angesichts der großen Fragen und Probleme der einen Menschheit offensichtlich. Die Kirche wird immer mehr zu einer Weltkirche, die sich einerseits regional zu einer je größeren *Verschiedenheit* in Theologie und pastoraler Praxis entwickelt, andererseits aber zeitigt sie in einem immer engeren Austausch der einzelnen Teilkirchen ihre *Einheit* und *Identität*. Sind ähnliche Prozesse nicht auch für das Miteinander der verschiedenen Religionen erforderlich, so daß nicht nur ihre Differenz zum Tragen kommt, sondern auch ihre Gemeinsamkeiten deutlich werden? Ob nicht die Situation unserer heutigen Weltgesellschaft, die nur als *eine* überleben kann - die atomaren Waffenarsenale lassen keine andere Wahl -, nicht auch von den Religionen neue, den Frieden verstärkende Impulse verlangt?

Worin besteht der Beitrag des Christentums zum Weltfrieden? Wie der Auferstandene sollen die Christen den Frieden als Geschenk anbieten. Umsonst. Insoweit Bedingungen eine Rolle spielen, müssen diese in ihrer Vorläufigkeit transparent gemacht werden. Immer wieder ist aus dem Glauben heraus an den Verhandlungstisch zurückzukehren, nur nein zu sagen, wenn es aus dem Ja zum Frieden und der Dynamik zur Völkerverständigung kommt. Jedes Nein darf im Grunde nichts anderes sein als ein Ja zu mehr

Frieden. Der Friede zwischen den Religionen ist die Voraussetzung, um auch politisch glaubwürdig zu bleiben [1].

Der Friedens-Dialog zwischen den großen Weltreligionen lebt von den vielen Einzelgesprächen von Mensch zu Mensch. Der Hinduismus, der Buddhismus, das Christentum und der Islam existieren jeweils in den einzelnen, die miteinander in der einen Welt leben. Mehr Verständnis füreinander tut not. [2]

In einem echten Dialog geht es nicht nur um religionsgeschichtliche und kulturphilosophische Interessen, sondern auch um die *Wahrheit* der *Offenbarung*. Bei einem solchen Gespräch haben die Laster des Fanatismus, des Synkretismus, des Proselytismus, der Rechthaberei und der Feindschaft nichts zu suchen. Dialogfähigkeit verlangt von Seiten der Christen und der Kirche aber nicht nur Wissen um ihre Herkünftigkeit, ihre Sakramentalität und ihren Auftrag, sondern auch ein Bewußtsein und Gespür, wohin jetzt der Geist Gottes treiben will. [3] Ein *offenes* Miteinander-reden-Können - auch über letzte Fragen - scheint nun gerade heute, in einer Weltsituation der gegenseitigen Verwiesenheit nötiger denn je.

Die Wiederkunft Christi

Die Vielschichtigkeit der Traditionen, die Vielfalt der Religionen, das breite Spektrum der Konfessionen, die extremen Unterschiede in den Überzeugungen einzelner läßt nicht nur Freude über die Mannigfaltigkeit von Gottes Schöpfung aufkommen, sondern auch

---

[1] Vgl. Hans Küng, Josef von Ess, Heinrich von Stietencron, Heinz Bechert, Christentum und Weltreligionen. Hinführung und Dialog mit Islam, Hinduismus und Buddhismus, München 1984. Christentum, Islam und Hinduismus vor den großen Weltproblemen, hrsg. von Heinz Althaus, Altenberge 1988.

[2] Ausführlich dazu in dem Band *Gott glauben. Grundkurs Ignatianischer Spiritualität* (I), Kevelaer 1991.

[3] Ausführlich dazu in dem Band *Geist erfahren. Grundkurs Ignatianischer Spiritualität* (III), Kevelaer 1990.

Trauer über die vielen Trennungen und Spaltungen. Doch nicht Argwohn, Aggressivität oder gar Häme sind eine christliche Antwort auf das Erleben der Verschiedenheit, sondern die Hoffnung auf die Wiederkunft Christi, durch die alles *gerichtet* wird, wie es würdig und recht, *richtig* und gut ist. Anfänglich geschieht immer schon, was sich einst endgültig erfüllen wird: "Jedes Auge wird ihn sehen, auch alle, die ihn durchbohrt haben" (Offb 1,7). Alle Völker der Erde werden das Heil schauen, den Menschensohn.

> Es werden Zeichen sichtbar werden an Sonne, Mond und Sternen, und auf der Erde werden die Völker bestürzt und ratlos sein über das Toben und Donnern des Meeres. Die Menschen werden vor Angst vergehen in der Erwartung der Dinge, die über die Erde kommen; denn die Kräfte des Himmels werden erschüttert werden. Dann wird man den *Menschensohn* mit großer Macht und Herrlichkeit auf einer Wolke kommen sehen. Wenn (all) das beginnt, dann richtet euch auf, und erhebt eure Häupter; denn eure Erlösung ist nahe.
>
> (Lk 21,25-28)

Inmitten der Katastrophe des Weltuntergangs entsteht die neue Schöpfung Gottes. Das Gericht Gottes bringt die Nähe des Erlösers mit sich. Sowohl das Menschengeschlecht als ganzes wie auch der einzelne Mensch werden von ihm in Blick genommen. Im individuellen Todesvorgang kommt Christus je verschieden auf den einzelnen zu. "Immer dann, wenn ein Mensch stirbt, hoffen wir, daß er bei Christus angekommen, daß er endgültig in einer befreienden und beglückenden Gemeinschaft mit ihm und dem Vater aufgehoben ist. Zu diesem Menschen ist Christus dann bereits unverborgen 'wiedergekommen'. Und wenn einmal alle Menschen ihren Tod gestorben und bei Christus angekommen sind, ist er zu allen wiedergekommen; dann ist der 'Jüngste Tag' erreicht. Wann und wie das sein wird, wissen wir nicht; es ist auch zweitrangig.

'Wiederkunft Jesu' bedeutet also nicht ein großes Welttheater mit planetarischem Szenario irgendwann in weiter Ferne. Nein, es ist ein Geschehen, das sich 'mitten unter uns' ereignet (vgl.Lk

Abb. 39: Apokalyptische Bestie

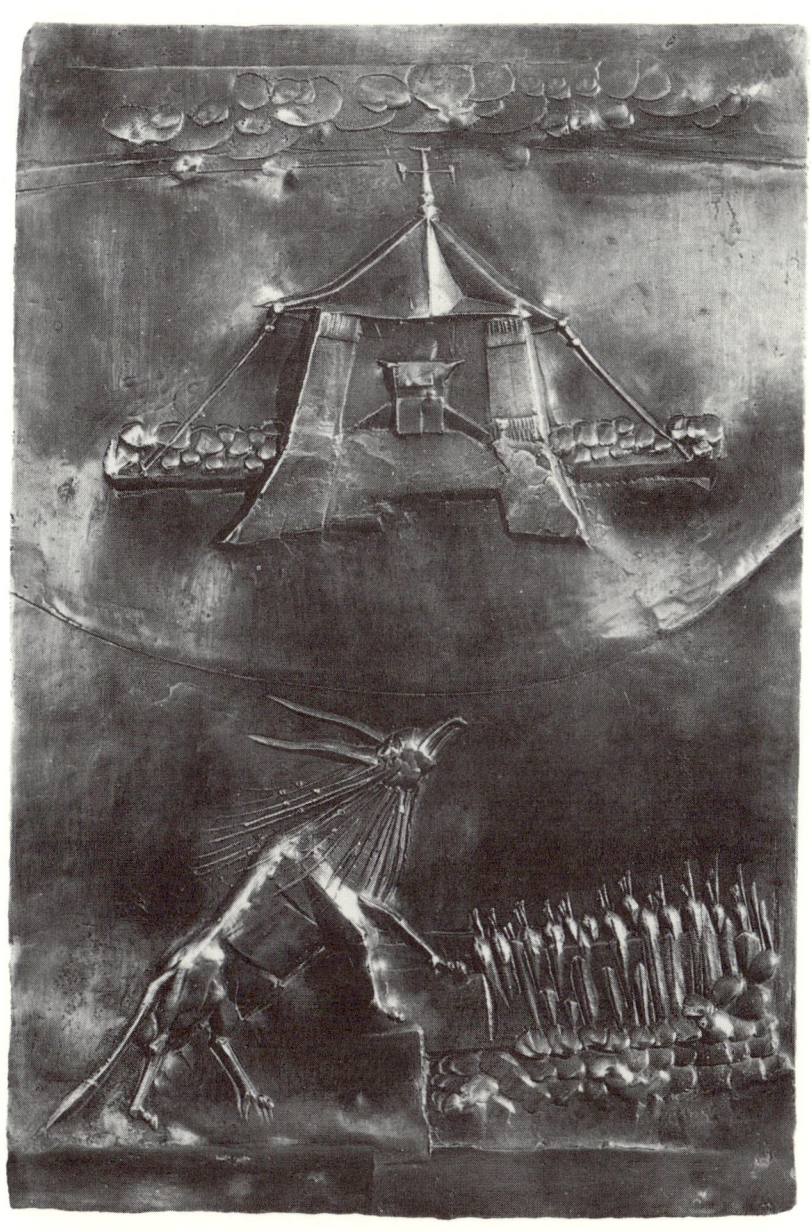

Abb. 40: Lästerndes Lügentier

Abb. 41: Babylonisches Tier

Abb. 42: Gestürztes Untier

17,20f) und im menschlichen Sterben vollendet. Natürlich nicht automatisch! Es kommt nicht einfach jeder Mensch, nur weil er stirbt, damit schon bei Christus an. Jesus hat für dieses Ankommen einen klaren Maßstab gesetzt: 'Kommt zu mir, die ihr von meinem Vater gesegnet seid, und nehmt das Reich Gottes in Besitz ...; denn was ihr einem meiner geringsten Brüder und Schwestern getan habt, das habt ihr mir getan' (Mt 25,34.40). Nur der also, bei dem Jesus in diesem Leben bereits ankommen kann in der verborgenen Gestalt eines Hungernden und Durstigen, eines Kranken und Heimatlosen, eines Armen und Verspotteten, nur der wird einmal bei Jesus in seiner unverborgenen Gestalt ankommen können. Wir dürfen dies getrost für jeden Menschen, auch für uns selbst erhoffen. Aber tun wir dabei zugleich alles, um den verborgenen Christus 'mitten unter uns' zu entdecken! Dann erfüllen wir in der Tat die dringliche Mahnung Jesu, in Wachsamkeit und Aufmerksamkeit das Kommen des Menschensohnes zu erwarten (Lk 21,36; Mt 24,44; 25,13)." [1] Das messianische Zeitalter wird von Juden und Christen erwartet. Auf seine Weise wartet jeder auf den Messias. Die einen sind überzeugt, ihn wiederzuerkennen, wenn er kommt in Macht und Herrlichkeit, für die anderen wird er ganz neu und überraschend sein, da sie ihn noch nicht in der Gestalt Jesu haben aufleuchten sehen. Ihnen ist er bisher im Laufe der Geschichte verborgen geblieben und nur in der Weise der Verheißung präsent geworden.

Nach der *ersten* Phase der Kirchengeschichte, geprägt durch gläubige Juden, die an Jesus von Nazaret als den Messias glaubten, trat die Kirche schon nach einigen Jahrzehnten in eine *zweite*, etwa bis in unsere Zeit hineinreichende Phase ein, die weitgehend von der griechisch-römischen Kultur geprägt war. Nun stehen wir an der Schwelle einer Zeit, in der die Kirche zu einer kulturell höchst differenzierten Weltkirche werden könnte. Diese *dritte* Phase erfordert nicht nur von Theologie und Amt eine intensive Auseinandersetzung mit Fragen der Inkulturation und der modernen Gesellschaft, sondern auch von jedem einzelnen das Zeugnis eines Lebens aus Glaube, Hoffnung und Liebe für die ganze Welt. Die Selbstbesinnung der Gesellschaft Jesu gilt auch für andere Chri-

---

[1] Medard Kehl, Eschatologie, Würzburg 1986, 246.

sten. "Zu oft sind wir isoliert, ohne wirklichen Kontakt mit den Ungläubigen und mit den alltäglichen Folgen der Ungerechtigkeit und der Unterdrückung. Wir laufen Gefahr, den Anruf des Evangeliums, der durch die Menschen unserer Zeit an uns ergeht, nicht verstehen zu können. Ein Testfall für unseren Glauben, unsere Hoffnung und die apostolische Liebe wird deshalb sein, ob wir uns in Zukunft entschlossener in die moderne Gesellschaft hineinbegeben. Sind wir bereit, mit Vernunft und von lebendigen apostolischen Gemeinschaften getragen, Zeugen des Evangeliums zu sein in schwierigen Situationen, wo der Glaube und die Hoffnung auf die Probe gestellt werden durch Unglaube und Ungerechtigkeit?" [1]

---

[1] Dekrete der 32. Generalkongregation der Gesellschaft Jesu 1974/75, Altötting 1976, Nr.84.

Adnès, P., "Larmes", in: Dictionnaire de Spiritualité IX, Paris 1976, 287-303.

Augustinus, Aurelius, Vorträge über das Evangelium des Hl. Johannes Bd.IV/1, übersetzt von Thomas Specht, in: Bibliothek der Kirchenväter, herausgegeben von Otto Bardenhewer, Theodor Schermann, Karl Weymann, Kempten/ München 1913, 167-181.

Balduin, Traktat 4, zitiert nach: Ein Lied, das nur die Liebe lehrt.texte der frühen Zisterzienser, ausgewählt, übersetzt und eingeleitet von Bernardin Schellenberger (= Texte zum Nachdenken, herausgegeben von Gertrude und Thomas Sartory), Freiburg i.Br. 1981, 137.

Balthasar, H.U. von, Herrlichkeit. Eine theologische Ästhetik Bd.III/2,1: Theologie - Alter Bund, Einsiedeln 1967.

- Herrlichkeit. Eine theologische Ästhetik Bd.III/2,2: Theologie - Neuer Bund, Einsiedeln 1969.

Braunfels, W. (Hrsg.), Lexikon der christlichen Ikonographie Bd.VII, Rom 1974.

Casel, O., Das Mysteriengedächtnis der Meßliturgie im Lichte der Tradition, in: Jahrbuch für Liturgiewissenschaft 6, Münster i.W. 1926, 113-204.

Casper, B., Zeiterfahrung und Glaubenserfahrung, in: Antropologia e Filosofia della Religione Bd.1, Perugia 1982, 211-228.

Cassian, J., Aufstieg der Seele. Einweisung in das christliche Leben II, Freiburg i.Br. 1982.

- Spannkraft der Seele. Einweisung in das christliche Leben I, 2.Auflage Freiburg i.Br. 1985.

Dekrete der 32. Generalkongregation der Gesellschaft Jesu 1974/75, Altötting 1976, Lateinische Originalausgabe: Decreta Congregationis Generalis XXXII. A Restituta Societate XIII Annis 1974/75, Romae 1975.

Dommershausen, W., Die Umwelt Jesu. Politik und Kultur in neutestamentlicher Zeit, 4.Auflage Freiburg i.Br. 1987.

Eisenstadt, Shmuel, Noah, Die protestantische Ethik und der Geist des Kapitalismus. Eine analytische und vergleichende Darstellung, Opladen 1971.

Elhardt, S., Tiefenpsychologie. Eine Einführung, 10.Auflage Stuttgart 1986.

Emonds, H., Geistlicher Kriegsdienst. Der Topos der militia spiritualis in der antiken Philosophie, in: Adolf von Harnack, Militia Christi. Die christliche Religion und der Soldatenstand in den ersten drei Jahrhunderten, Darmstadt 1963, 131-162.

Esrig, D., Commedia dell'Arte. Eine Bildgeschichte der Kunst des Spektakels, herausgegeben von David Esrig, Nördlingen 1985.

Feneberg, W., Gott ruft zu einem Leben in der Wüste. Das doppelte Gesicht: Freiheit und Gefahr, in: Entschluß 36, Wien 4/1981, 28-31.

Fischer, B., "Jesus, unsere Mutter". Neue englische Veröffentlichungen zu einem wiederentdeckten Motiv patristischer und mittelalterlicher Christusfrömmigkeit, in: Geist und Leben 58, Würzburg 1985, 147- 156.

Foucauld, Ch. de, Der letzte Platz, 7.Auflage Einsiedeln 1979.

Frick, E., Weitergabe von Erfahrung? Psychoanalytische Überlegungen. Einleitung zu Louis Beirnaerts Beitrag, in: Geist und Leben 62, Würzburg 1989, 246-247.

Fuchs, O., Die Klage als Gebet, München 1982.

Gnädiger, L., Feuertränen. Caterina von Sienas Tränen-Lehre und Tränen-Erfahrung, in: Geist und Leben 54, Würzburg 1981, 85-98.

Gnilka, J., Der Prozeß Jesu nach den Berichten des Markus und Matthäus mit einer Rekonstruktion des historischen Verlaufs, in: Der Prozeß gegen Jesus. Historische Rückfrage und theologische Deutung, herausgegeben von Karl Kertelge (= Quaestiones Disputatae 112), Freiburg i.Br., 11-40.

- Johannesevangelium (= Die Neue Echter-Bibel, herausgegeben von Joachim Gnilka und Rudolf Schnackenburg), Würzburg 1983.

Grillmeier, A., Mit ihm und in ihm. Christologische Forschungen und Perspektiven, 2.Auflage Freiburg i.Br. 1978.

Guarda, V., Die Wiederholung. Analysen zur Grundstruktur menschlicher Existenz im Verständnis Sören Kierkegaards, Königstein 1980.

Guardini, R., Vom liturgischen Mysterium, in: Liturgie und liturgische Bildung, herausgegeben von Felix Messerschmid und Hans Waltmann, Würzburg 1966, 127-177.

- Wahrheit des Denkens und Wahrheit des Tuns. Notizen und Texte 1942-1964, herausgegeben von Felix Messerschmid, Paderborn 1980.

Halsman, Ph., Sight and Insight. Words and Photographs by Philippe Halsman, New York 1972.

Ignatius von Loyola, Das Geistliche Tagebuch, herausgegeben von Adolf Haas und Peter Knauer, Freiburg i.Br. 1961.

- Der Bericht des Pilgers, übersetzt und erläutert von Burkhard Schneider, 3.Auflage Freiburg i.Br. 1977.

- Die Exerzitien, übertragen von Hans Urs von Balthasar, 7.Auflage Einsiedeln 1981.

- Geistliche Übungen, übertragen und erklärt von Adolf Haas, 3.Auflage Freiburg i.Br. 1977.

- Geistliche Übungen, herausgegeben und übersetzt von Peter Knauer, 2.Auflage Graz 1983.

- Trost und Weisung. Geistliche Briefe, herausgegeben von Hugo Rahner, neu bearbeitet von Paul Imhof, 2.Auflage Zürich/Einsiedeln/Köln 1989.

Imhof, P., Die Exerzitien des Ignatius von Loyola im Blick auf sein Leben, in: Christophorus 32, München 1987, 53-62.

Irenäus von Lyon, Adversus haereses, in: Patrologiae cursus completus, Series Graeca 7, herausgegeben von J.P. Migne, Paris 1857, 433-1225.

Johannes Paul II., Apostolisches Schreiben "Redemptoris Custos" von Papst Johannes Paul II. Über Gestalt und Sendung des heiligen Josef im Leben Christi und der Kirche (= Verlautbarungen des Apostolischen Stuhls Nr.93), herausgegeben vom Sekretariat der Deutschen Bischofskonferenz, Bonn 15.8.1989

- Zeugnis für das kommende Reich. Predigt zum Thema Orden, Säkularinstitute, Geistliche Gemeinschaften in Altötting am 18. November 1980, zitiert nach: Ordenskorrespondenz 22, Köln 1981, 1-7.

Kehl, M., Eschatologie, Würzburg 1986.

Kiehn, A., Bibliodrama. Mit Beiträgen von Antje Kiehn u.a., Stuttgart 1987.

Kierkegaard, S. Die Wiederholung, in: Sören Kierkegaard, Gesammelte Werke Bd.5, Düsseldorf/Köln 1955, 1-97.

Klauck, H.-J., Judas - ein Jünger des Herrn (= Quaestiones Disputatae 111, herausgegeben von Heinrich Fries und Rudolf Schnackenburg), Freiburg i.Br. 1987.

Küchler, M., "Wir haben seinen Stern gesehen..." (Mt 2,2), in: Bibel und Kirche 44, Stuttgart 1989, 179-186.

Küng, H., Ess, J. von, Stietencron, H. von, Bechert, H., Christentum und Weltreligionen. Hinführung und Dialog mit Islam, Hinduismus und Buddhismus, München 1984.

Kunze, R., Auf eigene Hoffnung. Gedichte, Frankfurt a.M. 1981.

Läpple, A., Außerbiblische Jesusgeschichten, München 1983.

Lagerkvist, P., Barrabas, Berlin 1956.

Lap, J., Bibliodrama. Aktiv unterwegs zu religiösem Wachstum (= Referat Nr.169), in: Dokumentation des Instituts der Orden für missionarische Seelsorge und Spiritualität, Frankfurt a.M. ohne Jahresangabe.

Lapide, P., Nicht einmal der Hahn kräht nach Dir, in: Süddeutsche Zeitung 292, München 19./20. Dezember 1987, 99f.

Lapide, P., Weizsäcker, C.F. von, Die Seligpreisungen, Stuttgart 1981.

Llull, R., Das Buch vom Freunde und vom Geliebten, herausgegeben, eingeleitet und aus dem Altkatalanischen übertragen von Erika Lorenz, Zürich/München 1988.

Lohfink, G., Wem gilt die Bergpredigt? Beiträge zu einer christlichen Ethik, Freiburg i.Br. 1988.

- Wem gilt die Bergpredigt? Eine redaktionskritische Untersuchung von Mt 4,23-5,2 und 7,28f, in: Theologische Quartalschrift 163, Tübingen 1983, 264-284.

Martini, C.M., Mein Volk, zieh hinaus aus Ägypten, Zürich 1984.

- Wie lerne ich beten?, München 1983.

Mayer, R., Der Babylonische Talmud, ausgewählt, übersetzt und erklärt von Reinhold Mayer, München 1965, 231.

Meister Eckhart, Predigt 3: Nunc scio vere, in: Meister Eckharts Predigten. Die Deutschen Werke Bd.1, herausgegeben und übersetzt von Josef Quint, Stuttgart 1958, 439-441.

Michaelis, W. (Hrsg.), Die apokryphen Schriften zum Neuen Testament, 2.Auflage Bremen 1958.

Morenz, L., Geschichte von Joseph dem Zimmermann, Berlin 1951.

Navè-Levinson, P., Einführung in die rabbbinische Theologie, Darmstadt 1982.

Odelain, O., Séguineau, R., Lexikon der biblischen Eigennamen. Übersetzt und für die Einheitsübersetzung der Hl. Schrift bearbeitet von Franz Joseph Schierse, Düsseldorf/Neukirchen-Vluyn 1981.

Péguy, Ch., Das Tor zum Geheimnis der Hoffnung, neu bearbeitet von Hans Urs von Balthasar, 2.Auflage Einsiedeln 1980.

Pesso, A., Dramaturgie des Unbewußten. Eine Einführung in die psychomotorische Therapie, übersetzt und eingeleitet von Tilman Moser, Stuttgart 1986.

Pius XII., Enzyklika "Mystici Corporis Christi" (29. Juni 1943), zitiert nach: Heilslehre der Kirche. Dokumente von Pius IX. bis Pius XII., herausgegeben von Anton Rohrbasser, Freiburg/Schweiz 1953, 466-506.

Pokorny, J., Indogermanisches etymologisches Wörterbuch Bd.I 1959 und Bd.II 1969, Bern/München.

Rahner,K. Christentum an der Schwelle zum dritten Jahrtausend. Gespräch mit Hans Schöpfer, Freiburg/Schweiz (1981), in: Karl Rahner im Gespräch Bd.2: 1978-1982, herausgegeben von Paul Imhof und Hubert Biallowons, München 1983, 165-179.

- Das christliche Sterben, in: Schriften zur Theologie Bd.XIII: Gott und Offenbarung, bearbeitet von Paul Imhof SJ, Zürich/Einsiedeln/Köln 1978, 269-304.

- Fegfeuer, in: Schriften zur Theologie Bd.XIV: In Sorge um die Kirche, bearbeitet von Paul Imhof SJ, Zürich/Einsiedeln/Köln 1980, 435-449.

- Grundkurs des Glaubens. Einführung in den Begriff des Christentums, Freiburg i.Br. 1976.

- Theologie der Freiheit, in: Schriften zur Theologie Bd.VI: Neuere Schriften, 2.Auflage Einsiedeln/Zürich/Köln 1968, 215 -237.

- Unmittelbare Gotteserfahrung in den Exerzitien. Gespräch mit Wolfgang Feneberg, München (1978), in: Karl Rahner im Gespräch Bd.2: 1978-1982, herausgegeben von Paul Imhof und Hubert Biallowons, München 1983, 31-41.

- Vom Gewissen, in: Schriften zur Theologie Bd.XVI: Humane Gesellschaft und Kirche von morgen, bearbeitet von Paul Imhof SJ, Zürich/Einsiedeln/Köln 1984, 11-25.

- Warum läßt Gott uns leiden?, in: Schriften zur Theologie Bd.XIV: In Sorge um die Kirche, bearbeitet von Paul Imhof SJ, Zürich/Einsiedeln/Köln 1980, 450-466.

Ratzinger, J., Einführung in das Christentum. Vorlesungen über das Apostolische Glaubensbekenntnis, München 1968.

Rebell, W., Psychologische Bibelauslegung. Möglichkeiten und Grenzen, in: Bibel und Kirche 44, Stuttgart 1989, 111-117.

Remmler, H., Das Geheimnis der Sphinx. Archetyp für Mann und Frau, Olten 1988.

Repplinger, H.J., Das Buch der Geistlichen Übungen. Struktur und Eigenart des Textes, in: Korrespondenz zur Spiritualität der Exerzitien 27, Augsburg 1977, 41-56.

Rottländer, P., Über die Verhärtung der Herzen. Eine Meditation zu Mk 3,1-6, in: Geist und Leben 58, Würzburg 1985, 390-392.

Sachs, N., zitiert nach: Suche nach Lebenden. Die Gedichte der Nelly Sachs, herausgegeben von Margaretha und Bengt Holmqvist, Frankfurt a.M. 1971, 29.

Samasi, zitiert nach: Idries Shah, Der glücklichste Mensch. Das große Buch der Sufi-Weisheit, Freiburg i.Br. 1986, 136.

Schneider, M., "Unterscheidung der Geister". Die ignatianischen Exerzitien in der Deutung von E. Przywara, K. Rahner und G. Fessard, Innsbruck/Wien 1983.

Satzungen der Gesellschaft Jesu, übersetzt von Peter Knauer, 2.Auflage Frankfurt a.M. 1975.

Schulte, R., "Tränengabe", in: Lexikon für Theologie und Kirche Bd.10, herausgegeben von Josef Höfer und Karl Rahner, 2.Auflage Freiburg i.Br. 1965, 305.

Schütz, Ch., Theologie der Mission am Ende?, in: Zukunft aus empfangenem Erbe, herausgegeben von Siegfried Hertlein und Remigius Rudmann, St. Ottilien 1983, 9-18.

Stenger, H., Kompetenz und Identität. Ein pastoralanthropologischer Entwurf, in: ders., Eignung für die Berufe der Kirche. Klärung - Beratung - Begleitung, herausgegeben von Hermann Stenger unter Mitarbeit von Karl Berkel, Klemens Schaupp und Friedrich Wulf, Freiburg i.Br. 1988, 31-133.

Stock, K., Der Weg der Freude. Die acht Seligpreisungen (I), in: Geist und Leben 62, Würzburg 1989, 360-373.

Szydzik, S.-E., Arznei der Seele. Gesammelte Berichte, Köln 1985.

Ulrich, F., Leben in der Einheit von Leben und Tod, Frankfurt a.M. 1973.

Weinreb, F., Buchstaben des Lebens. Nach jüdischer Überlieferung. Erzählt von Friedrich Weinreb (= Texte zum Nachdenken, herausgegeben von Gertrude und Thomas Sartory), Freiburg i.Br. 1979.

- Die jüdischen Wurzeln des Matthäus-Evangeliums, Zürich 1972.

- Leiblichkeit. Unser Körper und seine Organe als Ausdruck des ewigen Menschen, Weiler 1987.

Weismayer, J., Dionysius der Kartäuser als Lehrer der Unterscheidung der Geister, in: Kartäuserliturgie und Kartäuserschrifttum. Internationaler Kongreß vom 2. bis 5. September 1987 Band 2 (= Analecta Cartusiana Bd.116, herausgegeben von James Hogg), Salzburg 1988, 5-27.

Wittgenstein, L., Teil I, Nr.1-18, in: Schriften Bd.1: Philosophische Untersuchungen, Frankfurt a.M. 1963, 289-294.

Wolter, H., Elemente der Kreuzzugsfrömmigkeit in der Spiritualität des heiligen Ignatius, in: Ignatius von Loyola. Seine geistliche Gestalt und sein Vermächtnis, herausgegeben von Friedrich Wulf, Würzburg 1956, 111-150.

Zechmeister, M., Mystik und Sendung. Ignatius von Loyola erfährt Gott, Würzburg 1985.

Zirker, L., Die Bergpredigt. Das Wort Gottes neu hören, München 1983.

Verzeichnis der Abbildungen

Abb. 1: Jesus, der wahre Weinstock (≈ 17x27 cm; S. 13)

Abb. 2: Attribut des Evangelisten Matthäus
        (≈ 13,5x16,5 cm; S.30)
Abb. 3: Attribut des Evangelisten Markus (≈ 13x14 cm; S.30)
Abb. 4: Attribut des Evangelisten Lukas (≈ 13x15 cm; S.31)
Abb. 5: Attribut des Evangelisten Johannes (≈ 13x17 cm; S.31)

Abb. 6: Der Prophet Jesaja (ϕ 8 cm; S. 48)
Abb. 7: Kaiser Augustus (ϕ 8,5 cm; S. 48)

Abb. 8: Die Verkündigung an Maria (≈ 9x11,5 cm; S. 52)
Abb. 9: Maria und Elisabeth (≈ 7x8 cm; S. 52)

Abb. 10: Die Geburt des Herrn (≈ 37x54 cm; S. 60)

Abb. 11: Der bethlehemitische Kindermord (ϕ 10 cm; S. 67)
Abb. 12: König Herodes (ϕ 10 cm; S. 67)

Abb. 13: Die Hirten auf dem Felde (≈ 7,5x10 cm; S. 71)
Abb. 14: Die Anbetung durch die Weisen (≈ 8x8 cm; S. 71)

Abb. 15: Der Josefstraum (≈ 7x9 cm; S. 74)
Abb. 16: Die Flucht nach Ägypten (ϕ 10 cm; S. 74)

Abb. 17: Die Taufe Jesu durch Johannes am Jordan
        (≈ 14x21,5 cm; S. 89)

Abb. 18: Die Versuchung Jesu (≈ 7,5x9,5 cm; S. 92)
Abb. 19: Der Sieg des Kreuzes über das Böse
        (≈ 7,5x10,5 cm; S. 92)

Abb. 20: Die Nähe Gottes in Christus (≈ 29x49,5 cm; S. 106)

Abb. 21: Ein Dämon (≈ 22,5x33,5 cm; S. 118)

Abb. 22: Der Heiland (≈ 22x33 cm; S. 126)

Abb. 23: Das Himmlische Jerusalem mit den Wassern des Lebens
        (≈ 22x33,5 cm; S. 140)

Abb. 24: Das Geviert des Neuen Jerusalem (≈ 22x33,5 cm; S. 141)

Abb. 25: Die neue Schöpfung in Christus (≈ 22,5x32,5 cm; S. 148)

Abb. 26: Das Haus Gottes (≈ l: 6,5 b: 6,5 h: 10,5 cm; S. 156)

Abb. 27: Eine Menorah mit der Heiligen Stadt
(φ 9 cm; S. 170)

Abb. 28: Der Keltertreter (≈ 21,5x33,5 cm; S. 176)

Abb. 29: Der ausgelieferte Menschensohn
(≈ 35x40 cm, Ausschnitt 6x10 cm; S. 184)
Abb. 30: Jesu Weg nach Golgotha
(≈ 35x40 cm, Ausschnitt 6x14 cm; S. 184)

Abb. 31: Der gekreuzigte Christus (≈ 13,5x16,5 cm; S. 199)

Abb. 32: Der auferstandene Kyrios (≈ 10x18 cm; S. 202)

Abb. 33: Der Altartisch mit Wein und Brot
(≈ 24x41 cm, Ausschnitt 18x24 cm; S. 214)

Abb. 34: Christusruh (≈ 17x23 cm; S. 227)

Abb. 35: Das siegreiche Lamm (≈ 21,5x33 cm; S. 233)

Abb. 36: Die Torah und Paulus (φ 7 cm; S. 241)
Abb. 37: Die Menorah (φ 8 cm; S. 241)

Abb. 38: Das Lamm und Gottes Volk (≈ 22,5x33 cm; S. 248)

Abb. 39: Apokalyptische Bestie (≈ 22x33,5 cm; S. 258)
Abb. 40: Lästerndes Lügentier (≈ 21,5x32,5 cm; S. 259)
Abb. 41: Babylonisches Tier (≈ 22x33 cm; S. 260)
Abb. 42: Gestürztes Untier (≈ 22x33 cm; S. 261)